Johannes Czwalina, Andreas M. Walker

Karriere ohne Sinn?

Der Manager zwischen
Beruf, Macht und Familie

W0096188

Johannes Czwalina, Andreas M. Walker

Karriere ohne Sinn?

Der Manager zwischen
Beruf, Macht und Familie

RESCH-VERLAG

Die Deutsche Bibliothek – CIP-Einheitsaufnahme

Czwalina, Johannes:
Karriere ohne Sinn? : der Manager zwischen Beruf, Macht und
Familie / Johannes Czwalina; Andreas M. Walker. – 2. Aufl. –
Gräfelfing: Resch, 1998
ISBN 3-930039-56-7

2. Auflage 1998

© 1996 Dr. Ingo Resch GmbH, D-82166 Gräfelfing, Maria-Eich-Str. 77
Alle Rechte vorbehalten
Umschlaggestaltung: Hubert Höpfner-Thoma, München
Satz: Filmsatz Schröter GmbH, München
Druck, Bindung: Jos. C. Huber KG, Dießen
Printed in Germany
ISBN 3-930039-56-7

Inhalt

3: Die Sinnkrise als Herausforderung an den modernen Manager

Vorwort

Alle reden in seltener Übereinstimmung über die tiefgreifenden Veränderungen in unserer Gesellschaft. Die Übereinstimmung hört dann auf, wenn über die Konsequenzen aus der rasanten Entwicklung geredet, besser: gestritten wird. Neben allgemeinem Jammern sind Begriffe wie Deregulierung, Wettbewerbsfähigkeit, Steigerung des Share-Holder-Values in aller Munde. Personalabbau und Produktionsverlagerung ins Ausland sind einige der Heilsparolen. In diesem rauhen und egoistisch wirkenden Umfeld werden die verantwortlichen Entscheidungsträger immer mehr als totale Machtmenschen gefordert. Sie dürfen anscheinend keine privaten Bedürfnisse mehr kennen. Ihre etwa vorhandene charakterliche Kompetenz wird oft zu Gunsten der Gewinnsteigerung um jeden Preis in den fakultativen und privaten Bereich abgeschoben.

Als früherer Personalvorstand frage ich mich dabei immer wieder:
- Haben Menschen mit humanistischer Bildung, Charakter und ethischen Werten heute überhaupt noch Aufstiegsmöglichkeiten?
- Wie bewerten wir die Beobachtung, daß begabte Schmalspurspezialisten bzw. Karrieristen, die das opportunistische Handwerkszeug beherrschen, sich den Weg nach oben erkämpfen können, während charakterfeste, leistungsbereite Menschen den großen Sprung nicht schaffen? Wird ihre fehlende Bereitschaft, Ellenbogen zu benutzen, nicht mehr und mehr als Schwäche und Feigheit ausgelegt?
- Wie beurteilen wir den Trend in der Industrie, daß eine konstruktive Personal- und Sozialpolitik im klassischen Sinne scheinbar immer mehr als Schönwetterpolitik der Vergangenheit zugerechnet wird?

In unserer Zeit, in der anscheinend nichts konstant ist außer der Wandel selbst und der immer härter werdende Wettbewerb, sind wir herausgefordert, uns mehr Zeit zu nehmen zur Reflektion über unsere eigene Persönlichkeit in verantwortungstragenden Funktionen. Charakterbildung muß einen hohen Stellenwert haben, denn sie hat einen deutlichen Einfluß auf den langfristigen Führungserfolg.

Ich begrüße es deshalb sehr, daß die beiden Autoren Johannes Czwalina und Dr. Andreas M. Walker den Mut gefunden haben, etwas transparent zu machen, was in unserer Gesellschaft aber auch im persönlichen Privatleben vieler Manager viel zu sehr in den Tabubereich verdrängt wird. Ich begrüße es besonders, daß sich die beiden Autoren dabei trotz ihrer Nähe zu theologischen Gedankengängen nicht in realitätsfremde und plumpe Heile-Welt-Theorien flüchten, sondern in ehrlicher Weise Spannungsfelder aufzeigen, in denen jeder von uns steht beziehungsweise stand.

Die Beschäftigung mit unserem Privatleben, auch das Verhältnis zu unserer Familie, die Ausführungen zum Zusammenhang von Karriere und Charakter, die Behandlung der Frage nach einem tieferen Sinn in unserem ehrgeizigen Vorwärtsstreben nach Macht, Reichtum und Ansehen sind von zentraler Bedeutung für jede Führungskraft.

Die Wiederherstellung unserer Unternehmenskulturen fängt mit der Aufarbeitung der Sinnkrise an. Ich glaube, daß Klagen über zunehmende Charakterlosigkeit in der Führung von Unternehmen so lange im Sande verlaufen, wie außer acht gelassen wird, daß eine positive Prägung des Charakters ohne die Beschäftigung mit der Sinnfrage nicht möglich ist. Je mehr die Sinnfrage ernsthaft angegangen wird, desto mehr wird wieder nach dem Charakter gefragt - und desto mehr werden Führungskräfte benötigt, die sich vor diesen persönlichen Fragen nicht scheuen.

Dr. Richard Osswald,
ehemaliger Personalvorstand Daimler-Benz AG

Vorwort der Autoren

Karriere zu machen ist noch immer für viele ein Lebensziel und für den ehrgeizigen Jungmanager nach wie vor ein undiskutabler Lebensinhalt und Selbstzweck. Dem Erfolgreichen winken soziale Anerkennung, Befriedigung bei der Arbeit, Traumgehälter und Macht über Menschen und Mittel. Schaut man jedoch bei den diversen Traumkarrieren ein zweites Mal hin, so sieht man, daß die seelischen Kosten einer Karriere mittlerweile beträchtlich im Steigen begriffen sind.

Der Bedarf an Führungskräften, die bereit sind, überdurchschnittliche Leistungen zu vollbringen, Verantwortung zu übernehmen und die noch den Mut haben, in unserer komplexen Welt Entscheidungen zu fällen, wird zunehmen. Der Druck dieser Entwicklung wird aber nicht mehr nur durch die Vermehrung des persönlichen Zeiteinsatzes, die Vertiefung des fachlichen Wissens und die Perfektionierung der Managementtechniken alleine zu bewältigen sein, sondern fordert den Manager in seiner ganzen Person heraus. Immer wieder wird sich der Einzelne persönlich fragen müssen: Bin ich bereit und in der Lage, diese Spannungen auszuhalten? Welchen Preis dürfen ich und meine Familie für meine Karriere bezahlen? Woher hole ich die innere Stärke und Souveränität, um mich diesen Herausforderungen zu stellen?

Unser Buch will dieses komplexe Spannungsfeld aufgreifen, wobei uns drei Aspekte besonders am Herzen liegen: Ihr Privatleben, insbesondere Ihre Beziehung zu Ihrer Lebenspartnerin und Ihrer Familie, die Frage nach dem eigenen Charakter und den eigenen Werten sowie die grundlegende Frage nach dem Sinn und Ziel unseres ehrgeizigen Strebens und Lebens. Dabei werden wir intime Aspekte aufgreifen von der Beziehung zur Familie bis zu philosophischen und theologischen Aspekten des persönlichen Seelen- und Glaubenslebens.

Wir versuchen dabei, Ihnen konkrete Denkanstöße zu vermitteln, Ihnen Checklisten anzubieten, die Ihnen Gelegenheit geben, Ihre eigene Situation selbstkritisch zu beleuchten und Ihnen Denk-, Glaubens- und Verhaltensmodelle aufzuzeigen, von denen wir glauben, daß sie helfen, mit

diesen Spannungen zu leben. Dabei denken wir nicht, daß diese Spannungen durch vereinfachende »entweder-oder«- Entscheide gelöst oder ver-
mieden werden sollen. Wir glauben, daß es gerade in der heutigen unsi-
cheren und dynamischen Zeit Führungskräfte braucht, die den Mut und
die charakterliche Stärke aufbringen, sich diesen Herauforderungen zu
stellen und als »personelle Brücke« eines »sowohl-als-auch«-Lebens diese
Spannungsfelder konstruktiv zu verbinden.

Unser Buch ist dabei kein wissenschaftliches Fachbuch, obwohl es auf
der Auswertung zahlreicher Coachinggespräche, Literaturrecherchen und
den Gesprächen mit anderen Fachleuten aus der Praxis – Managern, Personalchefs und Psychiatern – basiert. Unser Buch will vielmehr begleiten-
de Lektüre sein – sei dies auf dem sprichwörtlichen »Nachttischchen«, sei
dies bei einer längeren Zugfahrt oder einem Flug zu einem Geschäftster-
min – um Sie als Entscheidungs- und Verantwortungsträger in Wirtschaft
oder Politik auf diesen Bereich der persönlichen Entscheidungen im sensiblen Grenzbereich zwischen Berufs- und Privatleben hin anzusprechen.

Die jahrelangen Erfahrungen von Johannes Czwalina in hunderten von
persönlichen Coachinggesprächen mit Führungskräften, zuerst in seiner
Funktion als Pfarrer, dann als Personalberater und schließlich als Mandats-
träger der »Gesellschaft zur Beratung von Führungskräften«, die Lehr- und
Forschungstätigkeit von Dr. Andreas M. Walker in den Bereichen des vernetzten und ganzheitlichen Denkens, die gemeinsamen Projekte im Management Development und Executive Research sowie eine Auswertung ver-
schiedenster Publikationen und Referate bewegten uns dazu, aus unserer
Beratungstätigkeit heraus die oben genannten drei Themenmodule zusammen zu erarbeiten. Johannes Czwalina hielt schließlich in den Jahren 1994
bis 1996 einige entsprechende Referate, dies erklärt auch die nachfolgende
»ich«-Form. 1995 und 1996 überarbeiteten wir gemeinsam die Referate
zur vorliegenden Buchform und bezogen dabei unsere aktuellsten Bera-
tungs- und Berufserfahrungen sowie einige neue Publikationen mit ein.

Mittlerweile haben sich unsere beruflichen Wege wieder getrennt, einerseits vermehrt in die »Beratung von Führungskräften« hinein, andrer-
seits in den Versuch, trotz oder gerade wegen der nachfolgenden Überlegungen den eigenen Weg zwischen beruflichem Ehrgeiz, Familie und persönlichem Charakter zu suchen.

Johannes Czwalina, Riehen
Dr. Andreas M. Walker, Basel

1

Der Manager im Spannungsfeld zwischen Karriere und Familie

> *Was früher die Dienstmädchen waren,*
> *sind heute die Manager –*
> *sie können sich keine eigene Familie leisten*

1. Im Zangengriff zwischen Beruf und Familie

1.1. Darstellung eines Konfliktfeldes

Bei Einstellungsgesprächen für Führungspositionen erwartet man vom Bewerber neben unbegrenztem Arbeitseinsatz, totaler Verfügbarkeit, völliger Mobilität und der Bereitschaft, sich jeden Tag existentiell auf eine neue Marktsituation einzustellen (sei es am Wochenende, für Geschäftsreisen oder nach Feierabend), vermehrt auch vorbildliche Familienverhältnisse. So kenne ich den Generaldirektor einer weltweit führenden Luxusmarke im Konsumgüterbereich, der bei Anstellungsgesprächen für Kadermitarbeiter fordert, daß sich auch die Ehefrau mit vorstellt und daß die beiden eine intakte Ehe führen. Im Beruf soll der moderne Manager die Vorzüge eines eierlegenden Wollmilchschweines und einer Antibiotika-resistenten Kanalratte auf sich vereinigen. Er soll ständig neue Ideen produzieren, belastbar und widerstandsfähig, unsentimental und knochenhart sein. Im Privatleben soll er aber voll Zärtlichkeit, Wärme und Einfühlsamkeit sein, und vor allem soll er sich genügend Zeit für die Familie nehmen: Er soll hier die Würde eines Adlers, den erzieherischen Scharfblick einer Eule, die bergende Wärme einer Glucke sowie die fleißig helfende und die Hausfrau unterstützende Art einer Meise an den Tag legen. Dabei soll er aber in seinem emotionalen Bedürfnis mit der Nahrung eines Kanarienvogels auskommen, denn die Ehefrau hat längst ihre Zuwendung und Zärtlichkeit den Kindern gegeben und ihre Nerven im alltäglichen Haushaltskleinkram aufgebraucht, so daß auch sie abends zu müde ist, um nun auch noch umsorgend und therapeutisch ihrem Ehemann zu dienen.

Seit einiger Zeit sind die beiden Tragpfeiler unseres Lebens unter Beschuß geraten: die Welt der Arbeit und die Welt der Familie. Die Krise dieser beiden Welten bündelt sich beim modernen Manager. Er kann sich den Höchstanforderungen dieser beiden Welten nicht entziehen und brennt aus. Was ist mit diesen beiden Welten geschehen? Solange die Menschheit besteht, werden Qualität und Fortschritt menschlichen Lebens gewährleistet durch das gut abgestimmte Miteinander von Beruf und Familie, und plötzlich funktioniert nichts mehr. Kaum jemand, der erfolgreich sein will, bringt beides erfolgreich und befriedigend fertig. Nach dem Zusammenbruch des Sozialismus scheinen bisweilen neokapitalistische Umgangsformen der härtesten Gangart in undifferenzierter Form in unseren Unternehmen Einzug zu halten. Dies verschärft die Brisanz des heutigen Themas und fordert die persönliche Aufmerksamkeit des modernen Managers und seiner Lebenspartnerin zum Thema Karriere und Familie besonders heraus.

1.2. Beruf und Familie – zwei Welten mit konträren Gesetzen?

Der Manager muß Spitzenleistungen erbringen in zwei Welten, deren Regeln in vielen Bereichen geradezu konträr auseinander liegen. Was in der einen Welt als Muß-Kriterium gilt, kann in der anderen Welt mißverstanden werden und so grundlegend falsch wirken.

All die Eigenschaften, die einen Manager im Beruf nach vorne bringen, machen das private Zusammenleben mit ihm kompliziert. Das bessere Gehalt kostet ihn Zeit und Nerven, die häufigen Umzüge und die Kinder zwingen die Frau ins Haus und verunmöglichen ihr eine eigene berufliche oder politische Karriere. Und seit mit der Rezession immer mehr Druck und Leistungskontrolle in den Unternehmen üblich und kaum noch Erholungspausen während der Arbeit möglich sind, nehmen die Konflikte in den Familien zu. Der spannungsgeladene Manager soll nun am Feierabend plötzlich wie ein umgekehrter Handschuh und ohne genügend Gelegenheit zur Umstellung als Ehemann und Vater für die Familie da sein.

Die Ehefrauen wissen oft viel zu wenig vom Beruf ihres Mannes, bestenfalls, was er verdient und welchen Dienstwagen er fährt. Sein Aufstieg geht einher mit ihrem Abstieg. Je höher er im Unternehmen aufsteigt, desto fester muß sie unten die Karriereleiter halten. Je mehr Erfolge er verzeichnet, desto zahlreicher werden die auswärtigen Geschäftsessen und die Auslandtermine. Sein Zuhause benutzt er wie ein vertrautes Hotel, das von der alleinerziehenden Mutter seiner Kinder geführt wird. Der gemeinsame Lebensweg hat sich in den meisten Fällen gegabelt, als sich bei ihr ein Baby und bei ihm die Beförderung ankündigte. Während er auf dem Weltmarkt ist, ist sie auf dem Gemüsemarkt.[1] Die bekannte Redakteurin des »Zürcher Tagesanzeigers«, Elisabeth Michel-Adler, bringt in ihrem Buch »Männer im Glashaus« ihre Intervieweindrücke mit prominenten Größen der Schweizer Wirtschaft auf den Nenner: »Die Konzentration auf die berufliche Karriere fordert Verzicht auf die Entfaltung anderer Potentiale der Persönlichkeit. Die Verlustangst und Verletzbarkeit eines Spitzenmanagers ist viel größer als die seines angestellten Buchhalters. Das läßt sich zunächst banal physikalisch erklären. Wer hoch oben auf der Leiter ausgleitet, fällt tiefer als einer, der bloß auf einem Tabourettli steht.« Schalten wir uns beispielsweise direkt in ein Interview ein, das Frau Alder mit Gaudenz Staehelin, damals Mitglied der Konzernleitung Ciba und Präsident der Basler Handelskammer, geführt hat. Auf die Frage: Welches ist der Preis für den beruflichen Erfolg? antwortet Staehelin: »Daß für Empfindungen wenig Raum bleibt. Emotionen, Musisches kommen zu kurz, werden abgeschnitten. Tieferes Versenken ist nicht möglich, die Tür ist verschlossen, wenn diese Art von Bedürfnissen sich meldet, drücke ich den Deckel zu. Vielleicht hole ich sie später einmal herauf. Zuweilen spüre ich fast Angst, stärkere Hingabe ans Musische und Emotionale könnte für die übrige Tätigkeit gefährlich werden. Man könnte Motivation und Leistungskraft verlieren. Wenn ich an die Erlösungsgesänge in Bachs Passionen denke... gegen diese Versuchung schiebe ich einen Riegel mit der rationalen Überlegung: Ewige Werte sind prima, aber wenn wir heute unser Feld nicht bestellen, gibt es nichts zu ernten, und das Schöne nützt auch nichts. In meinem jetzigen Lebensabschnitt ist die Ackerarbeit wichtiger...«[2] An dieser Stelle sei auch der Sexualwissenschaftler Professor Ernest Bornemann zitiert, der erläutert, daß die im Beruf Erfolgreichsten im Bett oft Versager sind: »Alle Untersuchungen, die meine Kollegen und ich gemacht haben, laufen darauf hinaus, daß Menschen, die primär an Geld, Macht und Autorität interessiert sind, meistens im Geschlechtsleben schlecht abschneiden. Es gibt mittlerweile hunderte von Untersuchungen zu dem Thema, die zeigen, daß Männer, die eine Frau wirklich befriedi-

---

[1] Vgl. »Die Weltwoche«, November 94, Nr. 46, Zürich, S. 17
[2] Vgl. Michel-Alder, Elisabeth (1986) Männer im Glashaus, S. 190

gen können, völlig andere Charaktertypen sind als die, deren Hauptstreben in Richtung Erfolg geht. Im höheren, vielleicht auch im unteren Management tobt ja häufig ein Kampf bis aufs Messer. Das führt eben dazu, daß viele Männer auch im Bett noch ihre Ellenbogen benutzen. Diese Umschaltung von der Tagarbeit, bei der man immer beweisen zu müssen meint, daß man der bessere ist, auf die Nacht, in der wir liebesfähig sein sollen und niemals über den anderen triumphieren dürfen – diese Umschaltung fällt vielen Männern schwer. Das ist eines der ganz großen Probleme in den höheren Rängen der bürgerlichen Gesellschaft.«

1.3. Schließt eine Karriere ein glückliches Familienleben aus?

Immer häufiger stellen sich Manager auf diesen Trend so ein, daß sie entweder zugunsten familiärer Prioritäten auf einen Karriereschritt verzichten, oder aber sie verzichten zugunsten der Karriereentwicklung auf familiäres Glück. Negativ ausgedrückt heißt das: Einige nehmen familiäre Zerrüttung, Scheidung etc. in Kauf, weil sie sich für die Karriere entschieden haben, andere nehmen berufliche Stagnation, Belächelt werden, sogar Arbeitslosigkeit hin, weil sie sich ihrer Familie gegenüber nicht der Verantwortung entziehen wollen.

Dr. Siegfried Buchholz, Generaldirektor eines Chemieunternehmens in Wien, führte in einem Vortrag in Basel aus:»Ich war damals, vor mehr als dreißig Jahren, Student und fuhr per Anhalter. Plötzlich hielt ein großer schwarzer Mercedes. Der gut gekleidete Mann am Steuer fragte mich: ›Was machen Sie zur Zeit und was haben Sie später einmal vor? Was möchten Sie eigentlich erreichen? Möchten Sie eine harmonische Familie haben, oder möchten Sie Karriere machen? Beides zusammen geht nicht. Ich kenne zu viele Männer, die beides haben wollten, sie haben sich zwischen zwei Stühle gesetzt.‹ Ich widersprach ihm. Er warnte mich jedoch: ›Sie sollten nicht solche naiven Vorstellungen vom Leben haben. Entscheiden Sie sich für eines von beiden und sie werden glücklich...‹ Mein anscheinend beruflich erfolgreicher Mercedesfahrer schloss: ›Ich habe eine Entscheidung gefällt, ich habe mich für die Karriere entschieden. Ab und zu werde ich in eine harmonische Familie eingeladen, dann bin ich manchmal traurig. Aber ich sage mir: Du hast Dich entschieden und nun bleib dabei. Und dann geht's wieder.‹«

So entscheiden sich die einen zugunsten der Karriere und einige wenige zugunsten der Familie und verzichten deshalb auf gewisse Karriereschritte. Die meisten aber haben keinen Mut, sich für die eine oder die andere Seite zu entscheiden. Sie mogeln sich mit manchen Tricks und Ausreden auf beiden Seiten durch.

Doch leider gibt es heutzutage eine Gemeinsamkeit zwischen dem modernen Manager und dem Dienstmädchen früherer Zeiten. Beide können sich keine eigene Familie leisten. Nur wenige haben die Kraft oder das Potential beides zu vereinen. Dieses Buch soll helfen, Ihnen Grenzen bewußt zu machen, die Sie nicht überschreiten sollten, und den Blick auf Möglichkeiten zu lenken, bei denen auch manches als undenkbar erscheinende Wirklichkeit werden kann. Mag einer alles vereinen können, so kann dies bei einem anderen nicht gleich gegeben sein. Diese Gegebenheiten zu akzeptieren und weder die Karriere noch ein trautes Familienleben zu verabsolutieren, ist Lebensweisheit. Die Biographien erfolgreicher Menschen zeigen häufig eindrucksvoll auf, daß nicht »Karriere« an sich das Ziel war, sondern daß Aufgaben, die einem gestellt wurden, erfolgreich gelöst werden konnten.

2. Die Gefährdung der modernen Führungskraft

2.1. Ein teuflisches Dilemma

Das Spannungsfeld der modernen Führungskraft wächst täglich. Die Polarisierung der beiden Welten spitzt sich zu. Der Versuch, beide Welten in Einklang zu bringen, findet weder von der einen noch von der anderen Seite her statt. Die Entfremdung wächst. Die Frau versteht immer weniger die Berufswelt des Ehemannes, der Ehemann unterschätzt die Aufgaben seiner Frau und versteht ihre Bedürfnisse und Gewichtungen weniger.

Die Folge ist ein Blühen der Fluchtwege und ein Suchen nach Kompensationen auf beiden Seiten: Der Mann versucht sich anderweitig sein Zuneigungsbedürfnis zu erfüllen, an Plätzen, wo er sich keine Gardinenpredigten über sein Versagen anhören muß, die Ehefrau flüchtet in Arbeit oder andere Beziehungen, sie versucht ihre Bestätigungen in Hobbys oder im Rückzug in die eigenen vier Wände zu finden.

Die Folge für Männer im Berufsleben ist absehbar: Nach intensiver Auseinandersetzung mit den Anforderungen, die auf die moderne Führungskraft in den nächsten Jahren zukommen werden, ist ein Ansteigen der Ängste, des Burn-out-Syndroms, der Sinnkrisen bei den Managern einerseits, sowie andererseits Isolation und der Trend zu alleinerziehenden, ledigen oder geschiedenen Müttern bei den Frauen zu erwarten, sofern sie nicht ebenso ihre Verwirklichung ganz im Berufsleben gefunden haben. Bestenfalls finden wir noch oberflächliche, unverbindliche, kinderlose Beziehungen zwischen zwei »Sozialpartnern« (um ein modernes Wort zu gebrauchen). Therapeuten werden Hochkonjunktur haben, um die Symptome und Sekundärfolgen zu behandeln. Eine Lösung aber, die den Mut hat, an die Ursachen zu gehen, wird kaum gefunden werden, denn wer hat schon die Zeit dafür?

– Unser Problem ist, daß wir in einer Zeit leben, wo die Gegensätze zwischen Familie und Beruf immer größer werden.
– Unser Problem ist, daß unsere Zeit keine Zeit hat, sich zu fragen, woran das liegt.
– Unser Problem ist, daß eine Entscheidung für eine der beiden Seiten automatisch ein Herausfallen aus den Erfolgsmustern der jeweils anderen Seite bedeutet.
– Unser Problem ist, daß die beiden Welten sich mehr und mehr entfremdet haben.
– Unser Problem ist, daß die eine der beiden Welten jeweils zusammenbricht, wenn die andere Welt nicht mehr in Ordnung ist.
– Unser Problem ist, daß die moderne Führungskraft in diesem Spannungsfeld steht und sich nicht hinausschleichen kann und darum mehr und mehr zerrissen wird, denn sie ist beiden Welten rechenschaftspflichtig und von beiden Welten abhängig.

Unser Problem ist aber auch, daß die Führungskräfte sich meistens nicht helfen lassen wollen! Sie sind trotz aller Erkenntnis zu sehr gefangen in ihrem Lebensrhythmus und ihren verinnerlichten Leitbildern. Sie verstehen sich darauf, eine glänzende Fassade zu wahren, zumindest gegenüber ihren Untergebenen.

Der amerikanische Psychoanalytiker Macoby untersuchte 250 Manager aus zwölf erfolgreichen US-Firmen und fand heraus, daß rund die Hälfte von ihnen ein negatives Selbstbild hatte. Sie machten sich Selbstvorwürfe, weil sie wegen ihrer Karriere ihre grundlegenden Bedürfnisse und ihre Familien vernachlässigt hatten. 55 % waren unfähig geworden, wirkliches Interesse und Mitgefühl für Mitmenschen zu entwickeln. In ihrem Buch »Der grenzenlose Mann« schreibt die Zürcher Psychoanalytikerin Andrea Gysling: »Gewisse schwere psychische Schäden scheinen sich auf dem Weg nach oben mächtig auszuzahlen. Sofern ein narzistisch veranlagter Manager überhaupt zu einer psychiatrischen Behandlung bereit ist, geht es dem Patienten meist nur darum, noch vollkommener zu werden und eine noch bewußtere Kontrolle über sein Verhalten gegenüber Mitmenschen zu gewinnen. Das heißt, sie noch effizienter zu manipulieren und für seine kommerziellen Zwecke nutzen zu können.« Es handelt sich um ein besonders großes Problem, weil der Patient zwar sein Problem erkennt, aber de facto die Therapie beziehungsweise die Wurzelbehandlung des Problems bereits im Ansatz ablehnt.

2.2. Der Manager und der zunehmende berufliche Druck

Nahezu alle Management- und Führungspositionen sind heute viel schwieriger auszufüllen als noch vor zwanzig Jahren. Insbesondere sind sie geradezu gefährlich und gesundheitsschädigend geworden. Eine Studie von Ärzten des Genfer Universitätskrankenhauses über männliche Herzinfarkt-Patienten im Alter von 32 – 45 Jahren zeigt, daß alle diese Männer nicht erblich für Herzinfarkt disponiert waren, sondern daß alle »lediglich« unter übermäßigen beruflichen und privaten Spannungen litten. Alle waren unfähig zum Träumen, zur Muße, zur Ruhe, zur Entspannung. Alle waren auf der Flucht in berufliche Überaktivitäten.

Das Anforderungsprofil für den modernen Manager der nächsten Jahren scheint diesen Trend zu verstärken. In einem Managementsymposium zum Thema: »Was kommt auf die Führungskraft von morgen zu und wie stellen wir uns darauf ein?« wurden 1994 Schweizer Wirtschaftsgrößen befragt. Ihren Antworten ist gemeinsam, daß es in diesem Sinne keine festen Werte mehr geben wird und nur der Flexibelste überleben wird. Es gibt ein altes Kirchenlied, das lautet: »Ich weiß, woran ich glaube, ich weiß, was fest besteht.« Wer kann dies heute noch mit Überzeugung singen, ist doch das einzige, an das wir noch glauben, die Veränderung. Doch der Schritt von diesem Höchstmaß an Flexibilität zur Anpassermentalität ohne jegliche eigenen Werte ist nur all zu klein.

Der zukünftige Manager muß gemäß Expertenmeinung die Fähigkeiten besitzen, Veränderungen in Wirtschaft und Gesellschaft früh zu erkennen, er muß Entscheidungen treffen und schließlich die Verantwortung übernehmen. Er muß Visionen entwickeln, in Kreisläufen und Netzwerken denken, entwicklungsfähige Lösungen erarbeiten, unternehmerisch handeln, Teamwork koordinieren, Prozesse optimieren und Mitarbeiter umfassend fördern. Er muß selbst verändern, um nicht durch die Veränderungen anderer selbst überflüssig zu werden.

Helmut Maucher, Präsident und Delegierter des Verwaltungsrates der Nestlé AG, fordert: Der Manager muß Mut, Nerven und Gelassenheit haben, Vorstellungsvermögen, Visionen, Motivationsfähigkeit und Fähigkeit zur Schaffung eines innovativen Klimas. Er muß in Zusammenhängen denken können, er muß die ständige Bereitschaft zum Wandel haben und eine internationale Einstellung, er muß bereit sein zum ständigen Wechsel, er muß vielsprachig sein, er muß aufgeschlossen sein, er muß in politischen Kreisen Flagge zeigen, er muß sich ständig weiterbilden.

Er muß, er muß, er muß ... wohl eben doch ein eierlegendes Wollmilchschwein sein, das im Beruf alles können muß – Attribute und Fähigkeiten des Privat- und Familienlebens fehlen aber bezeichnenderweise in diesen Aufzählungen ...

2.3. Welche Folgen haben die zunehmenden Anforderungen auf die Psyche der Führungskraft?

Die nur natürliche Folge der Anforderungen an den Manager, von dem man stets Überdurchschnittliches erwartet, ist, daß er wohl auch überdurchschnittlich schnell ausbrennt. Unsere neue Zeit hat das Wort »Burnout« erfunden. Keiner weiß ganz genau, wer diese Bezeichnung als erster geprägt hat, aber der Begriff paßt sehr gut, den Zustand treffend zu beschreiben.

Immer nur geben müssen, kaum oder nur wenig auftanken können und ständig in der Gefahr stehen, die eigene Tankstelle – Familie und Beziehungen – zu verlieren, was können wir anderes erwarten als Menschen, die vermehrt die Anzeichen des Burn-outs in ihren Gesichtern tragen. Nehmen wir noch die Liste der oben erwähnten Experten dazu, die den Verlust bisher anerkannter Werte und Denkmuster voraussagen, wo bleiben dann noch feste Grundlagen und Ruheplätze, nach denen sich der Mensch sehnt und die jeder Mensch braucht? Ausbrennen ist die Folge, wenn etwas zuvor gebrannt hat. In den seltensten Fällen ist der zuvor erfolgte Brand als etwas Positives oder Natürliches zu bezeichnen, auch wenn er unbestritten viel Wärme abgegeben hat oder zumindest viel Rauch. Ein Ofen, den man überheizt, ist schnell ausgebrannt und kann einen Brand verursachen, der auch das Umfeld ausbrennt. Ein Motor, der ständig auf vollen Touren laufen muß, ist schnell verschlissen.

Burn-out oder Wear-out sind moderne Worte, die vortrefflich die gegenwärtige Situation treffen: Die »Managerrennwagen« werden in einem Höchstmaß frisiert auf die Rennbahn gejagt, alles oder nichts, als müßten sie nur diesen einen Spurt bewältigen. In der Tat rechnet man ja nicht mehr für ein ganzes Leben, sondern für ein Rennen. Was zählt, ist allein dieser Jahresumsatz. Was danach kommt, darüber wird heute nicht nachgedacht. Ins Rennen gehen die Workaholics, die Machtbesessenen, die Robusten und Unsensiblen. Sie alle brennen, sie alle sind hungrig nach Erfolg. Workaholic – Arbeit als Droge –, Gier nach Einfluß, der pervertierte Hunger nach Macht, der nicht zügelbare Trieb. Dieses häßliche Gesicht zeigt heute unser Wirtschaftsleben mehr und mehr.

Ehrgeizige Karrieristen, die mit Mitte vierzig oder Anfang fünfzig erkennen, daß ihr zwanghafter Vorwärtsdrang endgültig gebremst wird und der Aufstieg in die höchsten Ebenen nicht mehr zu erwarten ist, sind besonders burn-out-gefährdet. Bei dem Versuch, Anerkennung zu bekommen oder das ersehnte Berufsziel doch noch zu erreichen, verdoppeln sie die Anstrengungen, bis die Kraftreserven schwinden und Resignation eintritt. Ein zentrales Lebensziel aufzugeben oder umzudefinieren scheint einer schmerzhaften Amputation gleichzukommen.

Gemeinsam ist den Ausgebrannten, daß sie in einem Zustand ständiger hoher Energieabgabe bei ungenügendem Energienachschub leben, etwa so, wie wenn eine Autobatterie nicht mehr über die Lichtmaschinen nachgeladen wird, aber dennoch Höchstleistungen abgeben soll. Vergleichbar mit dem Alkoholiker schaufelt sich der notorische Workaholic mit Aufgaben zu, bis er umkippt. Der innere Abschied folgt auf das Ausgebranntsein und belastet nicht nur das Unternehmen mit »stillen Kosten«, sondern auch die Seele. Gerade die jüngeren Leute, die frisch von der Universität kommen, sind gefährdet. Sie sind vorprogrammiert, auszubrennen wie Wunderkerzen.

Der deutsche Burn-out-Experte Dr. Matthias Burisch schreibt[3], daß der amerikanische Psychoanalytiker Harvey J. Fischer noch ein anderes ergänzendes Wort erfunden hat: Wear-out. Echtes Ausbrennen, das wären eher die Dynamiker, die sich ihren Streß weitgehend selbst verschaffen – Selbstverbrenner, die nicht Nein zur eigenen Unruhe sagen wollen. Demgegenüber sind die Wear-Out-Betroffenen, die Verschlissenen, eher die Opfer irgendwelcher Umstände, die meist nicht Nein zu anderen sagen können. In den USA gibt es neuerdings auch noch die ironische Bezeichnung Rost-out (durchgerostet) für diejenigen, die den Mitleidsbonus von Burnout für sich nutzen möchten, ohne jemals gebrannt zu haben.

Burisch unterscheidet dabei zwischen Menschen, die bei der Verfolgung eines unerreichbaren Zieles blockiert sind, das sie nicht fallen lassen können. Sie verharren in einer schwer erträglichen Situation, deren Veränderung sie nicht erfolgreich gemeistert haben. Der Preis für Aufbruch und Neuanfang an anderer Stelle scheint unbezahlbar hoch. Etwa der Abteilungsleiter, der ein chaotisches Team in den Griff bekommen soll, bei der Bewältigung jedoch total überfordert ist. Oder die Betriebsrätin, die sich für die Interessen der Kollegen verschleißt, ohne je die angepeilte Belohnung beziehungsweise Anerkennung zu bekommen und sich statt dessen noch Feinde gemacht hat. Burisch nennt auf der anderen Seite Menschen, die gefangen sind. Die zu spät gemerkt haben, daß sie den falschen Beruf ergriffen haben, die Journalistin, deren Perfektionismus sie zehn mal länger als nötig an jedem Manuskript sitzen läßt, den Vorgesetzten, dem zur Führung von Mitarbeitern sowohl die Neigung als auch die Fähigkeiten fehlen. Man könnte aussteigen, aber ein Wechsel würde den völligen Neuanfang bei Null und das Abreißen von allen Kontakten bedeuten.

Bis es zu einer solchen Zuspitzung kommt, muß einiges passiert sein. Burn-out bricht nicht auf einmal aus. Im Vorfeld findet man oft eine längere Kette von frustrierten Erwartungen, mißlungenen Handlungsplänen, ausgebliebenen Belohnungen. Jeder von uns hat zumindest in Anfangsstadien Burn-out-Prozesse erlebt. Aber die Projekte, an denen die Betroffenen schließlich scheiterten, hatten eine besondere Bedeutung. Sie wollten beweisen, sich selbst und anderen, daß sie es können, daß sie nicht zum Mittelmaß gehören. In der Kindheit finden sich oft Kränkungen durch ent-

---

[3] Burisch, Matthias (1994) Das Burn-Out-Syndrom, Theorien der modernen Erschöpfung, Heidelberg

mutigende und überfordernde Eltern oder das Gefühl, nur für Leistung oder Anpassung geliebt zu werden. Das Burn-Out-Syndrom hat es schon zu allen Zeiten gegeben, nur hat es bisher zu keiner Zeit so viele Menschen und Schichten erfaßt. Das Besondere beim heutigen Burn-Out-Problem ist der epidemieartige Charakter.

Die Bibel ist bekanntlich eine reiche Quelle für menschliche Grenzerfahrungen. Im 1. Buch der Könige, Kapitel 17 bis 21, findet sich die Geschichte des Propheten Elija, der nach einer Erfolgssträhne von im Namen des Herrn vollbrachten Wundern und Siegen beim ersten Anzeichen einer drohenden Niederlage in tiefe Verzweiflung stürzt, den Tod herbeiwünscht und in einen tiefen Schlaf verfällt. Frühere Generationen nannten diese Art von Krise »Elijas Müdigkeit«. In meinem Artikel über die Sinnkrise lege ich dar, daß jeder Mensch an die Kreuzung einer Krise in seinem Leben kommt, wie wir sie auch immer bezeichnen, ob als Burn-Out-Syndrom, Midlife-Crisis etc.

Ich glaube, daß in dieser Krise, in der zugespitzten Form des Burnouts, für uns alle eine große Chance liegt. Sie ist wie das rote Lämpchen beim Autofahren zu verstehen, das plötzlich aufleuchtet. Es mahnt: anhalten, da sonst unabsehbare Schäden entstehen können. Das rote Lämpchen selber ist nicht das Problem, das Burn-Out-Syndrom ist auch nicht das Problem, sondern nur ein Symptom. Das Problem besteht darin, daß viele trotzdem weiterfahren und die wenigsten anhalten.

Im Schlaf fand beim Propheten Elija der eigentliche Heilungs- und Genesungsprozeß statt. Nach diesem Schlaf, also einer deutlichen Ruhepause, begann ein neues, wichtiges Kapitel im Leben des Propheten. Er war gestärkt, und nachdem er wieder im Besitz seines klaren Denkvermögens war, konnte er einen sehr bedeutenden Schritt tun. Er konnte seine Aufgabe abgeben und bewußt den Händen eines Jüngeren anvertrauen, ohne damit in irgendeine Verzagtheit abzurutschen oder einen Einbruch seines Selbstwertgefühles zu erleben. Er wußte, daß der Wert seiner Persönlichkeit nicht nach der Größe der Wunder, die er vollbrachte, zu definieren oder abzuleiten war.

2.4. Wer hat noch die Kraft, Erkenntnisse und Vorsätze umzusetzen?

Bei vielen hat sich das berufliche Erfolgsstreben schon so verselbständigt, daß der Job zur Tretmühle geworden ist. Diese Leute können nicht mehr aufhören zu treten, obwohl sie häufig erkannt haben, daß längst das Hamstersyndrom in der Tretmühle eingetreten ist. »Plötzlich habe ich nur noch vorwärts getreten und konnte aus eigener Kraft nicht mehr aufhören...«, bekannte mir ein Gesprächspartner.

Was tun, wenn psychische und physische Erschöpfungs- und Burn-Out-Symptome »on the Job« auftauchen und ein verkümmertes Privatleben, das oft nur noch aus rudimentärem Familienleben und passiven Erholungsphasen besteht, das trübe Bild abrundet? Wenn man aus eigener Kraft die Erkenntnis – so geht's nicht mehr weiter – nicht mehr umsetzen kann?

2.5. Der Manager und der zunehmende familiäre Druck

Nach aktuellen Statistiken scheitert heute jede dritte Ehe und wird geschieden, bei Managern sogar jede zweite Ehe.

Schon während des Karriereaufstiegs wird ihm klar, daß seine idyllische Vorstellung, die Familie sei ein Hort der Ruhe, hart mit der Wirklichkeit kollidiert. Kaum hat er endlich den Bürostreß hinter sich, taucht der neue Streß auf: Das Baby nimmt keine Rücksicht, die Frau sehnt sich endlich nach einem Gespräch, in dem sie ihm alles erzählen und erklären kann und ihm die Probleme ihres Tages vorlegen will. Derweil warten im Aktenkoffer noch dringend zu erledigende Arbeiten.

Seine Erwartungen, die wirklich verständlich sind, kann keine Familie erfüllen: Zu Hause will und sollte er sich regenerieren können, verstanden und beglückt werden. Wie einen Ruhepol im aufreibenden Aufstiegskampf begreift er seine Familie. Doch leider sind die privaten Beziehungen alles andere als ein entspannendes Bad, eingenommen zur Regeneration der Arbeitskraft. Zuhause bestehen eigene soziale Systeme – mit eigenen Widersprüchen, eigenen Konflikten und eigenen begründeten Ansprüchen.

Während am Arbeitsplatz immer neue Forderungen an ihn gestellt werden, jede Reorganisation neue Verunsicherungen mit sich bringt – erst soll der Manager kooperativ werden, dann partizipativ, dann wieder vor allem effektiv –, wird es zu Hause immer ungemütlicher. In der Familie wird er immer stärker in Frage gestellt. Der Respekt vor dem Vielarbeiter nimmt ab, der Aktenkoffer im Flur verliert seine achtungsgebietende Wirkung.

2.6. Die Frau des Managers und ihre Verhaltensreaktionen

Wie sich die Ehefrau beziehungsweise Lebenspartnerin mit ihrer Form der Einsamkeit arrangiert, ist eine Frage des Naturells. Scheidungsanwälte unterscheiden zwei Typen von Managergattinnen[4]:
- Die eine ist unabhängig, selbstbewußt, gebildet. Sie macht das Beste aus ihrem Leben, genießt den Wohlstand, die Zeit für die Kinder und bildet sich einen eigenen privaten Kreis.
- Die andere ist eher bescheiden und zurückhaltend, definiert sich nur über den Mann, leidet stumm und hofft auf einen beschaulichen Lebensabend mit ihm.

Für Notfälle gerüstet sind beide Typen nicht. Ihr Leben hängt davon ab, was aus dem Gatten wird. Beide Typen leiden auf ihre eigene Weise an der überdimensionierten Abwesenheit des Mannes. Alleingelassen fühlen sie sich mit den verschiedenen Gesichtern der Eifersucht. Nicht nur um den Glanz des Mannes im Beruf geht es hier, sondern um die Angst der seßhaften Familienmutter vor den verheimlichten Berufs-Nebenfrauen. Leider erweist sich bei langfristiger Beobachtung diese Angst nur in der kleineren Zahl der Fälle als unbegründete krankhafte Eifersucht. Das Bewußtsein der Ehefrau, ein Anrecht auf Anwesenheit ihres Mannes zu haben, verstärkt die Probleme, läßt sie seine häufige Abwesenheit als unzumutbare Einsamkeit erleben und führt zu einer Vermehrung von Zerwürfnis und Zerrüttung.[5]

Mit und ohne Ausübung ihres Berufes ist die moderne Ehefrau oder Familienmutter zu einem sehr viel größeren Selbstbewußtsein erzogen worden. Sie ist heutzutage nicht mehr bereit, sich dem männlichen Dominanzanspruch unterzuordnen. Sie empfindet ihn im allgemeinen als unberechtigt – je wacher, je gebildeter sie ist, desto unverblümter.[6]

---

[4] Vgl. Manager Magazin Heft 10, 1994: Manager in der Falle
[5] Vgl. Meves, Christa (1983) Ohne Familie geht es nicht
[6] Vgl. Meves, Christa (1983) Ohne Familie geht es nicht

3. Fluchtwege

Wo gegenseitiges Verständnis fehlt, sinnen die Manager und ihre Partnerinnen nach Wegen, die innere Leere zu füllen und den zunehmenden beruflichen Krisen zu entfliehen. Die Kommunikation in der Ehe findet nicht mehr statt, und die Beziehung ist nicht mehr stark genug, um die Spannungen verarbeiten zu können. In meiner Beratungspraxis zeigt sich nun, daß viele nicht mehr in der Lage sind, ihre Probleme selbständig aufzuarbeiten, und daß sie dem Glanz und Reiz der zahlreichen Fluchtwege nachgeben. Der einerseits begrüßenswerte Wertepluralismus hat leider auch dazu geführt, daß die Hemmschwellen verschwindend klein geworden sind:

Befriedigung durch Geld, Materialismus und Konsum

Der naheliegendste und häufigste Weg ist die Flucht in den Materialismus und in den Konsum. Weil die Karriere zwar Zeit und Nähe kostet, aber in der Regel Geld bringt, bekommt die materielle Seite des Lebens ein immer stärker werdendes Gewicht. (»Du fährst gern dreimal in den Urlaub, du wohnst gerne in schönen Hotels, trägst schöne Kleider – aber daß ich dafür arbeiten muß, siehst Du nicht«.) Das Leben über Ersatzbefriedigungen ist verbreitet in jener Schicht, die für ihr Geld hart arbeiten und nahezu alle Zeit investieren muß. Wer Geld hat, hat keine Zeit für die Familie, und wer Zeit für die Familie hat, hat kein Geld. So sieht für die Mehrheit der Managerehen die Zukunft düster aus: Die einen werden sich zugunsten der Familie der Karriere verweigern, die anderen entscheiden sich für Beruf und Erfolg, verzichten auf Kinder und lassen sich bestenfalls auf eine mehr oder weniger verbindliche Beziehung mit einem selbständigen Partner ein, so wie das heute schon die wenigen weiblichen Manager vorleben. Die »DINKs« – Double Income No Kids – sind bereits eine weit verbreitete Gruppe, die bei den Marktforschern beliebt ist, da sie sich als besonders konsumstark erweist.

Workaholics

Eine andere häufige Gruppe, die ich bereits erwähnt habe, sind die Workaholics, die alle Krisensymptome und Probleme verdrängen, indem sie in krankhafter Weise noch mehr und noch mehr arbeiten und so nicht mehr aus dem Strudel herauskommen. Die unmittelbaren Umstände können dabei verschieden sein: Der erste ist tatsächlich derart in seine Arbeit vernarrt, der zweite ist Single, was soll er also alleine zu Hause und Arbeiten ist allzumal besser, als den ganzen Abend in die Glotze zu starren, und der dritte ist vielleicht ganz froh, wenn er nach dem Abendessen eine gute Ausrede hat, um vor Frau und Kind »flüchten« zu können. Nur der Freiherr von Münchhausen konnte sich schließlich aus eigener Kraft und am eigenen Schopf aus dem Sumpf ziehen ...

Nebenfrau beziehungsweise Hausfreund

In weit über fünfzig Prozent meiner Gespräche erfuhr ich, daß beide Ehepartner, also sowohl der überbeschäftigte Manager wie auch die »grüne Witwe zu Hause«, sich über die Enttäuschung in der Ehe hinweghelfen, indem sie eine Beziehung zu anderen Partnern aufbauen – sei dies die sprichwörtliche Sekretärin im Büro, sei dies, genauso häufig, der »Hausfreund« für die Ehefrau. Dieser Weg ist schließlich ein deutlicher Frühindikator und ein Anfangsstadium von langwierigen und schmerzlichen Scheidungsverfahren.

Sexuelle Ausschweifungen

Geradezu bieder hört sich die oben erwähnte Form des »konventionellen« Ehebruchs an, wenn ich mich an die Gespräche mit einem Direktor aus der Finanzwelt »in bestem Alter« erinnere. Er kompensierte sein Machtstreben und den zunehmenden Erfolg auf seiner Karriereleiter, indem er sich von einer vulgären Vorstadtnutte auspeitschen ließ. (Nähere Ausführungen möchte ich Ihnen hier ersparen.) Diese Fluchtwege beziehungsweise diese Konfliktsituationen beschränken sich nicht nur auf die Hochfinanz, selbst kirchliche Würdenträger sind davon nicht verschont. Meine Beobachtungen decken sich leider mit zahlreichen anderen Untersuchungen, die nachweisen, daß gerade mächtige Entscheidungsträger überdurchschnittlich häufig zu sexuellen Perversionen neigen. Sind sie mit ihrer eigenen Macht überfordert und kompensieren derart?

Selbstmord

Zu meinem Erstaunen und Erschrecken mußte ich in meinen Gesprächen erfahren, daß die Mehrheit der Manager in schwierigen Phasen immer wieder Selbstmordgedanken hegt. Dieser irrige Trugschluß, als letzten Ausweg immer noch die Möglichkeit zu haben, in den Tod zu entfliehen, ist gerade bei verantwortungstragenden Führungskräften weiter verbreitet, als man sich dies gemeinhin vorstellt.

Ich muß mit wehem Herzen an tragische Beispiele denken, wo leider keine Wendung mehr herbeigeführt werden konnte. So betreute ich einen Chefarzt, der dem beruflichen Druck nicht mehr stand hielt. Trotz vieler nächtlicher Gespräche konnte ich ihn nicht von seinem selbstmörderischen Vorgehen abhalten. Er war nicht bereit, zu Gunsten der Familie und seiner eigenen seelischen Stabilität auf ein weiteres übermäßiges Berufsengagement zu verzichten, so daß er sich schließlich buchstäblich selbst überforderte und die Lösung seines selbstgelegten »gordischen Knotens« nur noch im Selbstmord sah.

Gerade vor kurzer Zeit kontaktierte mich der Finanzchef einer großen Bauunternehmung und Immobilienfirma. Er erzählte mir am Telephon, daß zwei geladene Revolver in seinem Schreibtisch bereit lägen. Mit Mühe und Not sowie einem bißchen Phantasie gelang es mir, ihm einen der Revolver abzuschwatzen. Er benötige ja schließlich für den Selbstmord nur eine Waffe und als Nicht-Militärdienstpflichtiger würde ich schon lange den Wunsch hegen, einen eigenen Revolver zu besitzen. Er trat mir schließlich eine seiner Waffen ab und durch diesen »Freundschaftsdienst« kamen wir in persönlichen Kontakt. Dieses ist einer der gut ausgegangenen Fälle. Dieser Mann lebt noch heute und hat wieder Mut und Hoffnung gefunden.

Anfänglich war auch mir die Tragik und Tragweite der Suizidgefährdung nicht bewußt. Diese und zahlreiche andere Beratungen führten dazu, daß ich im Rahmen meiner Tätigkeit für die »Gesellschaft zur Beratung von Führungskräften in schwierigen Phasen« nun ein Zimmer zur Verfügung stelle, um Selbstmordgefährdeten eine geschützte Zufluchtsmöglichkeit anbieten zu können.

Medikamente- und Alkoholmißbrauch

Nicht vergessen dürfen wir die Dunkelziffer derjenigen, die nur noch mit Medikamenten und dem »Flachmann« in der Sakkoinnentasche den Be-

rufsalltag überstehen. Der Griff ins Pillendöschen, um abends die beruflichen Probleme vergessen zu können, und der tiefe Schluck vor wichtigen
Terminen werden immer häufiger – all zu viele fühlen sich überfordert,
ihrem beruflichen Druck »nüchtern« ins Auge zu sehen. Leider fehlt ihnen
der Mut, das Problem ihrer Unzufriedenheit und Überforderung an der
Wurzel anzupacken, so daß sie sich für den alltäglichen Kleinkrieg Mut an-
trinken müssen.

(Esoterische) Aussteiger

Im Zeitalter des New Age finden wir gerade unter erfolgreichen Managern
eine späte Bekehrung zu manchmal abstrusen Heilswegen. So begegnete
ich bei einer Reise nach Indien, die mich zufälligerweise auch über Bhag-
wahns Poona führte, einigen alten Geschäftskollegen. Diese legten früher
immer großen Wert auf ihre Eitelkeit und ihre maßgeschneiderten Nadel-
streifenanzüge – nun liefen sie in orangen und roten Nachthemden herum. Vor kurzem glänzten sie noch als erfolgreiche Geschäftsführer in
Deutschland, nun zeichnete sie ihr gummibärenhafter Gang und ihre er-
löst leuchtenden Augen aus.

Fluchtwege bringen keine Lösungen

Diese genannten Fluchtwege, denen ich in der Beratung gerade auch bei
sehr intelligenten und begabten Leuten immer wieder als Realität begegne, haben etwas gemeinsam: in der Flucht vor den Problemen werden die
Probleme nicht gelöst! Und langfristig rächt sich die Kumulation und Verdrängung nur noch schlimmer.

4. Hinweise für den beruflichen Bereich des Managers

Wenn Sie bereit sind, sich mit den im folgenden aufgezählten Themen-
komplexen auseinanderzusetzen, die Sie selbst in ihrer Beziehung zu ihrem
Arbeitsfeld ansprechen, werden Sie im Laufe der Auseinandersetzung fest-

stellen, welche wunden Punkte ihre Beziehungsfähigkeit zu ihrer Familie belasten. Sie werden auch eine neue Souveränität zu ihrem Berufsalltag bekommen können. Jetzt bedarf es der Ehrlichkeit und der Demut.

4.1. Geistige Entzugsstationen

Vielleicht können wir das Problem am besten anpacken, wenn wir uns vor Augen halten, daß unser Zustand möglicherweise die Endstation einer Suchtkrankheit ist. Sucht ist ein pervertierter Appetit. Die Endstation eines Suchtkranken ist Ausgebrannt-Sein, ein Zustand, aus dem sich der Betroffene meistens nicht mehr aus eigener Kraft retten kann. Er nimmt die zerstörerische Substanz solange, bis sein Licht erloschen und er gänzlich ausgebrannt ist.

Der Begriff Workaholic ist die exakte Bezeichnung für das, was ich meine. Wer ausgebrannt ist, hat zuvor gebrannt – Workaholiker haben gebrannt. Burn-out ist die Endstation einer Suchtkrankheit, Suchtkranke aber brauchen Unterstützung. Es braucht Plätze und Gelegenheiten, die wie Entzugsstationen für Manager sind, wo sie solange bleiben müssen, bis sich der normale Appetit einstellt und sie wieder zu den würdigen Werten des Lebens zurückgefunden haben. Vermehrt hört man heute von diesen Angeboten: Einkehrtage (Wüstentage) für Manager, wo das »innere Haus« wieder geordnet werden kann.

Der Unternehmensberater Butzko, der in Köln einen Telefonnotdienst für gestreßte Manager geschaffen hat, sagt in einem Interview in der Zeitschrift »Spiegel« (Heft 7.95 / Nr. 30 / 24) : »Manager sind suchtkrank. Für gute Zahlen tun sie fast alles oder müssen fast alles tun: Erfolgs-Junkies.« Die Parallelen seien offensichtlich, sagt der Unternehmensberater, der früher jahrelang eine ambulante Fixerberatungsstelle in Köln geleitet hat: Manager und Junkies sind regelmäßig 16-18 Stunden am Tag unterwegs, um sich ihren »Stoff« zu besorgen, beide brauchen regelmäßige Dosissteigerungen ihres Suchtmittels und sind gleichzeitig unfähig, die Kicks zu genießen, nach denen sie sich verzehren. Die Droge muß ständig verfügbar sein, wenn sie fehlt, droht der Absturz. Das Suchtmittel Erfolg und Anerkennung hier, Heroin da, tritt an die Stelle menschlicher Beziehungen. Ursache beider Süchte sind tiefgehende Störungen der eigenen Beziehungsfähigkeit.

Jenseits des resignierten Weiterwurstelns oder des radikalen Ausstieges gibt es Optionen, um einen arbeitsdominierten Lebensstil zu korrigieren. Elija, der oben erwähnt wurde, betrat so eine »göttliche Entzugsstation«. Er wurde aus dem Alltagsgeschehen herausgenommen, er wurde ernährt, er hörte plötzlich die Stimme reden, die ihm auf einer neuen Ebene sein Selbstwertgefühl wieder vermittelte, er war in der Wüste, alles was ihn vorher ausmachte, wurde zum Schweigen gebracht.

4.2. Mut zum Abschied

Wer Befreiung sucht, muß den Mut haben, sich von traditionellen Vorbildern für Erfolg zu verabschieden sowie Unverständnis oder gar Spott seiner Umwelt in Kauf zu nehmen. Denn auf den ersten Blick erscheinen die meisten Strategien zur Befreiung aus der Erfolgstretmühle als Rückschritt oder Schwäche, als Feigheit vor dem Druck und als fehlende Streßresistenz.

Langfristig haben aber Personen, die mutige, unkonventionelle Schritte gewagt haben, schließlich Anerkennung gefunden und ihren Alltag so entscheidend belebt. So überraschte auch mich ein Geschäftsführer einer süddeutschen Unternehmung aus der Plastikindustrie. Als ich ihn damals telephonisch erreichen wollte, teilte mir seine Sekretärin mit: »Der Herr Doktor ist im Moment irgendwo zwischen Südafrika und Australien. Zu unserem Erstaunen hat er den ganzen Bettel hingeschmissen und ist nun auf einem einjährigen Segeltörn.« Dieser Mann ist innerlich gestärkt, mit einem erweiterten Horizont und zahlreichen Erfahrungen zurückgekehrt, die ihn befähigen, nun sowohl innovativer wie auch souveräner an seine Aufgaben heranzugehen.

Doch grundsätzlich liegt der Ausweg nicht im langfristigen Abenteuerurlaub, so wichtig wie »Abschalten« und »Tapetenwechsel« auch sein mögen. Der wirkliche Ausweg liegt in unserem Denken und in unserer Einstellung. Wir brauchen eine innere Distanz und Unabhängigkeit trotz unseres Engagements. Ein Segeltörn kann einen hilfreichen Weg darstellen, er ist aber genausowenig Lebenszweck wie die einseitig ausgerichtete Karriere. Sinn finden wir nicht im heimatlosen Herumirren, jeder Segeltörn endet wieder in einem Hafen. In einem späteren Kapitel werden wir uns noch vertieft mit der Frage nach dem Sinn beschäftigen.

4.3. Karrierepausen einschalten

Karrierestillstand ist in einer Zeit, in der Dynamik und Fortschritt ein Selbstzweck geworden sind, geradezu ein Sakrileg. Jeder Personal- und Karriereberater würde diese Möglichkeit weit von sich weisen. Wenn wir aber die Situation offen und kritisch beurteilen, so müssen wir gestehen, daß Aufstiege zwar Prestige und Geld vermehren, daß sie aber heute auch unverhältnismäßig mehr Zeit und Substanz erfordern. Sie verbessern oft nicht die Arbeitsqualität, sondern vermehren den Verwaltungskram und die Aufsichtspflichten in Ihren alltäglichen Mühen – in beschönigender Weise wird dies häufig auch Controlling genannt. Oft nimmt das produktive und kreative Arbeiten sogar ab. Selbstverständliche Überstunden, mehr Streß – lohnt es sich wirklich, die nächste Karrieresprosse um jeden Preis zu erklimmen? Ein tragischer Fall, der nun schon einige Jahre zurückliegt, zeigt, daß es sich bei diesen Gedanken nicht nur um aufgebauschte Probleme handelt aus einem Jahrzehnt, das sich durch Jammern und Wehklagen auszeichnet. Dieses Beispiel stammt noch aus den optimistischen und fortschrittsgläubigen 60er Jahren, einer Zeit des anscheinend grenzenlosen Wachstums sowie ungehemmter Wohlstands- und Glücksvermehrung. Machbarkeit und Karriere waren Selbstverständlichkeit. Der technische Vorstand eines großen deutschen Maschinenbaukonzerns hatte als Ingenieur zwar seine Traumkarriere geschafft, aber er trauerte der Zeit nach, als er noch als Betriebsingenieur in einer mittelständischen Unternehmung tätig war, als seine junge Familie noch intakt und der Kampf um Macht und Einfluß im Konzern ihn nocht nicht verzehrt hatte. Der Karriere fiel schließlich seine Familie zum Opfer, da sie den Ortswechsel aus einer ländlichen, süddeutschen Gegend in den Ruhrpott nicht mitmachen wollte. So war nichts gewonnen, sondern alles verloren. Dieser Mann hatte einige wichtige Grenzen seines (Privat-) Lebens nicht beachtet. Einige Jahre später sah dieser bullig und kräftig wirkende aber anscheinend sensibel denkende Ingenieur seinen weiteren Weg nur noch im Selbstmord.

4.4. Kurskorrekturen auch nach unten in Erwägung ziehen!

In zahlreichen Beratungsgesprächen habe ich herausgefunden, daß bei einer Reihe von Klienten nicht nur nicht eine Phase der Karrierepause zu empfehlen ist, sondern noch mehr. Es stand die Frage im Raum, ob es nicht lohnend sein könnte, wieder eine oder mehrere Sprossen hinunterzuklettern – um wieder das zu tun, was einmal Spaß gemacht hat, auch wenn es schlechter bezahlt wird.

Nach einer Radiosendung, in der ich über derartige Probleme sprach, rief mich die Ehegattin eines Geschäftsführungsmitgliedes einer weltweit operierenden Transportgesellschaft an. Ihr Mann könne nicht mehr schlafen, habe Schweißausbrüche und sei nervlich an der Talsohle angelangt. Ich besuchte diesen Manager einige Wochen darauf im Sanatorium, und in persönlichen Gesprächen ergab sich, daß er durch seine Position und die Hektik des Tagesgeschäftes völlig überfordert war. Seine Karriere hatte ihn in eine Tätigkeit hineingeführt, die er eigentlich gar nie angestrebt hatte. Unsere Gespräche halfen, die Ur-Angst vor dem Imageverlust abzubauen und die richtigen Prioritäten für sein eigenes Innenleben zu finden. Nach dieser Zielkorrektur fand er schließlich den Mut, auf seine Eitelkeit zu verzichten und freiwillig eine Sprosse in der Karriereleiter zurückzugehen. Die Folgen waren verblüffend: Nach diesem Entschluß stellten sich die alte Lebensfreude und der alte Schwung wieder ein. Im Unternehmen reagierte man zuerst mit Unverständnis und Betroffenheit, die sich aber schließlich in Wertschätzung und heimliche Bewunderung wandelte. Trotz geringerem formellen Titel besitzt dieser Manager heute im Unternehmen das größere informelle Gewicht, das er souverän und unabhängiger handhaben kann.

Der Personalchef eines Chemiekonzerns meldete sich bei mir wegen Schlafstörungen und undefinierbaren Ängsten. Auf der Grundlage der Analyse seiner Kindheitserinnerungen erarbeiteten wir gemeinsam, daß er ein sehr ausgeprägtes Harmoniebedürfnis habe und daß er deshalb übermäßig unter den personalpolitischen Reibereien litt. Sorgfältig arbeiteten wir einerseits seine Kindheitserlebnisse auf und kamen andererseits zum Schluß, daß er seine Personalverantwortung abbauen sollte. So verzichtete er auf eine Hierarchiestufe. Schließlich konnte er aber in seiner neuen, beratenden und assistierenden Tätigkeit durch seine Seniorität und seine wiederhergestellte innere Stabilität wertvolle Leitlinien für die weitere Personalpolitik beitragen.

Wir haben erstaunliche Dinge erlebt: Bei einigen wuchs Ihre Autorität, statt daß sie abnahm. Sie konnten plötzlich Ihre Aufgabe aus einer inneren Entspannung bewältigen, und ihr Name galt im Unternehmen mehr als zuvor. Dem freiwilligen Zurücknehmen wurde von Mitarbeitern im stillen Anerkennung gezollt, weil die betreffende Person Mut bewiesen hat gegenüber dem Standarddenken, an dem keiner rüttelt. Allerdings muß hier erwähnt werden, daß einer solchen Entscheidung meistens gründliche Gespräche und Sitzungen vorausgegangen sind, weil diese Entscheidung in bezug auf den Selbstwert bewußt in allen Einzelheiten durchdacht werden muß. Die Angst vor Spott und Minderwertigkeit sitzt in uns allen doch sehr tief, und wir müssen gewappnet sein, auch gegenüber den eigenen, inneren Spott-Teufelchen. Wenn sie kommen, müssen wir klar artikulieren können, warum wir diesen und nicht jenen Schritt bewußt gewählt haben. Wenn wir es mehr gelernt hätten, unsere Entscheidungen nicht von dem Grad der gesellschaftlichen Anerkennung abhängig zu machen, sondern menschenunabhängiger zu werden, um wieviel sorgenfreier könnte dann unser Leben sein?

Schalten wir uns in einen direkten Erfahrungsbericht eines jungen Bankkaufmanns ein, der in der Zeitschrift Kontakt (4/95, Seite 9–12) zu lesen war:

»›Es ist mir nicht leichtgefallen, einen solchen Artikel zu schreiben‹, bekennt der Bankangestellte Michael Freund im Begleitbrief zu diesem Bericht. ›Hoffentlich erreicht dieser Bericht viele, die unter der Arbeitsbelastung Teile ihres Lebens vernachlässigen, und ermutigt sie zu einem Schritt in die andere Richtung.‹

›Papa, es ist ja noch gar nicht dunkel, warum bist du denn schon zuhause?‹ Als mich mein Sohn nach der Arbeit so begrüßte, wußte ich es ganz sicher: Die Entscheidung, die ich getroffen hatte, war allein schon wegen dieser Aussage richtig gewesen. Bis zum Juni 1994 war es bei mir wie bei jedem erfolgshungrigen Bankangestellten: So schnell es geht, nach oben! Daneben bin ich allerdings auch ein Mensch, der etwas bewegen, Veränderungen herbeiführen will. Nach meiner Auffassung brauchte ich dazu Macht, zumindest aber eine Führungsposition. 1986 war ich zu einer großen hessischen Sparkasse gegangen und hatte die Stelle eines Gruppenleiters erhalten. Erfreulicherweise stimmte auch gleich das Gehalt, und für die Zukunft wurden Aufstiegsmöglichkeiten in Aussicht gestellt.

Sämtliche Fortbildungschancen hab ich genutzt. Ich bekam im Rahmen eines Trainees die einmalige Gelegenheit, alle Geschäftsfelder des Unternehmens kennenzulernen. Dem folgte 1990 prompt die Verbesserung zum Berater für die ausgewählte Kundschaft im Anlage- und Kreditbereich. In dieser Arbeit ging ich so richtig auf; hier konnte ich Kunden intensiv betreuen und nach Herzenslust beraten. Der Erfolg meiner Aktivitäten stellte sich bald in mehr Kunden, mehr Geschäft, mehr Anerkennung und mehr Gehalt heraus. Dieser Erfolg begründete zunehmend meine Motivation für den Job. So bemerkte ich anfangs nicht, daß sich mein privates Umfeld nach und nach veränderte: Abends die Kinder ins Bett bringen? ›Ach Frau, kannst du das nicht machen, ich bin so kaputt!‹ ›Was, heute abend willst du Besuch einladen? Endlich bin ich mal zuhause, und ausgerechnet da lädst du Leute ein?‹...

Ich beschäftigte mich auch zuhause und in der Freizeit gedanklich immer mehr mit Zinsen, Kursen, Krediten und steuerlichen Problemen meiner Kunden. Nach und nach manövrierte ich mich in ein Leben, das fast ausschließlich aus Arbeit bestand – und das über 4 Jahre. Im April 1994 wurde mir die Frage wichtig: Was wollte ich ursprünglich eigentlich erreichen? Ich fragte mich: Kann der Sinn darin bestehen, Reiche immer reicher zu machen und meine Zeit fast ausschließlich in der Bank zu verbringen? Ich wollte etwas verändern; sollte es wirklich nur die Geldbörse meiner Kunden sein? Es kam eine Zeit vieler Gespräche. Dann stellte meine Frau irgendwann die Frage in den Raum, ob ich nicht einfach weniger arbeiten könne. Können Sie sich meine Reaktion vorstellen? ›Wie soll das denn gehen? Wie soll ich das dem Chef erklären, was soll ich meinen Kunden sagen?‹...

Einige Tage später gab es in der Sparkasse eine innerbetriebliche Stellenausschreibung: Für die Kreditabteilung wurde ein Sachbearbeiter gesucht. Irgendwie sprach mich diese Ausschreibung stark an. Das war sehr eigenartig, denn der Status dieser Stelle und auch die gehaltliche Dotierung lagen gleich um zwei Stufen niedriger. Dennoch faßte ich den Entschluß (meine Frau unterstützte mich in dieser Zeit besonders), mich um diese Stelle zu bewerben. Ich wollte endlich mehr Zeit für Dinge außerhalb meiner Arbeit haben. Allerdings war ich mir nicht sicher, ob ich diese starke Veränderung tatsächlich akzeptieren könnte. Neben Status und Geld würde ich noch andere Privilegien verlieren. Da war zum Beispiel der liebgewordene Dienstparkplatz, der mir allmorgendlich mindestens 5 Minuten Suche und gelegentliche Mandate wegen Falschparkens ersparte. Ich hatte Führungsaufgaben, hohe Kompetenzen, Unterschriftsvollmacht. Konnte ich darauf verzichten? Ich glaubte, ›ja‹, und bewarb mich um die Stelle. Sie bedeutete eben auch den Wegfall von Überstunden und der in der letzten Zeit doch so belastenden ständigen Beschäftigung mit meinem Job. Bei allen bisherigen Bewerbungen (um höherqualifizierte Stellungen) hatte es jeweils nur ein Vorstellungsgespräch gegeben, und die Sache war geritzt. Auf das, was jetzt auf mich zukam, war ich nicht gefaßt.

Umgehend nach meiner Bewerbung rief mich der zuständige Personalreferent an und bat um ein sofortiges Gespräch. Darin drückte er sein völliges Unverständnis für meine Entscheidung aus. Er habe mich jahrelang nur als aufstrebenden und engagierten Mitarbeiter kennengelernt – und jetzt das! Wenn ich nicht krank sei, sollte ich diese Bewerbung schnellstens zurückziehen. Natürlich habe er Verständnis dafür, daß mir meine Familie und meine Lebensqualität wichtig seien – aber einen beruflichen Rückschritt sei das doch nicht wert! Bald danach meldete sich mein möglicher neuer Chef, er wolle mich kennenlernen. In diesem Gespräch, das sehr offen verlief, spürte ich viel Verständnis für meine Beweggründe. Da ich für die Stelle überqualifiziert sei, solle ich mir die Sache noch einmal überlegen, aber er würde mich einstellen, wenn es bei meinem Entschluß bleibe. Richtig verstehen könne er mich indes nicht.

Nachdem ich ihm ein paar Tage später mitgeteilt hatte, daß meine Bewerbung noch galt, erhielt ich die Einladung zu einem weiteren Gespräch. Hier traten erneut der Personalreferent, mein künftiger Chef und ein Vorstandsmitglied zusammen, um sich nochmals einen Eindruck über meine Beweggründe zu verschaffen. Ich erhielt die Stelle – allerdings unter dem Vorbehalt einer dreimonatigen Probezeit. Ich sollte die Möglichkeit erhalten, mich auch später noch anders zu entscheiden. Auch die meisten Kollegen konnten meinen Schritt nicht verstehen. Sie empfanden vor allem die dreimonatige Probezeit als fürchterliche Demütigung, wechselte ich doch zu einer niedrigeren Tätigkeit und war ich doch schon zehn Jahre bei der Bank. Ich selbst allerdings sah darin ein Geschenk, das mir den Schritt in eine neue Phase des Berufslebens erleichtern sollte.

Die Probezeit ist um. Seit etwa einem Jahr suche ich mir morgens um sieben einen Parkplatz und gehe in ein Büro, das ich mit drei Kollegen teile – vorher hatte ich ein Einzelzimmer. Die Arbeit ist interessant, aber sie beschäftigt mich täglich nur etwa 8 Stunden. Sie ist anspruchsvoll, aber macht keinen Streß. Ich habe einen sehr kollegialen und freundlichen Chef. Mit meinen Kollegen haben sich viele interessante Gespräche ergeben, was ich in den Jahren zuvor kaum mehr erlebt habe. Meine Familie sieht mich gewöhnlich ab 17 Uhr, und so bleibt genügend Zeit für ein ausgefülltes Familienleben. An Kunden und Bank denke ich ab dieser Uhrzeit nicht mehr. Es klingt vielleicht ein wenig schwärmerisch, aber ich habe durch den Arbeitswechsel eine ganz neue Lebensqualität gewonnen.«

Das Gefühl, in einer beruflichen Situation allmählich auszubrennen oder sich in eine Richtung verrannt zu haben, die mehr Streß als Befriedigung bringt, sollte Auslöser für eine Kurskorrektur sein. Es geht darum, Wünsche und Ziele, die mit dem Beruf verbunden sind, neu abzustimmen.

4.5. Bewältigung der Sinnkrise und der Identitätsfrage

Wie wir die Sinnkrise lösen, welche Wege und Irrwege wir einschlagen können, von welchen Verhaltensmustern wir Abschied nehmen müssen und wie wir das können, habe ich ausführlich in meinem Referat über die Sinnkrise behandelt. Ich empfehle dem werten Leser diese Ausführungen dort zu studieren.

4.6. Bestandsaufnahme und Korrektur der Karrieremotive

Im Aufwärtsstreben auf der Karriereleiter, das allzu schnell zu einem automatisierten Selbstzweck werden kann, ist es heilsam, immer wieder Ruhepausen einzulegen und sich einige selbstkritische Fragen zu stellen:
– Welches sind meine persönlichen Karrieremotive? Ehrgeiz? Macht? Selbstverwirklichung? Geld? Verantwortungsbewußtsein?
– Welchen Preis bin ich bereit, für meine Karriere zu bezahlen? Zeit? Familie? Hobby?
– Was gewinne ich, was verliere ich?

Ich erkenne immer deutlicher: Karriere ohne Anbindung an die Lösung der Sinnfrage und an Werte wie Verantwortung hat in sich selbst eine destruktive und menschenverachtende und letztlich ausbrennende Wirkung. Ohne die Sinn-, Werte- und Charakterfrage zu stellen, kommen wir aus dem Dilemma des modernen Managers nicht heraus. Darum habe ich ein ganzes Kapitel in diesem Buch dem Thema »Karriere und Charakter« gewidmet.

Der unwiderstehliche Reiz des beruflichen und finanziellen Aufstiegs resultiert aus einer allzu einfachen Logik: Zwei Millionen sind besser als eine, ein Generaldirektor ist mehr als ein Direktor. Wenn die Vorgesetzten vorbildlich sind, möchte man ihnen nacheifern, wenn sie unausstehlich sind, dann möchte man sie möglichst bald hinter und unter sich sehen. Die Frage ist leider nicht, ob, sondern allenfalls wie schnell man klettern will und kann. Dazu gibt es tausende von Kursen und Büchern, die alle eines gemeinsam haben: Sie stellen nie die Grundsatzfrage. Das Petersprinzip wäre eigentlich eine Warnung an alle Burn-out-gefährdeten Aufstiegswilligen: es besagt, das jeder in der Hierarchie solange aufsteigt, bis er die Stufe der Inkompetenz erreicht hat. Doch so sieht es niemand, trotz aller Warnsignale. Lieber hochgestellt und überfordert als rangtief und glücklich, lautet die Logik des Aufstiegs.[7]

Welchem Herrn folge ich? Welchem Ideal stelle ich meine Kraft zur Verfügung? Diesen ehrlichen Fragen müßten sich Spitzenmanager viel radikaler aussetzen! Wenn sie der Beantwortung dieser Frage wirklich gründlich nachgehen, müßten sie erschrecken, wem oder was sie sich verkauft haben. Es ist nämlich eine Größe, die kein Mensch oder Gott ist, es ist kein Ideal, es sind keine Werte. Der Manager ist heute nicht mehr als ein Sklave eines anonymen Marktgeschehens, das ihm keine Träne nachweinen wird, wenn er irgendwann aus diesem Spielsalon des freien Marktes hinausgeworfen wird. Und doch kann und will er sich nicht trennen.

Selbst die Begründer des US-Kapitalismus waren da doch noch differenzierter. Andrew Carnegie, der zu Beginn des Zwanzigsten Jahrhunderts als reichster Mann der Welt galt, verteidigte zwar das Gewinnstreben, meinte aber, daß der nicht verzehrbare Teil des Gewinns vom rechtlichen Eigentümer bloß als einem Treuhänder der Gesellschaft verwaltet werden dürfe. Henry Ford sagte zwanzig Jahre später. »Denn meine eigenen Erfahrungen haben mir gezeigt, daß das reine Geldverdienen entschieden keine Tätigkeit für einen Mann sei, der wirklich etwas zu leisten wünscht. Die einzige solide Grundlage eines Geschäftes ist die Dienstleistung für die Allgemeinheit.«

Die heutigen Wirtschaftsführer können sich kein solches Bild mehr machen, weder von einem ihrer tausend Produkte noch von dem Nutzen, den sie einem ohnehin übersättigten Konsumenten tatsächlich bieten könnten.

---

[7] Vgl. Zürcher Tagesanzeiger (22. November 1993) Mit schlechten Vorbildern auf dem Weg nach oben

Und deswegen besteht eine wichtige Lösung aus dem Dilemma darin, daß die moderne Führungskraft sich nicht mehr der Sinn- und der Ethikfrage und einem persönlichen Bewertungstest ihrer Zielliste entziehen darf. Nur wer hier klar genug denkt, nur wer sich radikal genug mit dem Zustand seines inneren Hauses auseinandersetzt, kann sich dem Teufelskreis entziehen, der den Wert einer Führungsperson allein von seinem Umsatz her definiert. Nur derjenige wird die Opfer erbringen können, die uns auch materiell abverlangt sind, um die Brücke zwischen Beruf und Privatleben wieder zu bauen.

4.7. Von welchen Faktoren hängt mein Selbstwertgefühl ab?

So wichtig es einerseits ist, daß jeder seine Fähigkeiten und Gaben im Beruf vollständig einsetzt und bereit ist Verantwortung zu übernehmen, so müssen andererseits »private« Grenzen beachtet werden. Das Ziel »Karriere« zu machen darf derartige Grenzen nicht negieren, vor allem, wenn Karriere nur noch das Ziel hat, das eigene Selbstwertgefühl zu steigern. Also taucht die Frage auf, ob eine Karriere wirklich die beste Art ist, sich als Person zu entfalten? Ist der psychische und soziale Preis des beruflichen Erfolges nicht zu hoch? Die Beantwortung dieser Frage ist wesentlich für die Lösung unseres Dilemmas. Gibt es ein Leben jenseits des Schuftens und Scheffelns? Der frühere VW-Manager Goeudevert meint kritisch: »Ich verstehe nicht, warum so viele Frauen in ihrem Beruf ihre Identität finden wollen. Denn wie viele Männer gibt es, die durch ihren Beruf ihre Identität verloren haben.«[8]

Vielen Menschen ist ihr Beruf zur Falle geworden, weil sie sich fast nur noch über beruflichen Erfolg, Leistung und Geld definieren. So sind sie umso gefährdeter, wenn mit der Karriere etwas schief läuft. Beruflicher Ehrgeiz macht oft blind für den Rest des Lebens. Menschen, die in große Verzweiflung bei einer beruflichen Krise geraten, verraten damit oft, daß ihnen vielleicht die Familie wichtig ist, aber ungleich viel wichtiger ist ihnen der Beruf. Wenn es im Beruf plötzlich nicht mehr klappt, erscheint ihnen das andere plötzlich wie wertlos. Vor allem anderen ist der berufliche

---

[8] Goeudevert, Daniel (1990) Die Herausforderung der Zukunft; Management, Märkte, Motoren; Betrachtungen eines Querdenkers; München, S. 277

Erfolg das eigentliche (Status-)Symbol für gelungene Selbstverwirklichung. Kein Wunder, daß für dieses Ziel die meisten Ressourcen mobilisiert werden, über die ein Mensch verfügt: Zeit, Energie, Kreativität, Nerven und insbesondere zwischenmenschliche Beziehungen. Aber das Leben verengt sich dann allmählich immer mehr auf den Beruf, der verbleibende Rest der Zeit dient nur noch der Regeneration oder dem statusbewußten Konsum.

5. Die innere Einstellung zu Familie und Ehe

5.1. Beruf und Familie: zwei Welten, die voneinander leben

Jeder auch nur halbwegs informierte Managementtrainer macht heute in seinen Seminaren darauf aufmerksam, daß die Leistungsfähigkeit und der Berufserfolg von Führungskräften weitgehend von der Qualität der Ehen und Familien abhängt. Obwohl die meisten von uns von diesem Zusammenhang wissen, leben und arbeiten sie in der Regel so, als hätten sie nie etwas davon gehört. Als positives Beispiel möchte ich hier nochmals den Besitzer und Geschäftsführer einer der weltweit führenden Marken in der Konsum- und Luxusgüterbranche nennen, der bei der Wahl seiner Führungskräfte großen Wert darauf legt, daß diese ein intaktes Eheleben führen. Als Indikator hierzu lädt er bei Bewerbungsgesprächen die Ehefrauen seiner zukünftigen Manager ein. Und er selbst geht mit positivem Beispiel voran, indem er selbst immer wieder das Familienleben in seiner Großfamilie »zelebriert«.

Im Verbundsystem von Ehe und Familie gibt es Lernprozesse, die sonst nirgendwo auf der Welt in dieser tiefgreifenden Form ablaufen: Lernprozesse hinsichtlich Reife und Charakterbildung. Hier lernen sowohl die Kinder wie auch die Eltern, wie man miteinander lebt. Es sind Lernprozesse, die nicht nur wichtige Kulturinhalte vermitteln, sondern auch Lebensinhalte. Wo lernen Kinder sonst Dinge, wie soziales Verhalten, Verantwortungsübernahme, Verzicht, Rücksichtnahme, Nächstenliebe, Arbeitsteilung, Teamarbeit, Sorgfalt und Gewissensbildung?

Wann immer ein Unternehmer in seinem Betrieb junge Leute einstellt, greift er auf Fähigkeiten, innere Einstellungen und Charaktereigenschaf-

ten zurück, die diese jungen Leute in ihrer Familie gelernt haben. Wir können schon à priori sagen, daß die Qualität unserer Familien in gewisser
Weise auch die Produktivität unserer Berufswelt bestimmt. Gesellschafts-
politikern wird ganz flau: Was soll eine Elite, die sich selbst nicht mehr re-
produziert? Auch wenn eine erfolgreiche Karriere nach Verzicht auf Familie schreit: So wäre das eine Problem gelöst und ein neues geschaffen.

Arbeit ist unsere Schaffenskraft, was wir tun, was wir vorzeigen können,
was machbar ist, was uns groß macht, womit wir auftrumpfen und uns brü-
sten können. Es ist die Welt des Erfolges oder auch des Mißerfolges, es ist
die Welt der Macht, der organisierten Prozesse, der Programmierbarkeit,
der Machbarkeit und der Kalkulierbarkeit. Produktivität kann gesteigert
werden, bis man nichts anderes mehr wahrnimmt als eigene Ergebnisse, bis
Zufriedenheit darin besteht, menschliche Beziehungen als erledigt im Terminkalender abzuhaken. Ich will mit all dem nicht sagen, daß Arbeit
schlecht ist oder Leistung gar unanständig wäre, ich will aber damit sagen,
daß es nur die eine Seite ist, die ohne die andere Seite verkümmert und
traurig wäre, ja gar nie existieren würde und könnte.

Familie, das ist die andere Seite. Sie repräsentiert nicht unsere Schaffenskraft, sondern die Kraft, woraus wir geschaffen sind, woraus wir geworden sind. Das, woraus wir geworden sind, ist nicht ein Ding, sondern
Leben, und Leben ist letztlich ein Geheimnis. Genau das ist es, was den
modernen Manager unsicher macht, weil es sich seiner Kalkulierbarkeit
entzieht. Es ist nicht die Welt des Erfolges. Erfolg ist ja immer ein mach-
barer Prozeß, der uns zwar groß macht, aber auch vergänglich ist.

Um ein Bild aus der Natur anzuwenden: Es ist die Welt der Frucht.
Während Erfolg eine Folge eines organisierten Prozeßes ist, entstammt eine Frucht einem natürlichen und organischen Prozeß. Erfolg nimmt für
sich, Frucht schenkt sich den anderen, Frucht schafft keine Sachverhalte,
sondern neues Leben. Und Leben ist ein Geschenk. Leben hat auch immer etwas mit Liebe zu tun. Leben und Liebe sind die Grundlage und Voraussetzung für Arbeit und Erfolg.

Familie ist eine andere Daseinsstufe als die Arbeitswelt, sie ist nicht nur
gleichwertig, sondern sie ist höher. Sie ist Grundlage und Voraussetzung
für all das, was den Manager erfolgreich macht, denn der moderne Manager ist nur deswegen erfolgreich, weil seine Eltern sich nicht gegen die Familie entschieden haben. Wenn er aber genau das tut und meint, die Freiheit dazu zu haben oder durch den Arbeitsdruck genötigt zu werden, be-

straft er nicht nur sich selbst, sondern er greift zerstörend in einen Lebensprozeß ein, der die Voraussetzung für Zukunft seiner eigenen Kinder ist. Es geht in der Haltung des Managers zu seiner Familie gar nicht in erster Linie um ihn und seine Ehefrau, sondern um die Zukunft der folgenden Generationen. Es geht mit der Familie um einen Bereich, der eigentlich bewußt gar nicht seiner eigenen Entscheidungsfreiheit zugeordnet sein darf, sondern den er in der Kette der Generationen zu erhalten und zu pflegen verpflichtet ist. Daß er die Entscheidungsfreiheit hat, die Familie auch zu zerstören, und daß er durch die Gesetze einer anonymen seelenlosen Marktwirtschaft dazu sogar fast aufgefordert wird, ist eines der dunklen Kapitel unserer Epoche.

5.2. Ehrliches Verhalten im familiären Bereich

Haben Sie den Mut, ihrer Frau gegenüber so zu sein, wie Sie wirklich sind? Was Sie verwundbar macht, ist, daß Sie zu Hause oft eine Rolle spielen, die Sie nicht zu spielen vermögen. Nehmen Sie sich einmal an als den, der Sie wirklich sind: als unsicherer, ungenügender, unterlegener, ängstlicher, überflüssiger und frustrierter Mann. Haben Sie das Vertrauen verloren, daß Ihre Frau Sie noch lieben könnte, wenn sie Sie sieht, wie Sie wirklich sind? Ich weiß von manchen Frauen, die ihren Mann »menschlicher« möchten, als Mann, der seine Schwächen nicht versteckt, sondern sich zu ihnen bekennt und sich mit ihnen seiner Frau anvertraut. Viele Ehefrauen leiden darunter, daß das nicht geschieht, sondern daß der Managergatte auch zu Hause noch meint, daß er sich keine Blöße geben darf und daß er auch in der Familie alles dominieren und kontrollieren muß und so gemäß seiner Prioritätenliste auch noch den Abwasch »delegiert«.

Erkennen Sie ihren Stolz

Warum gebärden wir uns der eigenen Frau gegenüber oft als Patriarch, als unnahbarer Pascha, als schweigender Buddha, als kalter Eisberg oder als Emigrant in unsere eigene Innenwelt, in welcher sie nichts zu suchen hat? Warum wählen wir Fluchtwege der Untreue? Warum stehen wir nicht dazu, daß wir uns als Patriarchen gebärden, wenn wir uns mit dem Rücken gegen die Wand gedrückt fühlen? Warum stellen wir Omnipotenz zur

Schau, wenn wir uns vor der Entdeckung der Impotenz schützen wollen? Warum gebärden wir uns als Pascha, der nicht gesprächsbereit ist, und nehmen die Klage unzähliger Frauen in Kauf, die darunter leiden, erst geheiratet zu haben, um nicht allein sein zu müssen, und sich dann aus demselben Grunde wieder scheiden lassen wollen? Warum stellen wir uns als schweigender Buddha dar, wenn wir uns nicht durch Fehlentscheidungen eine Blöße geben wollen, keine Kritik hinnehmen und keine Fehler eingestehen können? Warum stellen wir uns als kalter Eisberg dar, wenn wir nicht den Mut haben, zu unseren Gefühlen zu stehen? Auch wenn unsere Frauen uns als gefühllos bezeichnen, ist es doch nur unsere Unfähigkeit, Gefühle zu zeigen. Wie heißt es doch so treffend: »He is out of touch with his feelings«. Warum ziehen wir uns in die innere Emigration zurück, nachdem die heutige Frau zum Gegenangriff angetreten ist und sich nicht mehr besitzen läßt, sondern ihren Besitzanspruch dem des Mannes entgegensetzt? Warum sind wir in die Untreue geflüchtet, um Enttäuschungen zu kompensieren und unserer Sehnsucht nach Geborgenheit Ausdruck zu verleihen, oder der quälenden Fessel zu entfliehen, weil statt der Freiheit in der gegenseitigen Hingabe das kleinliche Nachrechnen entgegengesetzt wurde?

Legen wir doch zu Hause unsere Machtgebärden ab

Legen wir in unserer Familie die Vorstellung ab, daß wir nur dann etwas sind, wenn wir »etwas« sind. Unsere Frau beziehungsweise unsere Familie will nicht unsere Leistungen, sie will »uns«. Sie will uns nicht bewundern, sondern uns spüren. Sie will nicht unsere Zeit, sondern in der Zeit, die wir ihr geben, sei sie reichlich oder knapp bemessen, will sie uns. Sie will nicht kluge Vorträge über das (Berufs-)Leben, sondern ein gemeinsames Familien-Leben mit uns erleben. Unsere Frau beziehungsweise unsere Familie benötigt unsere verzeihende Großzügigkeit. Sie kann nicht leben, wenn wir Kleinigkeiten aufrechnen, schlechte Erlebnisse nicht vergessen und ihr nicht verzeihen können. Erleben wir selber die Wohltat des täglichen Verzeihens. Verstehen wir endlich, daß die Gesetzmäßigkeiten der Familie, zwar äußerlich denen der Wirtschaft entgegengesetzt sind, aber wie eine Geburtsstätte wirken. Ein Kind, das nicht geliebt, umarmt und gekost wird, wird später niemals vernünftige Resultate hervorbringen können.

Setzen Sie Prioritäten

Planung ist angesagt, nicht nur im beruflichen Bereich, sondern gerade auch im Privatbereich. Leider hört bei vielen die Planung vor den Toren der Familie und Ehe auf, doch Gutes und Wichtiges entsteht nicht automatisch, sondern nur als Ergebnis richtiger Zielsetzungen und richtigen Planens:

– Reservieren Sie sich einen Abend in der Woche, der nur ihrer Frau gehört.
– Planen Sie eine sichere Zeit für ihre Kinder mit ein.
– Entscheiden Sie sich zu einer Lebensauffassung des Verzeihens.
– Fressen Sie nicht negative Erlebnisse in sich hinein.
– Sagen Sie der inneren Emigration den Kampf an: Lassen Sie Ihren Partner an den verschiedenen Lebensbereichen teilhaben, zeigen Sie Ihrer Familie Ihr Büro, erzählen Sie Ihren Kindern von Ihren Aufgaben, laden Sie Kollegen nach Hause ein.

Lernen Sie eine zärtliche Kommunikation. Lassen Sie nicht die geschäftliche Kommunikation ihre Familie beeinflußen, sondern beeinflußen Sie Ihr Geschäft durch Ihre gute private Kommunikation. Besonders heranwachsende Jugendliche schätzen es ganz und gar nicht, wenn sich der Vater auch zu Hause als Oberhaupt aufspielt und seine Familie als sein »Team« herumdelegiert. Akzeptieren Sie gerade auch, daß Ihre Frau Gespräche mit Ihnen braucht und lassen Sie dabei diesen Gesprächen Zeit, sich zu entwickeln. Sitzungen mit vortraktandierten Tagesordnungspunkten sind nicht die einzige konstruktive Kommunikationsform zwischen erwachsenen Menschen. Schieben sie offene Fragen im familiären Bereich nicht auf die lange Bank. Sie können es sich hier nämlich noch weniger leisten als im Geschäft – das Risiko der familiären Spät- und Nebenfolgen ist unkalkulierbar. Denken Sie daran, daß auch viele erfolgreiche Frauen das Bedürfnis nach partnerschaftlichem Schutz und Geborgenheit haben. Wird diesem Bedürfnis für längere Zeit nicht Rechnung getragen, gibt es kein Entrinnen aus einer Krisensituation.

Stellen Sie sich folgende Fragen:

– Welchen Stellenwert nimmt meine Familie auf meiner Prioritätenliste ein?
– Welche gemeinsame Aufgabe haben wir?
– Welches gemeinsame Ziel haben wir?

- Was biete ich meinem Partner?
- Was kann unsere Beziehung verbessern?

Wir können bei vielen kleinen Regeln oft den Wald vor lauter Bäumen nicht mehr erkennen. Darum möchte ich diesen Abschnitt in einem Satz zusammenfassen, den Frau Trobisch nach dem plötzlichen Tod ihres Mannes, dem bekannten Familientherapeuten Walter Trobisch, im Nachwort zu seinem Buch schrieb:»Die tiefste Angst, die eine Frau hat, ist nicht geliebt zu werden. Wenn ich meinen Söhnen nur eine einzige Sache über den liebenden Mann sagen könnte, würde ich dies sagen: Der liebende Mann ist der, der seiner Frau die Gewißheit schenken kann, daß sie geliebt ist. Irgendwie zeigt er ihr jeden Tag neu, wieviel sie ihm bedeutet! Dann kam Dein letzter Morgen. Du warst wie gewöhnlich früh aufgestanden, hattest Deinen Morgenlauf gemacht, Dich rasiert und gebadet. Dann hast Du die Tür zu unserem Schlafzimmer aufgemacht und kamst mit dem Teetablett zu mir. Es war deine letzte Tat auf dieser Welt – meine leere Tasse zu füllen.« Drücken Sie Ihrer Frau gegenüber aus, daß Sie Ihnen wichtiger ist als Ihre Karriere. Viel mehr braucht es gar nicht. Wann haben Sie ihr das letzte Mal gesagt:»Ich liebe Dich.«?

6. Hinweise und Anfragen an die familienbewußte Ehefrau des Managers

Ich bin mir natürlich bewußt, daß in zunehmendem Maße in vielen Ehen und Lebensgemeinschaften beide Partner beruflich tätig sind und ein klassisches Ehe- und Familienleben immer öfter in den Hintergrund tritt – in diesen Fällen treten nun neue und spezifische Beziehungsmuster und -probleme auf. In meinen Gesprächen habe ich jedoch beobachtet, daß gerade in Manager- und Oberschichtkreisen immer noch die Form der bürgerlichen Ehe und Familie die Regel ist. In diesem Sinne möchte ich mich nun bewußt an die»konservative« Ehefrau wenden, die zu Gunsten der Karriere ihres Mannes auf eine eigene Berufstätigkeit verzichtet.

Die bisherigen Aussagen über das Dilemma des heutigen Managers sind dazu da, um Ihren Blickwinkel, geschätzte Ehefrauen zu schärfen, nicht um die Männerwelt zu verteidigen. Dennoch, wenn Sie diese Situation vor

Augen haben, darf ich um Ihr Verständnis werben. Wenn Sie sich als Gattin nicht verweigern mitzumachen, gibt es nur einen Weg aus dem Dilemma. Sie besitzen noch Freiräume, Land zu erobern. Ihr Mann braucht Ihre Hilfe und Ihre Barmherzigkeit, auch wenn er sagt, er brauche diese nicht. Ich habe Ihnen heute Ihren Mann in einer Situation beschrieben, die er hilfloser handhabt, als sie es vielleicht tun würden. Der Stolz ist seine große Blockade. Frauen haben dieses Problem im allgemeinen weniger. Die Ratschläge am Ende meiner Ausführungen sollen als kleine Fenster wirken, die Ihnen Mut machen sollen, weiter zu denken und Ihrer kreativen Phantasie Raum zu lassen.

In der Tat, Sie haben Entbehrungen hinter sich und das Bedürfnis, endlich wieder einmal beim Partner zu »tanken«. Haben Sie nicht ein Recht darauf? Aber der »Treibstofftank« Ihres Partners ist ebenfalls geleert. Krisen entstehen, wenn beide Batterien entladen sind und beide versuchen, beim Partner zu tanken. Wir müssen in der Betrachtung dort anfangen, wo es darum geht, verstehen zu lernen, warum die Batterie des Partners so entladen werden konnte.

Der jung verstorbenen Familientherapeut Walter Trobisch schrieb ein hilfreiches Buch mit dem Titel »Der mißverstandene Mann«. Es war sein letztes Buch. In diesem Buch versucht Walter Trobisch der Ehefrau als Leserin das wesensmäßige Dilemma des Mannes darzulegen. Ich möchte Ihnen zum Schluß einige Gedanken von ihm mit auf den Weg geben. Er hat unzähligen Familien durch seine Seminare zu einem neuen Zueinander geholfen. Er schreibt unter anderem:

»Über Nöte und Ängste von Frauen wird soviel geredet. Wir Männer werden immer nur im Strahlenkranz von Kraft und Heldentum gesehen oder als die bösen Unterdrücker betrachtet. Wir müssen das starke Geschlecht spielen und brauchten doch viel eher jemanden, der uns in unseren Schwächen versteht.«

Ihr Mann ist unsicher

»Fast alle Denkmäler die ich gesehen habe, stellen Männer dar... Diese Rolle muß er anscheinend auf der Bühne des Welttheaters spielen. Er soll sozusagen sein eigenes Denkmal darstellen... und zu Hause macht er die andere Erfahrung: Er macht die Erfahrung, daß er, der stolze Eroberer, die Denkmalsfigur, in Wahrheit ganz und gar von der Frau abhängig ist.«

Ihr Mann ist ungenügend

Ohne daß Sie etwas sagen oder tun, erinnern Sie ihn ständig an sein Ungenügen. Das ist es, was ihn quält. Es ist das Leid der Frau, daß der Mann – oberflächlich betrachtet – sein Vergnügen an niedriger gesteckten Zielen finden kann. Daß der Mann dem nach Ganzheit strebenden Wunsch seiner Frau nicht genügt, ist sein Leid. Er resigniert zu schnell, gibt dann leicht auf und flieht in den Betrieb, auf den Fußballplatz oder an den Stammtisch zu seinen anderen, ebenfalls geflüchteten Kumpanen.

Ihr Mann ist unterlegen

Es gibt eine Geschichte aus Afrika: Ein Dorfhäuptling rief die Männer seines Stammes zu sich in seine Hütte und äußerte seine Sorge darüber, daß kein »richtiger Mann« im Dorfe sei. Er habe den Eindruck, die Männer ließen sich zu sehr von den Frauen beherrschen. Dann forderte er die Männer, die sich von ihrer Frau beherrscht fühlten, auf, die Rundhütte durch den rechten Ausgang zu verlassen, die anderen aber, die sich in ihrem Hause als Herr fühlten, durch den linken. Alle bis auf einen gingen rechts hinaus. Der eine ging links hinaus. Der Häuptling versammelte seine Männer wieder und hielt jenem Einzelgänger eine Lobrede. Er solle sein Geheimnis verraten. Er wurde verlegen und sagte: »Häuptling, das war so: Als ich mich heute morgen von meiner Frau verabschiedete, sagte sie mir: Folge nie der Menge nach!« Woher kommt das Unterlegenheitsgefühl des Mannes? Es hängt damit zusammen, daß die Frau etwas besitzt, was ihm im geringeren Maße gegeben ist. Die Frau weiß viele Dinge intuitiv. Sie ist überlegen, weil sie nicht überlegen muß. Man kann das nicht absolut setzen, aber aufs Ganze gesehen ist die Intuition eher eine Gabe der Frau als des Mannes. Er kann sich auf seinen Verstand nicht verlassen, wie die Frau auf ihr Gefühl. Seinem eigenen Gefühl aber mißtraut er, und dem Verstand seiner Frau mißtraut er auch. Dieses Mißtrauen läßt ihn jedoch noch unsicherer werden.

Ihr Mann hat Ängste

Neun Monate lang war der Mann einer Frau »einverleibt«, bis sie ihn gebar. Er wurde in totaler Abhängigkeit von ihr hineingeboren, passiv, der

aktiven Frau wehrlos ausgeliefert. Der Mann trägt unbewußt diese Erinnerung in sich, die sich auch in seinen Träumen widerspiegelt. Es ist die
Angst, daß er wieder in diese Gefangenschaft hineingeraten könnte. Wenn
er heim kommt und seine Frau ihn mit Bitten überfällt, dieses oder jenes
im Hause zu tun, empfindet der Mann die Bitten als besitzergreifende Be-
fehle. Dann wird die Angst in ihm wach, er könne seine Freiheit abermals
verlieren, und er reagiert feindlich und ärgerlich. Die Angst, daß jemand
von ihm Besitz ergreifen, ihn überwältigen und vergewaltigen will, befällt
den Mann – diese Urangst des Mannes vor der Frau.

Der Psychoanalytiker Rudolf Affemann drückt denselben Sachverhalt
wie folgt aus:»Die Frau hat, weil sie ganzheitlicher ist als der Mann, nicht
nur den Drang, ihn ganz und gar zu lieben, sondern sie möchte ihn ganz
für sich allein besitzen. Das wird dem Mann unheimlich ... Vielleicht ist
diese Angst ein Nachhall seines unbewußten Wissens, daß sie ihn ja schon
einmal vollständig besaß, damals nämlich, als er im fötalen Zustand ein Teil
von ihr war. Dies deutet auf eine Zerrissenheit, auf einen inneren Konflikt
hin, an dem der Mann leidet und der ihn, weil er ihn nicht lösen kann, fru-
strieren muß.«[9]

Ihr Mann fühlt sich überflüssig und frustriert

Bei vielen trat dieses Gefühl ein, als das erste Kind geboren wurde. Das
Kind geriet derart in den Mittelpunkt des Lebens, daß sich der Mann überflüssig, unnötig und als Störenfried vorkam. Der Mann wird sich bewußt,
daß er trotz all seiner Erfolge, seiner Macht und seiner Potenz kein wirkliches Leben schaffen kann, wie dies der Frau bei der Geburt gelingt, und
daß er auch keine intime Geborgenheit schenken kann, wie dies der Säugling an der Brust der Mutter erfährt.

Das Wort»frustriert« geht auf das lateinische Wort»frustra« zurück, das
»vergeblich« bedeutet. Frustriert ist einer, der vergeblich lebt, der trotz des
Einsatzes seiner besten Kräfte nicht zum Ziel kommt, dem alles mißlingt,
was er anfängt, der sich ohnmächtig vorkommt gegenüber den Forderungen, die an ihn herangetragen werden, der trotz all seiner Leistungen erkennen muß, daß er nichts geschaffen hat, das wirklich beständig ist.

---

[9] Vgl. Affemann, Rudolf (1970) Geschlechtlichkeit und Geschlechtserziehung in der modernen
Welt, Gütersloh 1970

Ihr Mann ist verletzt

»Men are hard, but brittle. Women are soft, but tough«. Männer sind hart aber zerbrechlich, Frauen sind weich aber widerstandsfähig. Die Rolle, die Männer nicht mehr zur Zufriedenheit spielen können, ist die des starken Geschlechtes. Spätestens in der Ehe lernen wir, daß wir damit keinen Beifall ernten. Die Frau möchte ihren Mann als Mensch, der seine Schwächen nicht versteckt, sondern zu ihr steht und sich ihr anvertraut. Liebe sieht den anderen, wie er wirklich ist und nimmt ihn an. Liebe heißt aber auch: Ich kann mich vor dem anderen stehen lassen, wie ich bin. Unserer Eitelkeit mag das unzumutbar erscheinen. Aber es wäre ein Weg, die Verletzbarkeit des Mannes zu heilen, wenn er sich so, wie er ist, der Liebe seiner Frau ausliefern würde.

Mein Rat an Sie, geschätzte Ehefrau oder Partnerin, ist es, daß Sie sich öfter der beruflichen Situation ihres Ehemannes bewußt sind. Bei dem gegenwärtigen Druck im Berufsleben braucht Ihr Mann nicht nur Ihren Spiegel, sondern Ihr Verständnis! Wann haben Sie das letzte Mal Ihrem Mann Ihre Solidarität ausgedrückt oder Ihre Liebe geschenkt, auch wenn er es in diesem Moment nicht als Belohnung einer Leistung verdient hätte? Darum noch ein Zitat von Frau Trobisch: »In den Jahren unserer Ehe habe ich mehr und mehr gelernt: Den Partner kannst Du nicht verändern, ändern kannst Du nur dich selbst. Weißt du noch, was unsere Nichte schrieb, deren Ehe jahrelang ein einziger Kampf war? ›Seit ich meinen Mann so nehme, wie er ist, und nicht so, wie ich ihn gerne hätte, haben wir Frieden.‹«

Die Psychologin Andrea Gysling rät: »Es kommt darauf an, Männer endlich für ihre Liebesfähigkeit und psychische Reife zu bewundern, nicht länger für ihre Umsatzsteigerungen und den ganzen Siegerschwachsinn.« Doch leider wissen wir, wie wenig sich Manager von Frauen sagen lassen.

Lassen wir darum Kenneth Blanchard, Bestsellerautor und Erfinder des »One-Minute-Manager«, zu Worte kommen: Er kennt die Manager. Er holt sie beim eigenen Nutzen ab, um sie zur Eigenliebe zu führen: »Denke jeden Morgen nach dem Aufstehen eine Minute lang darüber nach, was auf deinem Grabstein stehen soll. Halte dreimal täglich eine Minute inne und überlege, wofür Du geliebt und geachtet werden willst.« Achten Sie auf den richtigen Zeitpunkt, wenn Sie Ihren Ehemann auf familiäre Probleme ansprechen. Schaffen Sie dafür eine gute Atmosphäre. Teufelskreise entstehen oft, wenn Familienmütter und Ehefrauen von ihren Ehemännern allabendliche und nächtelange Gesprächsbereitschaft als einklagbare eheliche Pflicht fordern, wodurch oft eine Blockade der »ehemännlichen« Gesprächsfähigkeit provoziert wird. Insistieren kann Wutausbrüche, Gewalttätigkeiten und beleidigten Kontaktabbruch auf beiden Seiten zur Folge haben und die Zerrüttung und den Zerfall der Ehe einleiten.[10] Vermeiden Sie deshalb Ironie, Zynismus, Fang- und Kettenfragen. Und insbesondere: überfallen Sie Ihren Mann nach seiner Heimkehr nicht sofort mit einem Problemgespräch – denn häufig ist er froh, endlich den Problemen des Geschäftsalltages entronnen zu sein.

Lassen Sie sich nicht vom Leistungsdruck Ihres Mannes anstecken, sondern denken Sie daran: Ruhe und Ausgeglichenheit sind Ihre größte Stärke, mit der Sie nicht nur Ihrem Mann Ruhe und Erholung vermitteln, sondern ihn auch prägen und verändern können.

7. Hinweise für beide Partner

Was aber, wenn alles einseitig von einer Seite ausgeht und der andere nicht mitmacht? Zunächst möchte ich noch einmal an die obigen Zitate erinnern: »Seit ich meinen Partner so nehme, wie er ist und nicht, wie ich ihn gerne hätte, haben wir Frieden« und »Den Partner kannst Du nicht ändern, ändern kannst Du nur Dich selbst.«

Die heutige Zeit hat einen Gärstoff hervorgebracht, der die Trennung unter den Menschen bewirkt und der sich zusammensetzt aus Begierde, Habsucht, Genußsucht, Herrschsucht und Unduldsamkeit. Der bekannte Schweizer Arzt Dr. Paul Tournier schreibt[11]: »Die Liebe ist ein Band. Ein Bindestrich hat zwei Enden, und man kann ihn sowohl von links nach rechts als auch von rechts nach links verfolgen. Solange die Liebe von uns zu unserem Partner geht und wir uns selber zurücknehmen, um an das Glück des anderen zu denken, sind wir glücklich. Wenn der Strom die Richtung wechselt, was einer Verneinung gleichkommt, versiegt dieser. Und sobald man weniger glücklich ist, denkt man auch weniger an das

---

[10] Vgl. Meves, Christa (1983) Ohne Familie geht es nicht, Vellmar – Kassel
[11] Tournier, Paul (o.J.) Aus der Vereinsamung zur Gemeinschaft, Basel

Glück, das man seinem Partner verschaffen sollte.« Christian Durant-Pallot formuliert dieses Gesetz wie folgt[12]:»Dein Glück ist im Glück Deines Ehepartners enthalten.« Das alles erscheint sehr alltäglich und ist schon oft gesagt worden; aber das Nichtwahrnehmen dieser Grundeinsichten bildet den verhängnisvollen Kreislauf, dem so viele Ehepaare erliegen. Was geschieht, wenn einer von beiden von dieser Selbsteingenommenheit befreit wird? Da wechselt der Strom wieder seine Richtung. Die Liebe findet ihre Frische wieder, selbst wenn der andere Ehegatte selbstsüchtig bleiben sollte. Es ist fatal, sich an die Zuwendung eines Partners einfach zu gewöhnen, sie für selbstverständlich zu nehmen, ja sogar zu meinen, daß man einen berechtigen Anspruch darauf hätte, da dies schließlich ein integrierender Bestandteil des (Ehe-) Vertrages gewesen sei.

Christa Meves schreibt[13]: »Ehe als eine Art Warenaustauschunternehmen zu verstehen spricht dafür, daß die so Handelnden vom Krämergeist besessen sind und keine Kultur haben.« Doch wie schwer fällt es uns Männern, täglich in der »Marktwirtschaft« in einer kämpferischen und berechnenden Umgebung unseren »Mann« stehen zu müssen – und dann zu Hause die Kultur zu wechseln... Trotz oder gerade wegen aller Ausführungen liegt es nun an uns, in unserer Beziehung Lebensqualität anzustreben. In der Ehe bedeutet Lebensqualität »Ausbildung und Bemühung um eine Kultur der Herzens«. Die Lebensqualität eines Paares beginnt aber wie jede Kultur mit Zufriedenheit und Dankbarkeit.

---

12 Durant-Pallot, Christian (1939) Combien des enfants? Genf
13 Meves, Christa (1973) Ehe-Alphabet, Freiburg i.B.

2

Karriere und Charakter

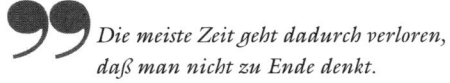 *Die meiste Zeit geht dadurch verloren,*
daß man nicht zu Ende denkt.

Alfred Herrhausen

1. Ausgangslage – Karriere um jeden Preis?

1.1. Der Sprung ins Haifischbecken

Karriere zu machen ist noch immer für viele ein Lebensziel und für den ehrgeizigen Jungmanager nach wie vor ein undiskutabler Lebensinhalt. Den Erfolgreichen winken soziale Anerkennung, Befriedigung bei der Arbeit und Traumgehälter. Schaut man aber bei den diversen Traumkarrieren genauer hin, so sieht man, daß die seelischen Kosten einer Karriere mittlerweile beträchtlich im Steigen begriffen sind. Die »Frankfurter Allgemeine Zeitung«[1] berichtet unter dem Titel »Von den Leiden der Führungskräfte beim Erklimmen der Karriereleiter«: »Hans, der seit Anfang des Jahres Abteilungsleiter von zwei Ressorts ist, fühlt sich belauert: Ich weiß, daß die Abteilung auf meinen ersten großen Fehler hofft. Das ist, als ob ich jeden Morgen in ein Haifischbecken springe. In einem Haifischbecken muß man bißfeste Kleidung tragen, wenn man überleben will. Das geht bis zur absoluten Selbstverleugnung. Wenn ich morgens meinen Anzug anziehe, wechsle ich die Identität. Ich habe gemerkt, daß mein Gesichtsausdruck dann anders funktioniert und meine Mimik anders wird. Ich habe das Gefühl, daß ich dann auf einmal vom einigermaßen gemütlichen Menschen zu dem werde, der ich in der Bank bin.«

In den vergangenen Jahren habe ich mit vielen Führungskräften Gespräche geführt. Auf meine Frage: »Was qualifiziert Sie zu einer Führungskraft? Was brauchen Sie, um Karriere zu machen?« antworteten die meisten: »Durchhaltevermögen und Belastbarkeit«. Auch Professor Jens Weidner ist überzeugt, daß in den unterschiedlichen Etagen der Wirtschaft

---

[1] Vgl. Gross, Walter (1996) Von den Leiden der Führungskräfte bei Erklimmen der Karriereleiter

noch immer eher Durchsetzungs- statt Einfühlungsvermögen gefragt ist. An die Spitze kommt, wer seine Aggression gezielt einsetzt. »Die Triebfeder für oberste Führungskräfte ist selten der Wunsch nach Weltverbesserung, sondern Ehrgeiz, Erfolg und egoistischer Wille zur Macht.«[2]

1.2. Denken wir nicht zu Ende?

Diese und ähnliche Aspekte habe ich in letzter Zeit immer wieder in Begegnungen mit Verantwortlichen aus den Bereichen Personalentwicklung und Personalpolitik aus verschiedenen deutschen und schweizerischen Konzernen angesprochen. Wir diskutierten dabei intensiv das Thema, ob und welche Veränderungen in der Kultur der diversen Unternehmungen in den letzten Jahren zu beobachten sind. Daraus ergaben sich folgende Fragen:
– Haben Menschen mit Charakter und Ethik heute überhaupt noch Aufstiegsmöglichkeiten?
– Wie bewerten wir die häufige Beobachtung, daß begabte Schmalspurspezialisten (beziehungsweise Karrieristen), die das opportunistische Handwerkszeug beherrschen, sich den Weg nach oben erkämpfen können, während gleichzeitig gebildete, charakterfeste, leistungsbereite Menschen bisweilen den großen Sprung nicht machen und sich ungefragt davor scheuen, sich zu profilieren? Wird nicht mehr und mehr ihre fehlende Bereitschaft, Ellenbogen zu benutzen, als Schwäche ausgelegt?
– Wie beurteilen wir den Trend in der Industrie, daß die Leute aus der Produktion jetzt das Sagen haben, während eine konstruktive Personal- und Sozialpolitik im klassischen Sinne scheinbar immer mehr als Schönwetterpolitik der Vergangenheit zugerechnet wird?
Die gegenwärtig zu beobachtenden »operativen (kurzfristigen) Maßnahmen« – besonders im Personalbereich – erinnern mich daran, wie wir als Kinder einen Gebirgsbach stauten. Kurzfristig hatten wir Erfolg, bis der Deich brach und die Welle mit doppelter Kraft durchfloß. Ich möchte bewußt das Wort von Alfred Herrhausen[3], dem ehemaligen Vorstandssprecher der Deutschen Bank, als Motto über diese Ausführungen setzten:

---

[2] Vgl. Sulzer, Ursula (1996) Karrierestreben und Fairneß, S. 12
[3] Herrhausen, Alfred (1990) Denken, Ordnen, Gestalten, Berlin

»Die meiste Zeit geht dadurch verloren, daß man nicht zu Ende denkt. Führt nicht die Konzentration auf das Nur-Ökonomische auf Dauer zu einer geistigen Verengung, mit der Manager sich schließlich disqualifizieren? Bringt unsere Wirtschaft nicht in zunehmendem Maße eine Zivilisation hervor, in deren Mittelpunkt die Produktion und auch der Konsum von Gütern steht? Ist nicht der Trend, in dem wir uns befinden, gekennzeichnet durch die Tatsache, daß schließlich solche Güter, die sehr wesentlich sind, aber keinen Marktwert haben, an den Rand der Wertskala geraten?« Personalverantwortliche dürfen sich nicht kurzfristigem Denken beugen, sondern sind aufgerufen, alle Ressourcen einzusetzen, um mit jungen Menschen über Lebensperspektiven ins Gespräch zu kommen, die Sinn machen, die Hoffnung geben, und sie sind aufgerufen, mit ihnen über »Führung mit Werten« nachzudenken. Gerade im gegenwärtigen Verdrängungswettbewerb ist unsere Generation mehr dazu verpflichtet über Sinn und Inhalt nachzudenken als die Generation unserer Eltern, die noch einen scheinbar unerschöpflichen Markt erobern durfte.

1.3. Zwei Jahrhundertwenden des Wandels

Wir stehen gegenwärtig in einem historischen Strukturwandel, der in seinen gesellschaftlichen Auswirkungen unabsehbar ist und noch tiefer in den Haushalt der bisher gekannten menschlichen Ordnung eingreifen wird, als es der Wandel von der Agrar- zur Industriegesellschaft im letzten Jahrhundert bewirkte. Ein Freund überreichte mir kürzlich das »Prager Tagblatt« vom 31. Dezember 1899 als humorvoll gemeintes Geschenk. Als ich darin las, fragte ich mich, was wird wohl in dieser Zeitung hundert Jahre später zu lesen sein? Ich möchte Ihnen einige Sätze zitieren: »Ein ragender Meilenstein ist dieser 1. Januar 1900, und so stehen wir einen Augenblick rastend auf der Höhe, schauen zagend in die Welt der kommenden Zeit und schauen auf ein Jahrhundert zurück. Wie wollen wir es benennen? Ein Jahrhundert der Technik, des Dampfes, der Naturwissenschaften, des Blutes? Was uns das damals erwachende Jahrhundert versprochen hatte, das hatte es nicht gehalten. Nach dem kurzen Traum von Freiheit und Gleichheit, nach den großen politischen Revolutionen des von Schlachten erfüllten Jahrhunderts haben wir also an seinem Ende die bei weitem tiefergehende wirtschaftliche Revolution, die ihr Ziel so sicher erreichen wird,

wie jene, die Politik machten, es verfehlten. Die Technik war es, die eine
der gewaltigsten Umwälzungen herbeiführte. Die Dampfmaschinen, die
Werkzeugmaschinen, die Elektrizität. Elektrizität heißt das Zauberwort
der Technik, mit dem wir in das neue Jahrhundert treten. Wird das neue
Jahrhundert eine Umkehr bringen?«

Beinahe hundert Jahre später erklärt Bill Gates, der reichste Mann Ame-
rikas, beim Davoser Weltwirtschaftstreffen euphorisch[4], daß die Auswirkungen der gegenwärtigen Informatikrevolution nicht abzuschätzen seien.
Er beschreibt die Zukunft wie folgt:» Ein indischer Bauernbub, der über
einen PC und einen Modemanschluß verfügt, hat im Prinzip die gleichen
Erkenntnismöglichkeiten wie der reiche Einwohner einer westlichen
Großstadt, die Transport- und Kommunikationskosten werden dramatisch
verbilligt werden, das Übermittlungstempo wird ständig gesteigert werden, ökonomisch hat die Verheiratung von Informatik und Telekommu-
nikation die entscheidende Veränderung an den Devisen- und Wertschrif-
tenmärkten gebracht, der physische Kontakt unter Menschen kann weitgehend wegfallen, in USA herrscht Goldrauschstimmung, weil zahlreiche
Firmengründer über Nacht Dollarmillionäre wurden.«

Vergleichen wir diese Aussagen mit der Stimmung vor hundert Jahren:
die Technik hat unbestritten unglaubliche Erleichterungen und Wohlstand
gebracht, und es ist ihr gelungen, dem einsetzenden Bevölkerungsdruck in
Europa nicht Verelendung, sondern Verbesserung der Lebensbedingun-
gen entgegenzusetzen. Aber den Menschen hat sie nicht zum Positiven
verändert – im Gegenteil. Das Denken in den Kategorien der Technik hat
die Realität dieser Welt in ihrer Ganzheitlichkeit für uns aufgelöst. Nun
sind es nur noch Teilbereiche, einzelne Modelle, Funktionen und spezia-
lisierte Fragestellungen, mit denen wir es zu tun haben. Die Wahrheit wird
dabei zu einer Funktion der jeweiligen Sichtweise, denn im technischen
Verständnis ist nur noch das wahr, was erkennbar ist und in der ge-
wünschten Art und Weise wirkt. Entsprechend sind die Korrelationen von
Wahrheit mit Vertrauen, zwischenmenschlichen Beziehungen, Liebe,
Hingabe und Gebet ausgeschaltet beziehungsweise als irrational und somit als unvernünftig deklassiert worden.[5] Und damit wurzelt die Toleranz

---

[4] Vgl. Schweizer Tagesanzeiger, 7. Februar 1996, S. 30
[5] Vgl. Huntemann, Georg (1995) Biblisches Ethos im Zeitalter der Moralevolution, Neuhausen,
S. 644

des modernen, technisch geprägten Menschen letztlich in der Gleichgültigkeit gegen derartige Wertansprüche überhaupt. Wenn dem tatsächlich so ist, steht die Hoffnung des Software-Milliardärs Bill Gates auf schwachen Füßen, wenn er postuliert, daß »die Menschen im Prinzip ihre Freiheit verantwortungsvoll gebrauchen.«

1.4. Die Anforderungen werden steigen

Die geschilderte Entwicklung und der angestrebte Fortschritt verlaufen dabei nicht in stabilen, wohl planbaren Bahnen, sondern wir haben es mit einer zunehmend höheren Instabilität und einem permanent wachsenden Risiko zu tun. Führungskräfte überblicken und verstehen nicht mehr alles dann, wenn es gerade passiert. Sie haben nicht mehr alles so schön im Griff, wie das angeblich früher war. Profitcenter werden eine Zeit zusammen bleiben, um sich dann wieder aufzulösen – Großkonzerne ändern laufend ihre Struktur – das einzig Konstante in dieser Zeit ist der Wandel selbst. Auswechseln von Führungskräften wird zum normalen Alltag gehören und es hat nicht in erster Linie mit Versagen zu tun, sondern es wird notwendiger, um das ständige Funktionieren zu gewährleisten. Wohl dem, der sein ganz persönliches Wertgefühl nicht nur von seiner gegenwärtigen Aufgabe herleitet, die am nächsten Morgen schon gar nicht mehr da sein könnte. Die Belastung der menschlichen Seele wird um vieles zunehmen. Zusätzlich erschwert wird diese Entwicklung für die einzelne Person dadurch, daß bei fortschrittlichen Entwicklungen immer ein Ziel darin besteht, Zeit zu sparen. Doch statt daß wir nun diese Zeit gewinnen, erleben wir in der Realität, daß die Zeit immer knapper und der Geschäftsalltag immer hektischer wird. Anscheinend ist uns die Muße, die Gelegenheit zur Selbstreflexion und die Zeit für ein helfendes Gespräch unter Freunden verloren gegangen. Das würde aber heißen, daß die persönliche Zeit – zumindest für die Führungskräfte und Verantwortungsträger – noch knapper wird. Da aber in der Zeit Veränderungen geschehen, werden diese Veränderungen immer rascher vonstatten gehen. Wer diese Veränderungen nicht selbst bewegt und beeinflußt, wird von ihnen bewegt – er wird weggeschoben. Dies bedeutet, daß die Anforderungen an den Menschen permanent weiter steigen werden.

Die Fähigkeit, psychisch und physisch den andauernden Strukturwandel

zu verkraften, wird daher eine neue, wesentlichere Rolle spielen als bisher.
Die Veränderungen werden sich immer schneller vollziehen, Probleme
tauchen immer schneller auf, und zur Lösung der Probleme bleibt uns immer weniger Zeit. Was wir gegenwärtig täglich über die Schicksale von Firmengiganten in den Medien vernehmen, ist für einige eine vorübergehende Erscheinung. Oder ist es der Anfang einer Lawine? Die Frage, wohin
mit den Menschen, die nicht den maßgeschneiderten Anforderungen entsprechen, wird sich in einem noch nie dagewesenem Maße stellen, sowohl
auf der Ebene der einfachen Arbeitskräfte, in zunehmendem Maße aber
auch bei höchstqualifizierten und höchstbezahlten Führungskräften. Die
Entwicklung auf dem Arbeitsmarkt zwingt uns, über neue Werte nachzudenken. Die Richtung der Entwicklung scheint vorgezeichnet: Wir können immer mehr Dinge mit immer weniger Menschen herstellen. Die Ge-
schwindigkeit, die auf ein Wirtschaftsystem ohne Arbeiter hinzielt und die
durch die schnelle Veränderungsrate entstehende Unsicherheit wird noch
weiter zunehmen. Die Folgen des Strukturwandels betreffen unser Leben
insgesamt. Die gesellschaftlichen Konsequenzen werden noch viel zu wenig erkannt. Sie sind jedoch genauso unumkehrbar wie der wirtschaftliche
Wandel selbst. Für Verantwortliche heisst deshalb die Kernfrage nicht
mehr bloss, für welche Arbeitswelt die Menschen vorzubereiten sind sondern auf welche Zukunft die Menschen vorbereitet werden müssen. Heißt
die Diagnose vereinfacht gesagt: Die Arbeitsgesellschaft kommt irgendwann zu ihrem Ende? Tatsächlich werden Arbeits- und Ausbildungsplätze
täglich knapper. Schlanke Produktion, schlankes Management, Auslagern
von Arbeitsplätzen. Wird unsere Wirtschaft magersüchtig? Geht uns die
Arbeit aus? Während die bezahlten Arbeitsplätze immer knapper werden,
gibt es beispielsweise im Sozial und Pflegebereich mehr als genug Arbeit,
die aber kaum mehr zu bezahlen ist.

Ich bin immer mehr davon überzeugt, daß wir für die kommenden
Jahre des Strukturwandels vor allem innere Sicherheit brauchen und der
Charakter einen neuen Stellenwert einnehmen muß, wenn wir als einzelne
Personen diesen Belastungen, die mit den kommenden Veränderungen
zusammenhängen, standhalten wollen.

Es kann nun nicht darum gehen, die Technik und den Fortschritt zu ver-
teufeln und von den guten alten Zeiten zu träumen, in denen angeblich
alles besser war – ganz im Gegenteil. Doch die oben geschilderte Entwicklung wird steigende Anforderungen an die Führungskräfte von mor-

gen stellen. Der Bedarf an Führungskräften, die bereit sind, überdurchschnittliche Leistung zu vollbringen, Verantwortung zu übernehmen und die den Mut haben, in dieser komplexen Situation noch Entscheidungen fällen, wird zunehmen. Der Druck dieser Entwicklung wird aber nicht mehr nur durch fachliches Wissen und Managementtechniken zu bewältigen sein, sondern fordert den Manager in seiner ganzen Person heraus. Zur Steuerung des Anpassungsprozesses braucht es neben Fachwissen und Professionalität vor allem eine »personale Kompetenz«.

1.5. Ein besonderer Blickwinkel

Wer diese Gedanken nachvollziehen will, der muß meinen besonderen Blickwinkel kennen, aus dem ich in den letzten 15 Jahren die Führungskraft erlebt habe. Es war eine Welt hinter der Welt, eine Sprache hinter der Sprache, der wir uns bisweilen schämen und die wir im normalen Berufsalltag verschweigen, aber die sich wie ein Fenster auftut für ein besseres Verstehen, wenn wir sie ernst nehmen. In meiner Arbeit bei Coachinggesprächen oder in der Personalberatung mache ich täglich Beobachtungen, die mehr aussagen als unsere geschäftliche Sprache, hinter der wir uns verbergen. So fiel mir im letzten Jahr in meinen Beratungsgesprächen mit Führungskräften aus Deutschland, der Schweiz und Österreich auf, daß innere Ängste, Nervosität, Wut, Rachegedanken, Resignation und Schlaflosigkeit in überproportionalem Maße zugenommen haben. Dies sind Signale, die uns zu denken geben sollten. Zahlreiche Führungskräfte, ausgebildet an den Eliteschulen dieser Welt, erfolgreich und mächtig an der Spitze der von ihnen geführten Unternehmen, ertragen die Spannung nicht mehr, »das äußere Haus« in einem Höchstmaß zu beherrschen und zu lenken, während sie mit der Ordnung ihres »inneres Hauses« nicht mehr nachkommen.

Gestützt auf diese jahrelangen Erfahrungen sowie auf Auswertung aktueller Aufsätze und Referate möchte ich nun den Fragen nachgehen, was den »Mythos« von Macht und Karriere ausmacht, ob »Charakter« und »Ethik« in dieser hektischen und aggressiven Zeit, in der Manager immer häufiger als Kriegerhäuptlinge agieren müssen, an den »wertlosen« Rand der Manager-Eigenschaften gedrängt worden sind oder ob sie nicht gerade in dieser Zeit wieder neue Aktualität gewinnen? Ich bin überzeugt, daß

Lösungsansätze auch in den ganz großen Fragen der Machtausübung und der Verantwortung bei der Charakterbildung des einzelnen anfangen.

Mein Ziel ist es, Sie zu den persönlichen Gedankengängen herauszufordern, ob auch in der gegenwärtigen Zeit eine Vereinbarkeit von Karriere und Charakter möglich, notwendig und gefordert ist. Mein Ziel ist es zudem, Sie zu sensibilisieren, warum der einzelne sich in Zukunft weniger ausschließlich in seinem Schnittpunkt von Tageseffizienz am Arbeitsplatz allein sehen darf, sondern sich in seiner Aufgabe viel umfassender begreifen muß, wenn er den Anforderungen der vor uns liegenden Jahre gerecht werden will.

2. Macht

2.1. Die Macht der Mächtigen

Durch die Schule und das Fernsehen sind wir geprägt von jenem wirklichkeitsfremden, aber wirkungsvollen Bild von Machtführern, die an den »Schalthebeln der Macht« sitzen – die dort oben sind »böse«. Sie haben »alle Fäden« in der Hand. Dieses Bild hängt den Wirtschaftskolossen und Parlamenten an. Es hilft uns aber nicht weiter, denn die Begriffe »Wirtschaft und Politik« sind irgendwie nicht fassbar, sie eignen sich daher auch ausgezeichnet als Sündenböcke. Der vermutete Machtmißbrauch prägt dabei das Ansehen eines Unternehmens noch mehr als ein tatsächlich nachweisbares Fehlverhalten.

Im Laufe der Überlegungen ist mir klar geworden, daß wir das Ganze aus dem abstrakten, numinosen Bereich befreien müssen. Ich habe gemerkt, daß es letztlich nicht die vielbeschworene Macht der Unternehmenskolosse in ihrer Ganzheit ist, auf die wir unser Augenmerk werfen müssen, sondern es ist der einzelne mit seinem Charakter und Machtstreben. Herrhausen sagte 1988 auf einem Informationsforum in Frankfurt: »Natürlich haben wir Macht. Es ist nicht die Frage, ob wir Macht haben oder nicht, sondern die Frage ist, wie wir damit umgehen, ob wir sie verantwortungsbewußt einsetzen oder nicht.«[6] Ich bin überzeugt, daß Lö-

---

6 Schmidt, Arthur P. (1995) Alfred Herrhausen – Vorbild mit Visionen, S. 18

sungsansätze auch in den ganz großen Fragen der Machtausübung und der
Verantwortung bei der Charakterbildung des einzelnen anfangen.

 Überlegenheit zu demonstrieren ist keineswegs eine Angelegenheit von
irgendwelchen großen Unternehmen oder von hochrangigen Potentaten
allein, sondern Macht auszuüben – sobald er dazu Gelegenheit hat – ist
vielmehr eine Versuchung, der jeder Mensch nur allzu rasch erliegt: Ob es
der Schalterbeamte ist, der den Kunden zurechtweist oder zum künstlich
erzwungenen, rücksichtslosen Warten nötigt; die Krankenschwester die
mit wortkarger Härte dem Patienten demonstriert, wer hier der »Herr« auf
der Station ist – wir alle üben Macht aus. Macht ist durchaus notwendig,
aber sie muß verliehen sein und sie muß im Notfall auch kontrolliert und
korrigiert werden können.

2.2. Was ist Macht?

Das Wort »Macht« kommt aus dem Germanischen. Es bedeutete ursprünglich Kraft im körperlichen Sinne. Macht ist diejenige Energie, die
den Menschen befähigt, sein Leben zu führen, die ihn bewegt, aber auch
sein Zusammenleben mit anderen Menschen bestimmt.

Im Griechischen beziehungsweise Lateinischen gibt es drei Worte für
Macht:

1. exousia   Bevollmächtigung, Autorisieren,
2. autoritas   maßgebendes Ansehen, Obrigkeit, bedeutender Vertreter
               seines Faches und somit entsprechende Vollmacht,
3. dynamis   Kraft, Energie.

Sowohl das Wort »exousia« als auch das Wort »autoritas« sprechen von
geliehener Macht, das heißt, ich bin bevollmächtigt im Dienste eines anderen. Mir ist für einen speziellen Auftrag Macht beziehungsweise Voll-
macht übertragen worden. Nach dieser Definition ist Machtmißbrauch
folglich dann vorhanden, wenn ich die geliehene Macht für mich selber,
statt für das Ziel oder für den speziellen Auftrag einsetze.

Macht kann schöpferisch, aber auch zerstörerisch wirken. Der Macht-
trieb, der scheinbar zu den menschlichen Urtrieben gehört, ist ebenso wie
Hunger, Durst oder der Geschlechtstrieb angelegt. Und gerade das
Machtstreben ist ein derart starker Trieb, daß er nicht zu sättigen ist. Der
Machttrieb kennt keine Grenzen, wenn er nicht gezügelt und kontrolliert

wird. So sagte schon Jacob Burckhardt: »Macht ist böse«. Wie das gesunde Wachstum der Zellen bei bestimmten Krankheiten in Wucherung übergeht, so ergeht es auch der Macht, wenn sie nicht beherrscht wird. Das Problem der Macht besteht deshalb in ihrer Zügelung oder, wie Kant[7] sagt, in ihrer Verbindung mit der Gerechtigkeit. Es kommt darauf an, diese Verbindung zu sichern. Macht will beherrscht werden! Ungezügelte Macht ist wie ein wildes, ungezähmtes Pferd.

Unter Macht ist auch die Möglichkeit und Fähigkeit der bewußten Einflussnahme zur Durchsetzung von Absichten und Zielen zu verstehen. So definierte der Ökonom und Soziologe Max Weber: »Macht ist die Chance, innerhalb einer sozialen Beziehung den eigenen Willen auch gegen Widerstreben durchzusetzen.« Macht ist nichts Zufälliges, sie setzt immer ein Wollen voraus. Wenn Durchsetzungswille und Ziele begrifflich zur Macht gehören, sind Willensbildung und Zielfindung grundlegende Elemente in der Betrachtung von Macht. Beides kann nur durch jene Menschen geschehen, die Absichten und Ziele bestimmen können. Schließlich ist Macht die Möglichkeit und Fähigkeit, das zielgerichtete Wollen durchzusetzen. Die Mittel zur Durchsetzung können dabei sehr verschieden sein. Auch Führung ist nichts anderes als das gewollte Erreichen von Zielen, wobei es Kraft zur Durchsetzung der nötigen Maßnahmen braucht. Führen ist immer ein beabsichtigtes und zielgerichtetes Einflußnehmen auf einzelne Personen oder Gruppen. Führung ohne Durchsetzungswille und ohne Durchsetzungsfähigkeit, das heißt letztlich ohne Machtausübung, gibt es nicht.

Daraus folgt, daß jede Führungskraft, die ihren Auftrag erfüllt, über Macht verfügt. Wir alle verfügen zumindest in unserer Aufgabenstellung über Macht. Wenn Macht verstanden wird als die Möglichkeit und Fähigkeit, bewußt Ziele durchzusetzen, dann ist Macht nicht zwangsläufig böse oder verwerflich. Persönliche Macht einzusetzen hat viel mit Selbstbestätigung, Selbstwerterfahrung und in Konfliktsituationen auch viel mit Selbstbehauptung zu tun, das kann natürlich und gesund sein. Entscheidend ist, wie Macht ausgeübt und kontrolliert wird.

---

[7] Kant, Immanuel, Kritik der reinen Vernunft

2.3. Wie setzt sich Macht in Wirtschaft und Politik zusammen?

Dennoch kann gerade Macht etwas Großes, aber auch sehr Gefährliches werden, wenn sie nicht gezügelt wird. Das haben die Staaten in den letzten Jahrhunderten aus der Geschichte gelernt: Zusammenballung aller Macht in der Hand eines einzigen Menschen ist gefährlich. So formulierte der Politologe Karl W. Deutsch:»Macht ist die Möglichkeit, nicht mehr lernen zu müssen«, und leider erleben wir Mächtige oft so: Als Personen, die Wesentliches erreicht haben und es sich dann leicht machen, Kritiker und unbequeme Meinungen vom Tisch zu wischen. Der Journalist Günther Ogger geht in seinem Bestseller»Nieten in Nadelstreifen« sogar noch einen Schritt weiter, indem er zynisch behauptet:»Ein Vorstand hat immer recht, und wenn er sich irrt, dann sind die Umstände Schuld. Wer es bis hierhin geschafft hat, ist vor Verfolgung sicher.«[8]

So ging man sowohl in der Politik wie auch in der Wirtschaft dazu über, Macht zu verteilen und zu kontrollieren, durch diese Teilung und Kontrolle der Macht konnte viel Unheil verhindert werden.

Geht die Macht in der Demokratie vom Volk aus und kontrollieren Parlament und Judikative, so geht in der Wirtschaft die Macht von den Kapitaleignern aus, während die Kontrolle der Wettbewerb, die Gewerkschaften, die Arbeitnehmermitbestimmung und der Staat übernehmen. Regierungen beziehungsweise Unternehmungsleitungen müssen Entscheidungen fällen können, die bestimmter Freiräume bedürfen. Die institutionalisierte Kontrolle, mit Ausnahme des Wettbewerbes darf nicht zu eng sein, weil sonst ein zu engmaschiges Gesetzes- und Kontrollwerk entsteht, das eben Entscheidungen verzögert und damit teilweise verhindert. Ist aber das Gesetzes- und Kontrollwerk für Regierungen, Unternehmer und sonstige Teilnehmer am wirtschaftlichen und gesellschaftlichen Leben (z. B. Presse, Kulturbereiche u. ä.) entscheidungsfreundlich, so entstehen Grauzonen, die mißbraucht werden können.

Sowohl die zu enge institutionalisierte Kontrolle als auch der Mißbrauch kosten der Wirtschaft Unsummen, man denke nur an die Kontrolle in Flughäfen oder an innerbetriebliche Kontrollen, die theoretisch denkbar wären, um Betrug und Machenschaften zu verhindern. Deshalb ist es wichtig, daß diejenigen, denen Entscheidungen anvertraut sind, und die damit

---

[8] Ogger, Günther (3/1995) Nieten in Nadelstreifen, München, S. 23

Macht ausüben können, über entsprechende charakterliche Eigenschaften verfügen. Der Kostenfaktor »Charaktermanko« wird noch deutlicher, wenn Entscheidungsträger Macht mißbrauchen und damit Motivation und Leistung der von Ihnen abhängigen Mitarbeiter beeinträchtigen. Auch hier sind die Kosten zwar in einer Kostenrechnung nicht transparent aber gravierend und können für ein Unternehmen oder einen Unternehmensbereich entscheidend werden. Es wird häufig übersehen, daß sich das Kapital einer Firma eigentlich nicht aus den buchungsmäßig verbleibenden Restposten auf der rechten Seite der Bilanz ergibt, sondern die Stabilität der Beziehungen zu Kunden, Kreditgebern, Mitarbeitern und Lieferanten widerspiegelt. Es ist wichtig sich über alle Einflußgrößen, die diese Beziehungen prägen, Klarheit zu verschaffen. Ein Charakterschwächling wird aber kaum positiv auf solche Beziehungen wirken.

Macht in Wirtschaft und Politik braucht Grenzen. Diese Grenze sind eben nicht durch Gesetze, Institutionen und Wettbewerber gezogen, sondern auch durch den Charakter. Der Charakter ist die effizienteste Grenze, er ist sozusagen der Schmierstoff in der Wirtschaft. Er könnte bei entsprechender Verbreitung manche Regelung, Vorschrift und Kontrolle ersetzen und manche gerichtliche Auseinandersetzung verhindern. Leider ist diese Erkenntnis im Schwinden begriffen. Je mehr die Konzerne durch ein Controllingsystem gesteuert werden, deren Funktionträger in steigendem Maß ihr Gewissen durch Kennziffern und Zahlen substituieren, und je mehr die Marktteilnehmer meinen, Gesetzeslücken nutzen zu müssen, desto teurer arbeitet die Wirtschaft. Charakterschulung ist also nicht das Feld idealistischer Weltverbesserer, sondern Aufgabe realistisch rechnender Unternehmer. Da jedoch das Umfeld nicht verbessert werden kann, ist es wichtig im Betrieb ein Klima zu schaffen, das der Zielvorstellung nahe kommt. Dieses Klima können jedoch nur die bewirken, die im Unternehmen Macht haben. Ihr Vorbild prägt. Die Praxis zeigt, daß es innerhalb der Unternehmungen gravierende Unterschiede gibt.

Von der notwendigen Machtkontrolle, die Machtmißbrauch in der Hand eines einzelnen zu verhindern trachtet und verliehene Macht auch entziehen kann, ist die Machtteilung zu unterscheiden. Machtteilung ist nicht unbedingt der sichere Weg um Mißbrauch zu verhindern, sie kann sogar das Gegenteil bewirken. Machtteilung setzt auch Teilung der Verantwortung voraus. Aber zu sehr aufgeteilte Verantwortung ermöglicht grundsätzlich auch unmenschliches Verhalten. Möglicherweise hätte kei-

ner der am Bau und Einsatz der Atombombe von Hiroshima Beteiligten
nur einem der dort getöteten Kinder den Hals umdrehen können, auch
wenn ihm die Macht dazu verliehen gewesen wäre. Jedoch die zergliederte
Verantwortung und das Nichtwahrnehmen der Folgen, das Berufen auf
andere, die die Handlung mittragen, und damit das Sich-Eingebettet-
fühlen in Umstände, die man nicht mehr meint verantworten zu müssen,
gebiert Unmenschlichkeit. Nur ein Charakter, der dem Gewissen breitem
Raum läßt, kann dies verhindern.

Die Ambivalenz von Macht, Machtkontrolle und Machtteilung ist of-
fenkundig. Daß Macht und die sie begrenzenden Instrumente im Zusam-
menwirken in Politik, Wirtschaft und Gesellschaft notwendig sind, darf uns
nicht dazu verleiten ihre Gefahren zu übersehen. Was im Großen gilt, gilt
auch im Kleinen, also im Betrieb. Deshalb ist die charakterliche Stärke, die
von einem Gewissen (conscienda: Mitwissen um den Anderen) geprägt ist,
erforderlich, damit Macht nicht entartet.

2.4. Verbindung von Macht und Eigentum

Woher rührt nun eigentlich diese immer wieder aufkommende Aggression
gegenüber der Macht der Großunternehmen? Die Antwort kann in diesem
Rahmen nur andeutungsweise ausfallen. Ein wichtiger Punkt ist aber sicher
die Verbindung von Macht und Eigentum und insbesondere der heikle
Umstand, wenn Macht und Eigentum nicht selbst erarbeitet, sondern ge-
erbt oder »erheiratet« wurden.

Im Zentrum der Kritik an der Machtverteilung und Machtausübung in
der Wirtschaft steht die fehlende demokratische Legitimation des Eigentums als Grundlage wirtschaftlicher Macht. Hier setzt bekanntlich auch die
Kritik von Marx an, der diesen vermeintlichen Mangel in seinem System
durch Verstaatlichung beseitigen wollte und die radikale Abschaffung des
Privateigentums forderte. Im nachhinein wissen wir heute, daß er mit dieser Forderung das Kind mit dem Bad ausschüttete und so schließlich auch
das wirtschaftliche Allgemeinwohl im »real existierenden Sozialismus«
massiv behindert war. Marx wollte die politischen und wirtschaftlichen Be-
lange gleichermaßen dem Willen des Volkes unterwerfen, wobei die verschiedenen gesellschaftlichen Gruppen gleichgestellt werden sollten. Elemente seines Systems waren Einparteienherrschaft und Volkseigentum.

Diese Forderungen scheiterten aber an der Realität. Die Ausrichtung auf
das Gemeinwohl konnte ohne Motivation durch das Eigentum und die damit verbundene Macht nicht erreicht werden. Die zentrale Planung wurde den Bedürfnissen des Volkes nicht gerecht. Seit dem Niedergang des
feudalistischen Adels im Spätmittelalter wissen die Bürger und halten daran fest: Eigentum verleiht Freiheit und somit auch Macht.

Aber die Verbindung von Macht und Eigentum läßt für den, der selbst
kein Eigentum besitzt, immer wieder das Gefühl der Ungerechtigkeit und
der Ohnmacht aufkommen und ist eine Brutstätte für Wut. Mehr Klarheit
würde geschaffen werden, wenn wir der Frage nachgehen würden: Wie
kam es zu dieser Verbindung von Macht und Eigentum?

Ein Blick in die Geschichte zeigt einen interessanten Aspekt: Das Recht
auf Eigentum war im Spätmittelalter ein wichtiges Recht der Städter und
Bürger gegen den Adel. Die Rolle des Eigentums bildete in den letzten
drei Jahrhunderten, als es um die Überwindung des Feudalismus ging, einen gewichtigen Streitpunkt zwischen Adel und Bürgertum. Für die Libe-
ralen war die Verfügungsmacht über privates Eigentum ein wesentlicher
Bestandteil ihrer Freiheitsrechte, wie sie zuerst 1776 in der amerikanischen
und später in der französischen und englischen Verfassung formuliert wurden. Die Erkenntnis des Eigentums als einer Grundlage von Freiheit geht
auf John Locke zurück. Er sah darin ein Mittel, von der Willkür des verantwortlichen Adels unabhängig zu sein. Dabei stand das Bild eines Bür-
gers oder Bauern Pate, der sein Wissen, seine Arbeitskraft und sein Er-
spartes in den Aufbau seines Betriebes einbringt, der ihn ernährt.

Es gibt in unserer Gesellschaft keine wesentliche Veränderung – ob Fortschritt, ob Rückschritt – ohne das Streben nach Macht und Freiheit. Das
Streben nach Eigentum ist ein Weg zu diesem Ziel. Das Machtstreben ist,
wie wir gehört haben, ein Urtrieb. Das Streben nach Freiheit und Eigentum hängt offenbar mit diesem Urtrieb zusammen, es kann schöpferisch
sein, aber es kann auch entarten.

2.5. Macht und Machtmißbrauch

Zum Thema »Macht in Großunternehmen« hat Dr. Manfred Gentz[9], Vorstandsmitglied von Daimler Benz, im Jahre 1991 einen hervorragenden Vortrag gehalten. Einige seiner Aussagen sollen in diesem Abschnitt einfließen und berücksichtigt werden.

Wir haben festgestellt, daß in Staat und Wirtschaft ein labiles System von Mächten und Gegenmächten besteht. Das Gleichgewicht muß ständig neu hergestellt werden. Um dies aufrecht zu erhalten, muß gefragt werden, wie es um den Machttrieb des einzelnen steht und wie dieser gezügelt und gleichzeitig seine Bereitschaft zum verantwortlichen Handeln in der Gesellschaft gestärkt werden kann.

Man kann den Machttrieb des Menschen mit freundlichen Worten beschreiben, indem man seine schöpferische Rolle hervorhebt, oder mit unfreundlichen, indem man die mangelnde Rücksichtnahme auf andere brandmarkt. Und trotzdem kann man nicht auf ihn verzichten. Er ist wie ein Motor, der Mensch und Gesellschaft bewegt. In einer Allensbach-Umfrage bei deutschen Unternehmen gaben 80 % der Befragten an, daß es für sie das Wichtigste sei, unabhängig zu sein und etwas bewirken und gestalten zu können. Bei einer Umfrage unter Studenten in Westeuropa gab ein Drittel der männlichen Studenten an, daß Macht für sie die Triebfeder für ihren künftigen Erfolg sei, ein Viertel war es bei den Studentinnen.

Die Möglichkeiten globaler Machtausübung haben in den letzten Jahren in einem atemberaubenden Tempo zugenommen. Wie sich im Verhältnis dazu das Verantwortungsbewußtsein der Menschen und ihre Bereitschaft zur Selbstkontrolle entwickelt haben, weiß man nicht.

Optimistisch hat sich bekanntlich Nietzsche über diese Entwicklung und ihre Zukunft geäußert. Sein Schlagwort vom »Willen zur Macht« und dessen Mißbrauch im Dritten Reich rufen aber bedrückende Erinnerungen in uns wach.

Pessimistisch hat dagegen Jakob Burckhardt die zukünftige Entwicklung beurteilt, er hat in den achtziger Jahren des vorigen Jahrhunderts die neuen Machtkämpfe in Europa vorhergesagt, das Machtstreben als Gier und die Macht an sich als böse bezeichnet. Pessimistisch hat auch der Philosoph

9 Gentz, Manfred (9. Mai 1991) Macht in Großunternehmen, Vortrag am Konzern-Kolloquium der Daimler Benz AG

und Theologe Romano Guardini (in seinem Vortrag der »Unvollständige Mensch und die Macht«) in unserer Zeit die Fähigkeit des Menschen beurteilt, mit der ihm neu zuwachsenden Macht verantwortlich umzugehen. Was können wir nun selbst zu einer ausgewogenen Balance der verschiedenen Kräfte in uns selbst und bei anderen beitragen. Wo sind die Grenzen und wo beginnt der Machtmißbrauch? Wenn man sich auch darüber streiten mag, ob die Macht als solche böse ist oder nicht, so ist auf alle Fälle der Machtmißbrauch böse. Wenn im Zusammenhang mit Großunternehmen von Macht die Rede ist, so handelt es sich regelmäßig um die Macht von Personen, die bestimmte Funktionen in der Wirtschaft ausüben. Die Macht ist durch Institutionen verliehen und aus ihr abgeleitet, dennoch wird die Macht immer von Menschen ausgeübt und ist in ihrem Gebrauch oder Mißbrauch auf einzelne Menschen zurückzuführen. Wenn Macht – von außen gesehen – häufig als Macht von Institutionen und dadurch als anonym empfunden wird, sollten wir uns darüber im klaren sein, daß auch institutionell verliehene Macht immer personifizierbar ist.

Machtmißbrauch liegt immer dann vor, wenn geliehene und für ein bestimmtes Thema übertragene Macht – das heißt Autorität – für andere oder für eigene Zwecke benutzt wird. Machtmißbrauch liegt auch immer dann vor, wenn die Grenzen der Legalität überstrapaziert werden, um Ziele zu erreichen, oder wenn eigentlich ungesetzliche Ziele mit legalen Mitteln und flankierenden Maßnahmen kaschiert werden.

Der Machtmißbrauch fängt übrigens auf kleineren Ebenen an und drückt sich häufiger in eigentlich irrelevanten Kleinigkeiten aus, als wir es meistens wahrhaben wollen. Oder wer von uns hat es noch nie erlebt, daß er als gut ausgebildeter und schreibgewandter Akademiker Entwürfe für Geschäftsbriefe von seinem Chef wieder und wieder zurückerhält – jedesmal mit neuen Korrekturen in leuchtendem Rot garniert?`

Wir sehen, daß sich unser Thema immer mehr auf uns selbst zubewegt und wir uns schließlich der Frage nach der Beschaffenheit unseres eigenen Charakters werden stellen müssen.

2.6. Wie sollen sich Machtträger verhalten?

Wie gebrauche ich Macht? Eine alte Lebensweisheit sagt: Nichts entlarvt einen Menschen so schnell wie der Gebrauch der Macht. Wir alle sind Verantwortungsträger und im kleinen oder großen Träger der Macht. Dabei werden wir beobachtet, denn viele Menschen, die auf der Suche nach Vorbildern sind, beobachten Machtträger, weil sie diese nachahmen möchten. Andere sind Opportunisten und versuchen sich im eigenen Verhalten den Wünschen von Machthabern anzupassen. Wieder andere beobachten die Mächtigen oder vermutet Mächtigen, weil sie gegenüber der Art und Weise ihrer Machtausübung kritisch sind und überall Mißbrauch befürchten. Wir werden ständig beobachtet, unser Verhalten wird mißdeutet, es werden Absichten hinein interpretiert, an die wir gar nicht gedacht haben. Wir sollten in sensiblen Bereichen unbedingt durch unser Verhalten klarmachen, daß wir die institutionellen Grenzen unser Befugnisse einhalten und gleichzeitig die Kompetenzen der anderen respektieren. Hier findet die Personalisierung der Machtausübung ihren sichtbaren Ausdruck. Wo die Kontrolle der Institutionen nicht mehr ausreicht und die Macht»des Kapitals«, der »Weltfinanz« oder der »Firmengiganten« für die Bürger zu numinos wird, gewinnt die Beobachtung des konkreten Verhaltens der machtausübenden und repräsentierenden Persönlichkeiten unverhältnismäßig an Bedeutung.

Die Grenzen von beruflichen Zielen und institutionell verliehenen Einflußmöglichkeiten auf der einen Seite und privaten Zielen und Vorteilen auf der anderen Seite müssen von Machtträgern strikt eingehalten werden. Je mehr das Vertrauen in die persönliche Integrität der Machtträger gefordert ist, um so strenger muß deren Einstellung und Verhalten darauf gerichtet sein, keine mißdeutige Nutzung von Vorteilen im Privatbereich zuzulassen. Jeder Wissensvorsprung über neue einzuführende Regelungen und Verordnungen verleitet im Grunde zu einem privat motivierten »Insider-Geschäft«. Im Zweifel sollte der »Privatbereich« weniger in Anspruch genommen werden, auch wenn die Umgebung die Machtträger leicht dazu verführt. Die Familie des Altregierungsrates Vetsch von St. Gallen, der für die Zuckerrationierung im Zweiten Weltkrieg verantwortlich war, erfuhr wie alle anderen Familien von den Rationierungsmaßnahmen erst durch die Zeitung davon. Seine Tochter erzählte mir, daß ihr Vater schon das vorzeitige Informieren seiner Familie, bevor es alle wußten, für Machtmißbrauch hielt.

Persönliche Bescheidenheit und Zurückhaltung sind wichtige Komponenten. Keiner von uns ist gefeit gegen den Mißbrauch der Macht, ebenso wie niemand von uns immun ist gegen den Sog des Geldes. Der Machtteufel hat sich laut biblischer Überlieferung sogar an Jesus Christus heran-

geschlichen, mit dem Angebot, ihm alle Reiche der Welt zu geben unter
der Voraussetzung, daß er den Teufel anbetet.

2.7. Macht, ein Instrument zum Konstruktiven und zum Destruktiven

Macht kann zum Konstruktiven und zum Destruktiven eingesetzt werden.
Wir nähern uns mit dieser Feststellung wieder einen Schritt der Frage, wie
gebrauche ich Macht? Wie steht es dabei mit meinem Charakter? Der Charakter ist das Instrument, welches die Macht steuert und zwar die Macht,
die zerstört, wie auch die Macht, die aufbaut.

Der Philosoph Joseph Pieper schrieb vor Jahren:»Es gibt kein hoffnungs-
loseres Unheil in der Menschenwelt als ungerechte Machtausübung.« Nietzsche sagt, daß»Fressen und Gefressen werden« nicht nur im Bereich der Tiere herrsche, sondern daß die tiefste Triebfeder des Menschen der Wille zur
Macht sei. Bei genauerem Hinsehen stellen wir fest, wie sehr es immer wieder um diese Macht im Destruktiven geht, zwischen Mann und Frau, zwischen Alt und Jung. Welche grausamen Machtkämpfe können sich sogar
zwischen Kindern in den Schulklassen abspielen! Macht hat einen tiefen Einfluß auf unsere persönlichen Beziehungen und auf unsere sozialen Kontakte. Diese Macht zerstört das Vertrauen, den Dialog und die Integrität.

Die Sünde im biblischen Paradies war die Sünde der Macht. Adam und
Eva wollten nichts Böses tun. Sie wollten nur mehr sein und mehr haben
und mehr wissen als ihnen zustand – sie wollten sein wie Gott. Und dieser
vergiftende Geist liegt auch in uns. Für uns ist es nie genug, uns an den
Dingen zu erfreuen – wir müssen die Oberhand gewinnen, wir müssen besitzen, wir müssen horten, wir müssen erobern. Die Destruktion der Macht
ist das Verlangen, mehr zu sein, als das, wozu wir geschaffen sind. Für
Adam und Eva bedeutete ihr Drang nach Macht den Bruch ihrer Beziehung zu Gott. Drang nach Macht zerbricht immer Beziehungen, Machtmißbrauch zerbricht immer Geborgenheit und Vertrauen.

Lebenslange Freundschaften werden in dem Moment zu tödlichen
Feindschaften, wenn ein Direktionsposten einer Firma neu zu besetzen ist.
Wie viele von uns haben es nicht schon am eigenen Leibe erlebt, daß interne Konkurrenz den anspornenden Charakter verloren hat und zu bitte-
rem Ernst wurde – aus sportlichem Wettbewerb wurde bitterer »Wett-

Kampf«, bei dem keiner mehr geschont wurde. Klettern, stoßen, schieben
– das ist die Sprache der Macht, die zerstört. Nichts schneidet uns so voneinander ab. Paul Tournier schreibt:»Macht ist das größte Hindernis des
Dialogs. Die Fähigkeit, menschliche Beziehungen zu zerstörten, steht der
Menschheit ins Gesicht geschrieben.« Wenn wir die Geschichte zurück-
verfolgen und an die Mächtigen der Vergangenheit denken, so waren es
nicht viele, die mit Macht richtig umgehen konnten. Die Mächtigen dieser Erde haben sich stets bemüht, noch mehr Macht zu bekommen. Der
Ausspruch:»Süchtig vor Macht« kommt nicht von ungefähr.

Wer verfügt über Macht? Ich war viele Jahre Berater der Person, welche
die Ermittlungen gegen Terroristen in Deutschland führte, z. B. auch nach
dem Mordanschlag gegen Alfred Herrhausen. Die Terroristen hielten diesen Mann, der gegen sie ermittelte, für den Inbegriff der Macht. Er sei-
nerseits hielt die Terroristen für den Inbegriff zerstörerischer Macht. Vor
dem Haus, im Haus, auf dem Haus, hinter dem Haus wurde er bewacht
vor dieser zerstörerischen Macht. Das Haus und der Wagen waren mit
Bleiglas versehen und gepanzert. Aber wer bewachte sein »inneres Haus«
vor der zerstörerischen Macht? Äußerlich kann man sich vielleicht schützen vor zerstörerischer Macht – aber innerlich? Er hat dem inneren Druck
nicht standgehalten und erschoß sich vor einigen Jahren.

Macht, die zerstört, ist ein hoffnungsloses Unheil für die Menschheit.

Was ist nun Macht im guten Sinne? Wir wissen alle, daß es nicht genügt,
bloß zu erkennen, was für ein Kind, für die Gemeinde, für das Allgemeinwohl gut wäre. Die berechtigten und förderlichen Anliegen müssen auch
umgesetzt und verwirklicht werden und zum Durchbruch gegen eingero-
stete Gewohnheiten oder egoistische Einzelinteressen kommen. Es genügt
auch nicht, einzusehen, was für die Familie und das Kind schädlich ist, was
das Vertrauen untergräbt und die Zukunft verbaut, was die Atmosphäre
vergiftet. Man muß sich gegen das Zerstörerische wehren, das Schlechte
am Aufkommen hindern oder doch möglichst wirksam eindämmen. Das
ist Macht im guten Sinne.

Macht im guten Sinne kann sogar Verzicht auf Machtausübung sein. Jeder Akt von Begnadigung, Amnestie und Vergebung spiegelt diesen Verzicht auf eigentlich gerechtfertigte Strafe beziehungsweise Rache wider.
Wir werden dem Humanem in uns eigentlich erst gerecht, wenn wir zwar
verletzende Aggression und Unfreundlich-Sein als eine Möglichkeit zur
Machtausübung haben, aber darauf um des Menschen willen bewußt ver-

zichten. Erst hier zeigt sich, ob wir Souveränität über unsere Macht besitzen und unsere Macht in differenzierter Weise anwenden können, wenn wir auch die innere Freiheit haben, darauf zu verzichten, oder ob wir unserer eigenen Machtsucht ausgeliefert sind. Dazu müssen wir aber zuerst selbstkritisch durchschauen, wie schnell wir unreflektiert dazu neigen, selbst den herrischen Machthaber zu spielen.

Ich meine, daß es eine Macht und eine Autorität zum Positiven gibt, mit der wir viel erreichen können. Macht kann auch in die Freiheit führen,
– wo Stärke die Schwäche nicht übersieht,
– wo Ordnung nicht Selbstzweck ist, sondern einen sicheren Lebensraum bietet,
– wo Verantwortungsbewußtsein der Willkür die Stirn bietet,
– wo der Zweck nicht mehr alle Mittel heiligt,
– wo Ohnmacht sein darf,
– wo »oben« und »unten« gemeinsamen Entscheidungen weicht,
– wo die Würde des Menschen nicht mit Füßen getreten wird.

Unabhängig davon, ob wir nun Macht als etwas Positives oder etwas Negatives einstufen, sehen wir diesen Begriff der Macht in direktem Zusammenhang zur Karriere. Das Erstreben einer Karriere, ob in Wirtschaft, Politik, Militär oder im kirchlichen Bereich, gilt als der Inbegriff des Macht-Erstrebens schlechthin.

3. Karriere

3.1. Was ist Karriere?

Er:	Zuerst war ich Lehrling.	Sie:	Mhm.
Er:	Dann wurde ich Sachbearbeiter.	Sie:	Oh!
Er:	Danach Abteilungsleiter.	Sie:	Wow!
Er:	Und Hauptabteilungsleiter.	Sie:	Wunderbar!
Er:	Jetzt bin ich Bereichsleiter!!!	Sie	(sprachlos)
Er:	Und bald werde ich Vorstand!!!!	Sie:	Oh, Gott!

(In Abwandlung eines aktuellen Rundfunk-Werbespots[10])

---

[10] Schelp, Theo (1994) Karriere und persönliche Kompetenz, S. 25

Was hat dieser Dialog mit unserem Thema zu tun? Nun, so stellen sich die meisten Leute eine Karriere und den entsprechenden Bedeutungszuwachs vor.

Eigentlich mag ich das Wort Karriere nicht. Karriere kommt aus dem Französischen und heißt übersetzt:»Erfolgreiche Laufbahn, schnellste Gangart des Pferdes«. Die Übersetzung ist sehr zutreffend. Auch das Wort Manager konnte ich nie leiden. Jetzt habe ich herausgefunden, warum. »To manage« bedeutet nach dem Oxford-English-Dictionary:»Die Pferde einreiten«. Die Wurzel ist das italienische Wort:»Maneggiare«. Das französische Wort:»Manege« ist nicht nur im Klang, sondern auch im Stamm verwandt.

Vielleicht schwingt deshalb manchmal etwas Negatives mit, wenn man von einem Manager spricht, der seine Karriere zum Ziel hat. Wir müssen unterscheiden, ob jemand seine Fähigkeiten schult und trainiert, damit immer wichtiger, ja unentbehrlicher für andere wird und zu immer anspruchsvolleren Aufgaben auf diesem Wege gelangt, beziehungsweise als Unternehmer für immer mehr Aufgaben von seinen Kunden gewünscht wird, oder ob er nur das eine Ziel der eigenen Karriere verfolgt, mit welchen Mitteln und innerhalb welcher Aufgaben auch immer. Erfahrungsgemäß vermischen sich beide Wege. So kann mal der eine oder andere dominieren

Das Wort Karriere ist zunächst einmal wertneutral:
– Der Optimist sagt:»Karriere ist nur möglich mit einem guten Charakter.«
– Der Pessimist sagt:»Karriere ist nur möglich mit einem schlechten Charakter.«
– Der Realist sagt:»Karriere ist möglich, aber heute immer schwerer für einen guten Charakter.«
Wer hat Recht?

3.2. Sind Karrieristen alle krank?

Mit dem Personenkreis, der außerordentliche Kräfte zu mobilisieren weiß und sich so lange durchzusetzen versteht, bis er an der Spitze einer Karriereleiter steht, haben sich Psychologen intensiv auseinandergesetzt. Vereinfacht lassen sich besonders häufig (gegenüber dem Durchschnittsbürger) drei Typen herausgreifen.[11] Diese drei Typen sind auf Machtpositionen angewiesen, um ihr psychisches Gleichgewicht zu wahren:

- Der Narziß, dessen Allmachtswünsche ihn zum Ausweiten der Ich-Grenzen über die eigene Person hinaus auf Organisationen oder größere Menschengruppen antreibt.

- Der Kompensierer sucht Positionen der Stärke, um früh erlittenen kindlichen Ohnmachtserfahrungen zu entrinnen und um sich gegen neue Formen der Erniedrigung zu schützen.

- Der Autoritäre hat als Kind tief kränkende Erniedrigungen hinnehmen müssen, oft seitens des Vaters, der ihm Anerkennung versagte, ihn als Person offen oder versteckt ablehnte.

Nach einer Studie der Unternehmensberatung Kienbaum mit über 400 Führungskräften sind mehr als 60 % der Manager neurotisch gestört, die Hälfte davon mittel- bis schwerwiegend.[12]

An der nüchternen, ehrlichen Bestandsaufnahme der eigenen Karrieremotive kann man klare Ableitungen in bezug auf den eigenen Charakter machen. Der Lösung nähern wir uns dann, wenn wir beginnen, uns selbst ehrlich miteinzubeziehen. Mit welchem Charakter habe ich meine Karriere aufgebaut? Hierzu habe ich in einem späteren Kapitel einen Fragebogen für die persönliche Charakterprüfung formuliert. Hier seien nur einige Aspekte aufgegriffen:

- Welches sind meine persönlichen Karrieremotive? Ehrgeiz? Herrschaftsstreben? Finanzielle Anreize? Minderwertigkeit? Geltungsdrang?

- Welches sind die Vorbilder meines Karrierestrebens? Roland Jeker, ehemaliger Generaldirektor einer Schweizer Großbank, sagt[13]: »Als ich jung war, machten mir Erfolgreiche enorm Eindruck, und ich wollte einfach auch erfolgreich sein.«

- Was gewinne ich? Was verliere ich? Welchen Preis bin ich bereit, für meine Karriere zu bezahlen? So sagte der schweizerische Bundesrat, Moritz Leuenberger, bereits in jüngeren Jahren[14]: »Meine Karriereschritte nach oben sind auf mein Verhältnis zu meiner menschlichen Umwelt nicht ohne Einfluß geblieben... Ich erlebe es als schmerzhaft, bei jeder Sta-

---

[11] Vgl. Michel, Elisabeth (1986) Männer im Glashaus, S. 12 ff, Zürich
[12] Vgl. Gross, Walter (1996) Von den Leiden der Führungskräfte bei Erklimmen der Karriereleiter
[13] Vgl. Michel, Elisabeth (1986) Männer im Glashaus, S. 87
[14] Vgl. Michel, Elisabeth (1986) Männer im Glashaus, S. 133

tusveränderung Freunde zu verlieren.« Werner Gross schreibt unter dem Titel »Von den Leiden der Führungskräfte bei Erklimmen der Karriereleiter«: »Zu den seelischen Kosten der Karriere zählt auch, daß die Sozialkontakte allmählich schwinden. Der Freundeskreis wird ebenso wie die Familie und die Partnerschaft auf dem Altar der beruflichen Entwicklung geopfert.«[15] Ein Vorstandsmitglied einer großen Bauunternehmung war vor einiger Zeit bei mir. Ich fragte ihn nach seinem Ziel. Er sagte: »Vorstandsvorsitzender«. Ich antwortete: »Ich kenne einige, die diese Position erreicht haben, die ganz oben an der Leiter angekommen sind. Da oben ist ein kleines Schild angebracht, welches aber nur diejenigen lesen können, die eben ganz oben angekommen sind«. Er fragte mich, ob ich ihm denn nicht verraten würde, was da oben stehe. Ich antwortete: »Auf diesem Schildchen steht: Hier ist das Ende der Leiter!« Dieses Ziel wollen wir nicht sehen, wir verdrängen es. Und aus diesem Grunde haben wir die Wege zum Ziel gemacht. Eine Karriereleiter ist immer begrenzt. Einmals kommt immer das obere Ende. Die einzige Leiter ohne Ende ist die Jakobsleiter aus der biblischen Überlieferung, sie führt bis in die Ewigkeit des Himmels.

3.3. Und trotzdem ist Karriere notwendig

Aber um nun nicht das Kind mit dem Bade auszuschütten, sei zum Abschluß der Unternehmensberater Dr. Rudolf Mann zitiert[16]: »Wenn man Karriere danach prüft, was echt, endlos und bleibend ist, macht sie keinen Sinn. Denn Karriere hat keinen eigenen Wert, wenn wir mit dem Bauch statt mit dem Kopf bewerten und wenn wir unser Urteil nicht nach dem richten, was uns andere dazu gesagt haben, sondern nach unseren eigenen Maßstäben. Aber Karriere schafft Möglichkeiten und Spielräume zur Erfüllung der individuellen Lebensaufgabe

– als persönlicher Lern- und Erfahrungsprozeß,
– als Führungsaufgabe, um Wege zu zeigen und voranzugehen und
– als persönlicher Beitrag zur Heilung unserer Erde, die krank ist.

---

[15] Vgl. Gross, Walter (1996) Von den Leiden der Führungskräfte bei Erklimmen der Karriereleiter
[16] Vgl. Mann, Rudolf (1994) Karriere und Lebenssinn: An persönlichen Spielräumen orientieren, S. 30

Deshalb ist Karriere zwar »Sinn-los«, aber manchmal »Not-wendig«, wichtig, um unsere Not zu wenden.«

Der Bedarf an Führungskräften, die bereit sind, überdurchschnittliche Leistung zu vollbringen, Verantwortung zu übernehmen und die den Mut haben, in dieser komplexen Situation noch Entscheidungen fällen, wird zunehmen. Karriere ist in diesem Sinne nicht nur ein egoistisches Ausleben des eigenen Ehrgeizes, sondern vielmehr eine wichtige Aufgabe, die durchaus im Sinne des Allgemeinwohls sein kann. Der Druck dieser Entwicklung wird aber nicht mehr nur durch fachliches Wissen und Managementtechniken zu bewältigen sein, sondern fordert den Manager in seiner ganzen Person heraus. Und immer wieder wird sich die einzelne Führungskraft vor die persönliche Frage gestellt sehen: Bin ich willens und in der Lage, diese Spannungen auszuhalten? Woher hole ich die innere Stärke und Souveränität, um mich diesen Herausforderungen zu stellen, ohne an meiner Seele Schaden zu nehmen und ohne als Mensch zu zerbrechen? Und woher hole ich die Integrität und Souveränität, um mit der erworbenen Macht und dem erworbenen Reichtum richtig umzugehen?

Wie wir schon in einem früheren Kapitel festgestellt haben, sehen wir auch hier wieder, daß man sowohl eine erfolgreiche Karriere wie auch die erworbene Macht positiv wie auch negativ gestalten kann. Also stehen wir wieder vor den Gretchenfragen: »Welches sind meine Karrieremotive?« und »Wie gehe ich mit der damit verbundenen Verantwortung um?« Und diese beiden Fragen sind unbedingt mit der Frage nach unserem »Charakter« verbunden.

4. Charakter

4.1. Was ist Charakter?

Auch das Wort »Charakter« ist eigentlich wertneutral. Im Duden heißt es: »kennzeichnendes Merkmal« oder »dem Menschen eingeprägte, innere Form«. Wörtlich aus dem Griechischen: »Das Eingekritzte«. Seit dem 17. Jahrhundert wird dieses »Merkmal« auf das sittliche Verhalten des Menschen übertragen. Der Schweizer Unternehmensberater und Psychotherapeut Philipp Joner sagt: »Charakter ist das, was wir tun, wenn es niemand sieht.«

Man sagt, daß der Mensch durch das Ererbte und durch das Umfeld bestimmt wird. Man sagt auch, daß der Charakter eben die Mischung zwischen beidem sei. Wir müssen uns gegen diese Definition wehren, denn sie vermittelt uns den Eindruck, als sei der Charakter etwas Unveränderbares. So wären wir ihm nämlich ausgeliefert, und dann könnten wir uns gewissermaßen entschuldigen: »Das ist nun mal mein Charakter«. Dann kann aber auch von anderen mein Charakter wie eine unheilbare Krankheit beurteilt werden, die mich zum Outsider stempelt: »Er hat eben einen schlechten Charakter«.

Demgegenüber ist festzustellen, daß Charakter nicht eine unveränderbare Kombination von eins und zwei ist, sondern ein Weg, eine Entwicklung, ein dynamischer Prozeß. Persönliche Kompetenz ist dabei wie gesagt keine statische, unveränderliche Persönlichkeitseigenschaft. Sie ist vielmehr eine dynamische, zielgerichtete Herangehensweise an Situationen und Aufgaben auf der Grundlage optimistischer, realistischer, flexibler und differenzierter Ziele, Pläne und Grundeinstellungen.[17] Wer Menschen führen will, muß zuerst fähig sein, sich selbst zu führen, das heißt, ständig offen und bereit zu sein, sich zu erweitern und zu entwickeln, kurzum, sich vom Leben unterweisen zu lassen.[18] Die Entwicklung des Charakters einer Führungskraft ist eine Summe von Entscheidungen, die er zu größten Teilen selbst fällt. (Es besteht also noch ein wenig Hoffnung für uns alle!) Ich bin der Meinung, daß wir darum heute in der Personalentwicklung vermehrt das Thema: »Charakterschulung für Führungskräfte« ernst nehmen, kultivieren und anbieten sollten.

4.2. Ein Schlüssel zur Tür

Wenn wir nun eine bedeutungsvolle Tür öffnen wollen, dann ist der Charakter der Schlüssel zu dieser Tür, auf die alles vorher Gesagte bereits hingewiesen hat.

Im allgemeinen werden heutzutage der Charakter und die personale Kompetenz – wenn überhaupt – erst nach der Fachkompetenz und den Managementtechniken berücksichtigt. Das habe ich in den letzten Jahren

---

[17] Schelp, Theo (1994) Karriere und persönliche Kompetenz, S. 25
[18] Vgl. Goeudevert, Daniel (1990) Die Herausforderung der Zukunft, S. 274

in hunderten von Coaching- und Personalberatungsgesprächen erfahren
müssen – auch der Blick in den Stellenanzeiger zeugt von diesem Umstand. Natürlich gehören zum Anforderungsprofil eines modernen Managers zunächst unbestritten Wissen und fachliche Voraussetzungen. Von
Topmanagern verlangt man Managementfähigkeiten: Leistungsfähigkeit,
Entscheidungswillen, Ausdauer, Initiative, Intelligenz, Organisationsta-
lent, Zuverlässigkeit und Kontaktfähigkeit, etc. Aber diese immer wieder
angesprochenen Eigenschaften, die Manager und Unternehmer haben
müssen, um erfolgreich zu sein, sind nur Teilwahrheiten. Natürlich sind
schöpferische Gestaltungsfähigkeit, Urteilskraft, Selbstvertrauen, vielseiti-
ges Wissen, Entschlußfreude, Zähigkeit, Robustheit, Gesundheit, etc. Anforderungen, die man spontan mit der Rolle des Managers assoziiert, aber
es sind eigentlich nur Voraussetzungen für diesen Beruf – sie machen ihn
nicht aus. Es sind vordergründige Aspekte, mit denen man Oberflächen-
phänomene beschreibt. Das Unsichtbare und Unwägbare, das die alles
entscheidende geistige Haltung konstituiert, wird damit eben nicht erfaßt.

Die Harvard Business School untersuchte den Karriereweg von 150 ihrer Absolventen, die alle diese Fähigkeiten besaßen. Die Resultate waren
erstaunlich – nur eine Handvoll schaffte wirklich den Weg an die Manage-
mentspitze, und die Mehrheit verschwand in der anonymen Masse des
Mittelmanagements. Bei der genaueren Recherche, welche Faktoren denn
nun ausschlaggebend für den langfristigen Erfolg waren, ergaben sich folgende Anforde   rungen an den Manager[19]:

– Sie sind in der Lage, Spannungen und Belastungen zu ertragen, ohne
  zu explodieren und ohne zu resignieren.
– Sie gehen auch die unerfreulichen Dinge ihres Berufs- wie auch ihres
  Privatlebens mit Zivilcourage und in ruhiger, ehrlicher und taktvoller
  Weise an.
– Sie ertragen nicht nur ihre Niederlagen, sondern auch ihre Erfolge
  mit Haltung.
– Sie fördern ihre Mitarbeiter, ohne die Angst, sich dabei Konkurrenz
  in den eigenen Reihen zu schaffen.
– Sie respektieren die Würde der anderen Menschen (der Mitarbeiter,
  der Vorgesetzten, der Kunden und der Konkurrenz).

---

[19] vgl. Binder, Karl-Heinz (1996) Karriereplanung – Junge Führungskräfte setzen auf Glaubwürdigkeit, in: Geschäftsmann und Christ , S. 4–17; Zürich

– Sie sind selbstkritisch und bereit, sich selbst, ihr Handeln und ihr
   Denken in Frage stellen zu lassen.
– Sie sind bereit, für ihre eigenen Fehler geradezustehen und wälzen
   die Schuld nicht auf andere ab.

Erfolgreiche Führung ist nicht die Kunst, in einer einmal erlangten Position möglichst problemlos zu verharren. Leadership ist die Kunst, Verantwortung zu tragen, persönliche Risiken einzugehen und andere Menschen zu führen – und zwar nicht kraft der eigenen hierarchischen Position, sondern kraft der eigenen überzeugenden und täglich neu zu beweisenden Leistung und Persönlichkeit.[20]

Ob Sie schließlich langfristig Erfolg haben und ob Sie die gewisse »natürliche« Autorität ausstrahlen, hängt also nicht davon ab, ob Sie eine Intelligenzbestie sind oder hoher Offizier im Militär, sondern von Ihrer menschlichen Integrität und Ihrem Charakter! Eine wirkliche Führungsaufgabe ist nicht einfach eine Fortsetzung der bisherigen Tätigkeit auf höherer Ebene. Was hier erfolgt, ist etwas Neues. Es geht nicht nur um Fertigkeit, sondern um Verantwortung, nicht um Struktur, sondern um deren Wertigkeit.

Diese Führungskräfte sind in der Lage, auch in einer Zeit zunehmender Dynamik und Komplexität eine neue Denk- und Wahrnehmungsweise zu leben, die nicht mehr auf dem bisherigen »entweder – oder« Denken verharren, sondern die Gleichzeitigkeit von »sowohl als auch« Konstellationen ertragen können. Zukünftig werden vermehrt Führungskräfte gesucht werden, die kraft ihrer Persönlichkeit als Brücke in einem Spannungsfeld stehen können zwischen Widersprüchen in der streng logischen und rationalen Gedanken- und Argumentationswelt, die aber in der emotionalen Realität trotzdem gleichzeitig wahr sein können:

– Tun und Lassen
– Distanz und Nähe
– Sicherheit und Chaos
– Stärke und Sanftheit
– Erfolg und Bescheidenheit
– Karriere und Charakter.

Dieser Herausforderung wird eben der Spezialist, der Nur-Techniker, der Nur-Finanzmann, der Nur-Personalchef nicht gerecht. So kritisiert

---

[20] Vgl. Goeudevert, Daniel (1990) Die Herausforderung der Zukunft, S. 81–82

auch Professor Peter Ulrich[21] von der Wirtschaftshochschule St. Gallen: »daß die Spitzenmanager – in der Regel Juristen, Ökonomen oder Ingenieure – häufig reine Technokraten sind, die alles wissen über die Mittel, um ein Ziel zu erreichen, aber kaum etwas über Sinn und Zweck des Ganzen.« Diese Haltung ist heute in einem System, das Wettbewerb auch als Wettbewerb um persönliches Ansehen und um hierarchischen Vorrang miteinschließt, nicht einfach. Aber sollte der persönliche Ehrgeiz eingeschränkt und durch Integrationspflicht ersetzt werden? Dies ist ein sehr schwieriger, aber notwendiger Weg. Er macht eine Spitzenposition nicht nur zu einer Würde, sondern auch zu einer Bürde und in erster Linie zu einer Sache des Charakters. Dies verlangt innere Bescheidenheit und verträgt keine Anmaßung. Eine selbstkritische Distanz zur eigenen Person ist gefordert, die den Narzißmus ausschließt, der heute vielfach herrscht. Der Kern eines erfolgreichen Führungsverhaltens ist ein bescheidener, gelassener Umgang mit sich selbst. Wir stehen alle in einem Spannungsfeld zwischen Karriere und Charakter. Keiner von uns kann sich diesem Spannungsfeld entziehen. Manchmal bin ich mir nicht sicher, ob es nicht im Zweifelsfall auch der bessere Weg sein kann, sich für den Charakter zu entscheiden, wenn man spürt, daß der Weg zur Karriere den Charakter nicht mehr mit einschließt.

Wo sind in den Führungsetagen aber nun diejenigen, welche die Verantwortung dafür übernehmen, Leute mit Charakter zu suchen, zu berufen und zu schulen, statt es diesen zu überlassen, sich im Alleinkampf von unten nach oben kämpfen müssen? Zwar stellt Alfred Herrhausen zu recht fest, daß man, um etwas zu erreichen, stets etwas länger arbeiten müsse als die anderen.[22] Trotzdem muß hier eine klare Grenze gezogen werden: Wenn nichts anderes mehr im Leben zählt als die Arbeit, spricht man von Arbeitssucht. Mögen Arbeitssüchtige auch kurzfristig erfolgreich sein, langfristig geraten sie in einen Strudel spezifischer Probleme und rutschen von ihren erklommenen Höhen wieder ab.[23] Bei der Führungsauswahl, bei der strategische vor operativen Zielen gehen sollten, muß im Zweifelsfall die Charakterfestigkeit vor der Fachkenntnis und der »bedingungslosen Opferbereitschaft« für den Beruf stehen. Darum muß Raum geschaffen werden für die Schulung des Charakters.

---

[21] Ulrich, Peter (22.11.1993) Wirtschaftsethik ist auch in der Rezession kein Luxus, S. 15

[22] Schmidt, Arthur P. (1995) Alfred Herrhausen – Vorbild mit Visionen, S. 19

[23] Vgl. Gross, Walter (1996) Von den Leiden der Führungskräfte bei Erklimmen der Karriereleiter

4.3. Charakterschulung – die Herausforderung der Zukunft

Es ist ermutigend zu beobachten, daß sich immer noch Firmen durch neue
Methoden der Personalführung zu ihrer Mitverantwortung für ethische
Normen bekennen. So vertrat der Präsident und Delegierte des Verwaltungsrates der Néstle AG anläßlich des Alumni-Treffens des International
Institute for Management Development (IMD) die Auffassung: »Ohne
ethische und soziale Verantwortung zu übernehmen, können Unternehmen auf lange Sicht nicht überleben.«[24] Die öffentlichen Erwartungen in
dieser Richtung ragen bis tief in die Unternehmensführung hinein. Kein
größeres Unternehmen wird sich in Zukunft ethischen Fragen entziehen
können.[25] Die Personalpolitik ist dabei zunehmend auf ganzheitliches
Denken ausgerichtet. Die Verantwortung der Firmenpolitik endet nicht
mehr mit dem schlichten Verkauf der Produkte.[26]

Auf den unteren Hierarchiestufen steht die fachliche Qualifikation der
jungen Führungskräfte im Mittelpunkt aller Personalförderungsmaßnah-
men. Fachkompetenz wird gefördert, entwickelt und bewertet. Mit dem
Aufstieg in höhere Hierarchiestufen rücken mehr und mehr das Manage-
mentwissen und die Führungstechnik der Mitarbeiter in den Vordergrund
des Interessens der Personalentwicklung. Eine überaus wichtige Anforde-
rungsdimension begann die aufstiegsorientierte Personalentwicklung erst
zu identifizieren beziehungsweise wiederzuentdecken, als die Zeitläufe das
ganze Vertikal-Konzept von Karriere bereits fast zum Einsturz gebracht
hatten: die Entwicklung einer reifen Persönlichkeit.[27]

Die Zukunft wird Führungskräfte fordern, die ein entwickeltes wirt-
schaftsethisches Bewußtsein haben, die (wieder) persönlich Verantwortung übernehmen und für ihre Entscheidungen einstehen, die nicht permanent nach Schuldigen suchen, wenn etwas schief geht und dadurch Unsummen von Zeit und Geld verschwenden, denen man vertrauen kann, die
zum Dienen bereit sind und die nicht nur sich selbst im Blickwinkel haben.
Ein Auge, das nur sich selbst sieht, ist blind (grüner Star).

Führungsentwicklung muß wieder Persönlichkeitsentwicklung werden

---

24 Vgl. Hermani, Gabriele (1996) Die Schnellen fressen die Langsamen
25 Vgl. Goeudevert, Daniel (1990) Die Herausforderung der Zukunft, S. 8–9
26 Vgl. Zehnder, Egon (22. 11. 1993) Personalpolitik muß ganzheitlich sein, S. 3
27 Vgl. Schelp, Theo (1994) Karriere und persönliche Kompetenz, S. 25

und Manager sind dazu aufgefordert, die Unternehmenskultur in verant-
wortungsvoller Weise mitzugestalten. Der Erfolg eines Unternehmens
hängt maßgeblich davon ab. Es ist die entscheidende Frage: Welchem
Geist gestatten wir, in den Gehirnen unseres Managements das Sagen zu
haben? Charakter kann geschult werden, er muß geschult werden und die
Unternehmen tragen dabei eine große Verantwortung, denn wenn wir die
Schlafenszeit abziehen, verbringen wir den größten Teil des Tages im Berufsleben und nicht etwa im Privatleben!

5. Warum Verantwortungs- und Entscheidungsträger nicht nur Führungstechniken beherrschen, sondern auch Charakter besitzen müssen

5.1. Drei Anforderungsdimensionen

Der Unternehmensberater Christoph Lauterburg formulierte auf einer
personalpolitischen Tagung eines großen Industriekonzerns: »Früher hat
es genügt, wenn man ein guter Fachmann gewesen ist, administrative Vor-
gänge sauber abgewickelt hat und Amtsautorität gehabt hat.« Auf dieser
Basis haben bis in die jüngste Vergangenheit noch viele recht gut Karriere
machen können, aber dies reicht nicht, Charakter ist gefragt, worauf auch
der Verlagsmanager Karl-Heinz Binder und der Personal- und Ausbil-
dungsfachmann Günter Sauder[28] in vergleichbaren Tagungen in jüngster
Zeit hingewiesen haben.

Deren Ausführungen sind auch Grundlagen meiner nachfolgenden
Überlegungen. Dabei versuche ich zu zeigen, daß eine Führungskraft zukünftig den Anforderungsparametern aus drei »Dimensionen« gerecht
werden muß, die ich »Können und Wissen«, »Management- und Füh-
rungsfähigkeiten« und »Charakter und Persönlichkeit« nennen möchte.
Wie schon früher erwähnt, geht es mir bei diesen drei Dimensionen nicht
um ein »entweder – oder«, sondern um ein »sowohl als auch«. Die geforderten Eigenschaften sollen sich nicht gegenseitig ausspielen, sondern hän-

---

[28] Sauder Günter, Leiter Management-Programme und Bildungspolitik der Daimler-Benz AG, Stuttgart

gen in ganzheitlicher Weise voneinander ab und ergänzen einander. Mein zentrales Anliegen ist es aber, Sie hier für die »dritte Dimension« von »Charakter und Persönlichkeit« zu sensibilisieren, denn dieser Charakter ist dafür verantwortlich, »wie« Sie Ihr Fachwissen und Ihre Managementfähigkeiten anwenden.

Die Thematisierung dieser »dritten Dimension« scheint mir dabei sowohl aus individualpsychologischer und »psychohygienischer« Sicht für Sie persönlich sehr wichtig, wenn Sie gerade dabei sind, Ihre eigene Karriere zu planen, Ziele zu definieren und persönliche Schwerpunkte zu setzen. Aber auch aus der Sicht der »human ressources« eines Betriebes gewinnt der »Charakter« immer mehr an Bedeutung, wenn Sie Positionen in Ihrer Firma besetzen oder wenn Sie Ihre Mitarbeiter fördern wollen. Ihre »human ressources« können Sie nämlich nur dann langfristig und nachhaltig entwickeln und auf Dauer gewinnbringend nutzen, wenn Sie auch der Persönlichkeitsentwicklung Ihrer Mitarbeiter das nötige Gewicht geben. So fällt mir das Beispiel eines weltweit tätigen Konzerns ein, der als Schlüsselqualifikationen neben fachlicher Kompetenz, unternehmerischem Denken und Einsatzfreude auch Integrität und menschliche Kompetenz von seinen Mitarbeitern fordert.[29] Dabei gehe ich stillschweigend davon aus, daß auch Sie in Ihrer Firma keine kurzsichtigen Fachidioten und keine Karrieristen züchten wollen, die nur die Optik des Tagesgeschäftes kennen, auch wenn sie optimal auf dieser Welle von Hektik und Streß »surfen« können. Dieser »Charakter« ist von besonderer Bedeutung, wenn es sich um zwischenmenschliche, aber auch wenn es sich um firmenpolitische und strategische Entscheidungen handelt.

Die folgende Liste ist ein Versuch, die wichtigsten der Parameter zu benennen. Die Liste kann dabei in keiner Weise den Anspruch erheben, vollständig oder gar abschließend zu sein. Durch den tabellarischen Vergleich und die Gegenüberstellung möchte ich Sie für Unterschiede sensibilisieren und anschliessend einige der Begriffe als Beispiele vertiefen. Ich bin mir dabei bewußt, daß es die ideale Führungskraft nicht gibt und wohl auch nie geben wird, und zwar aufgrund des unlösbaren Dilemmas von Sein und Sollen, Ideal und Realität. Aber gerade als Führungskräfte und Verantwortungsträger sind wir aufgefordert, immer wieder von neuem idealen Zielen nachzueifern.

---

[29] Schweizerische Kreditanstalt (1993) Leitgedanken zu unserer Personalpolitik, S. 6

Können und Wissen	Management- und Führungsfähigkeiten	Charakter und Persönlichkeit personale und soziale Kompetenz
Expertentum Sachbearbeiter persönliche Arbeitstechnik	Management Projektmanagement Führungs- und Entscheidungstechniken Lösung von Fachproblemen	Leadership Menschenführung
	Selbstvertrauen Selbständigkeit	Selbstwertgefühl selbstkritisch, Bereitschaft, eigene Fehler zu gestehen
Allgemeinbildung Begabung Intelligenz Bereitschaft, ständig zu lernen Fachwissen Spezialist analytisches Denken	kein Alleswisser und kein Besserwisser unternehmerisch Organisationstalent planerische Fähigkeiten strategisches Denken konzeptionelles Denken vernetztes Denken synthetisches Denken innovativ und visionär	ganzheitliches Denken Akzeptieren emotionaler Wirklichkeiten eigenes Menschen- und Weltbild, Werte und Ethik Lauterkeit Vertrauensfähigkeit Glaubwürdigkeit Vorbild Wahrheitsliebe, Ehrlichkeit Offenheit Gewissensbildung Liebesfähigke t
	körperlich und nervlich belastbar durchsetzungsfähig	Mitleidensfähigkeit, Barmherzigkeit, Zivilcourage, unerfreuliche Dinge aushalten und mit Zivilcourage, ruhig, ehrlich und taktvoll lösen.
Teamfähigkeit	Überzeugungskraft Kontaktfähigkeit Kommunikationstechnik Behauptung in eigenem und fremdem Umfeld Delegieren können Informieren können Motivieren und Fördern der Mitarbeiter zur fachlichen Problemlösung	Kommunikationsbereitschaft als Haltung konflikt- und kritikfähig würdevoller Umgang mit sich selbst und mit seinen Mitarbeitern Mitarbeiter fördern, ohne die Angst, sich damit Konkurrenz zu schaffen
diszipliniert fleißig ausdauernd	zielstrebig-beharrlich, zäh ehrgeizig	innere Ruhe, Gelassenheit Souveränität, innere Reife, Weisheit Sieg wie auch Niederlage mit Haltung ertragen
	Bereitschaft, fachliche Verantwortung zu übernehmen Verantwortung für Dinge und Geld Herrschen und beherrschen	Bereitschaft, menschliche Verantwortung zu übernehmen Verantwortung für Menschen Dienen durch Verantwortungsübernahme und Menschenführung
	flexibel international, interkulturell, mehrsprachig	Integrität und Loyalität innere Unabhängigkeit Beständigkeit
Zuverlässigkeit Leistung etc.	Entscheidungsfreude und Urteilskraft berufliches Vorbild sein Fähigkeit, Probleme frühzeitig zu erkennen.	Unangenehmes aushalten und bewältigen

Ich möchte Ihnen an einigen Beispielen verdeutlichen, warum wir die Rubrik »Charaktereigenschaften« neben die Rubrik »Managementfähigkeiten« gestellt haben und die dort aufgezählten Eigenschaften nicht einfach mit der Liste Managementfähigkeiten verschmolzen haben. Greifen wir zu Beginn das Wort »Leadership« heraus.

5.2. Leadership und Management

Leadership oder Management, ist das letztlich nicht dasselbe, werden Sie sich fragen. John Kotter unterscheidet diese Begriffe sehr deutlich. »Leadership bewirkt sinnvolle Veränderungen«. Die Welt des Managements dagegen ist mehr die technische Seite einer Aufgabe, die Steuerung der Systeme.

Ein guter Manager ist, wer funktional optimiert, das heißt mit einem Minimum an zeitlichem, finanziellem, emotionalem und sozialem Aufwand eine Aufgabe löst.

Demgegenüber ist ein guter Leader, wer gleichzeitig auf eine personale Optimierung bedacht ist, bezogen auf Werte, Einstellungen, Interessen und Bedürfnisse von Führenden und Geführten. Ein guter Leader vermittelt, was Erfolg und Leistung konkret heißen und wie sie erreicht werden können, er gibt in einer komplexen und facettenreichen Welt Orientierung und verkörpert gelebte Einstellungen und Werte.

Sozialkompetenz und Persönlichkeitsentwicklung werden in Zukunft wichtige Auswahlkriterien eines Leaders sein. Die soziale Kompetenz ist die Fähigkeit eines Menschen, mit sich selbst und anderen konstruktiv umgehen zu können. Bei einer Umfrage des Stockholmer Instituts Universum unter 7500 Absolventen aus 56 europäischen Universitäten, welche Anforderungen an den Arbeitgeber gestellt würden, ist ein gutes soziales Arbeitsumfeld die am häufigsten genannte Qualität.[30] Während fachliche Kompetenz weitgehend systematisch vermittelt wird, erfolgt das Lernen sozialer Kompetenz sowie die Entwicklung der eigenen Persönlichkeit nicht systematisch. Sie sind das Ergebnis aus Anlage, Erziehung, Erfahrung und Selbstreflexion. Dies setzt eine psychische Stabilität voraus, die in der Psychologie als Selbstwertgefühl bezeichnet wird.

---

[30] Mühlemann Susanne (1996) Die Begehrtesten Europas, S. 44 und 46

Der herkömmliche Manager war der Organisator des materiellen und menschlichen Potentials eines Unternehmens. Der neue Typus des Leaders ist viel mehr Vorbild und Coach seiner Mitarbeiter als Dompteur. Noch viel zu viele Firmen sind heute overmanaged but underleaded, das heißt überstrukturiert und –bürokratisiert, aber zu wenig durch starke und integere Persönlichkeiten geführt.

Wir leisten uns immer noch viel zu sehr den Luxus der permanenten Verschwendung menschlicher Ressourcen durch schlechte Führung, die nach einer neueren Umfrage der Unternehmensberatung Kienbaum die Hauptquelle von Frust, Verzweiflung und Ineffektivität am Arbeitsplatz sind.[31]

5.3. Selbstwertgefühl

Ein Mensch, der Selbstwertgefühl hat, erlebt sich und sein Leben in einer positiven Grundstimmung. Eine Führungskraft mit genügend Selbstwertgefühl ist besonders führungsgeeignet. Es ist jene elementare emotional-positive Grundeinstellung des Menschen zu seiner eigenen Existenz, die es ermöglicht, sein Hiersein auf dieser Welt mit Freude anzunehmen. Es handelt sich um ein positives Grundgefühl, das aus einer Wertschätzung des Menschen sich selbst gegenüber resultiert. Ihr sind sowohl das Buhlen um Sympathie und Anerkennung als auch Anpassungssucht und opportunistische Ja-Sagerei fremd.

Mir ist im Verlauf der Jahre eines immer klarer geworden: Auch wenn Ehrgeiz und Leistung notwendig und nicht unanständig sind, dürfen unsere ganz persönliche Identität und unser ganz persönliches Wertgefühl nicht ausschließlich auf dieser Leistung aufgebaut sein, sonst steht unsere Existenz auf wackligen Füßen.

Die meisten Gesprächspartner nehmen wahr, daß ihre Identität von ihrer Leistung und ihrem Erfolg abhängt und damit auch von ihrer Arbeit, weil sie ja das Mittel zum Erfolg ist. Von klein auf werden wir gelobt und belohnt, wenn wir etwas geleistet haben. Viele wollen sich deshalb ein Leben lang durch Leistung Liebe und Zuneigung verdienen. Wenn jemand

---

[31] Sauder, Günter (1996, Juni) Führen mit Zielen – Ein Beitrag zur Entwicklung einer Vertrauenskultur, Referat gehalten auf Einladung der Basler Handelskammer, des Verbandes Basellandschaftlicher Unternehmen und des World Trade Center Club of Switzerland; Basel, S. 2

schließlich aus seiner Arbeitsstellung entlassen wird, erleben wir oft genug einen totalen Zusammenbruch der Identität. Es bedeutet für viele den höchsten Identitäts- und damit Sinnverlust. Wie gefährlich, denn vom beruflichen Erfolg zur Arbeitslosigkeit ist es heute oft nur ein kleiner Schritt! Unsere Identität darf nicht nur das Resultat unserer Leistung sein, sondern umgekehrt sollte unsere Leistung Ausdruck unserer persönlichen Identität werden, wobei dies in der Realität natürlich ein dialektischer Prozeß ist. Der Weg dahin beginnt auch mit der Erkenntnis der eigenen Fehlbarkeit und der persönlichen Akzeptanz der eigenen Unvollkommenheit. Wir müssen dahin kommen, uns selbst als wertvoll anzuerkennen, und zwar unabhängig von unserer Leistungskraft, unserer momentanen Nützlichkeit, unserem akademischen Grad, unserem Gesundheitszustand, unserem momentanen Aussehen oder unserem Marktwert. In dieser Erkenntnis liegt für mich ein entscheidender Schlüssel auf dem Weg zu Sinn und Identität.

Nur die in sich stabile Führungskraft, die nicht allein ihren Selbstwert von der beruflichen Leistungskraft und dem Karrierestand ableitet, ist in der Lage, die weiteren Aspekte der geforderten Führungsqualitäten zu erfüllen.

5.4. Vertrauensfähigkeit

Zur Charakter- und Persönlichkeitskompetenz gehört auch Vertrauensfähigkeit. In der Evaluation eines Strategieentwicklungsprozesses in einem deutschen Großunternehmen wurde den obersten Führungskräften unter anderem die Frage gestellt: »Mit welchen Schwächen will das Ressort nicht leben?« Viele nannten »Mißtrauen« als wichtigen Schwachpunkt.

Was ist Vertrauen? Vertrauen ist die emotionale Fähigkeit, sich ohne Absicherung und Kontrolle in die Obhut eines anderen zu begeben. Vertrauen fällt einem nicht einfach zu. Man gewinnt es, indem man es gewährt. Es bedarf des Vertrauensvorschußes. Zur Vertrauensbildung ist eine angstfreie Atmosphäre nötig. Angst ist der Feind des Vertrauens. Wichtig ist ein Klima, in dem die Schuld nicht bei anderen gesucht wird, sondern der einzelne bei sich selbst beginnt. Was wir zukünftig brauchen, ist eine Kultur, die Vertrauen zum Bestandteil der Führung macht. Viele Führungsprobleme haben ihren Ursprung in Vertrauenskrisen. Der Führende vertraut dem Mitarbeiter nicht und umgekehrt (G. Sauder a. a. O.).

Die Stabilität einer Führungsbeziehung hängt entscheidend vom gegenseitigen Vertrauen ab. Die Führenden sind es, die die Potentiale einer
auf Vertrauen beruhenden Organisation entwickeln müssen. Die Wirkun-
gen wären sehr positiv: So besteht ein empirisch nachvollziehbarer, direk-
ter Zusammenhang zwischen Vertrauensniveau und Problemlösungs-
fähigkeit. Nur mit Vertrauen läßt sich die zunehmende Komplexität meistern, nur mit Vertrauen fließen weniger Energien in ökonomisch unpro-
duktive Bahnen von kräfteverzehrenden Kampfstrategien im Unternehmen, nur mit steigendem Vertrauen nimmt sowohl das Ausmaß als auch
die Qualität ausgetauschter Informationen zu. Nicht umsonst fordert eine
weltweit operierende Schweizer Firma im Finanzbereich in ihrem Leitbild
von ihren Mitarbeitern:»Wir legen im täglichen Umgang untereinander
Wert auf Vertrauen, Verbindlichkeit und Integrität.«[32]
     Bei dieser Forderung nach mehr Vertrauen handelt es sich keineswegs
nur um einen humanitären Akt. Es ist vielmehr eine ökonomische Notwendigkeit. Hewlett Packard scheint dies schon sehr früh erkannt zu haben. In den Hewlett-Packard-Werten, die Grundlage der Unternehmensführung sind, steht an erster Stelle der Satz:»Wir haben Vertrauen in unsere Mitarbeiter sowie Achtung und Respekt vor ihrer Persönlichkeit«.
Viele mögen die Mischung von grundkonservativen Werten und echter
Mitarbeiterbeteiligung im Leitbild von Hewlett-Packard als überspitzte
Form von Unternehmenskultur belächeln, doch die Konkurrenz ist längst
eines Besseren belehrt worden, daß der»HP-way« in erster Linie ein sehr
guter Erfolgsfaktor im Wettbewerb ist.[33]
     In vielen unserer Unternehmen wird nämlich immer noch nach außen
Flagge gezeigt und eine moderne Firmenkultur propagiert, nach innen
aber eine Mißtrauenskultur und ein übermäßiger interner Wettbewerb gefördert, um angeblich die operative Produktivität des einzelnen anzuhei-
zen. Professor Bleicher schrieb 1994 in»Gablers Magazin«:»Die Mißtrau-
ensorganisation ist die Quelle unserer derzeitigen Organisationspatholo-
gie«. Und Hand aufs Herz – wie viele von uns brauchen nicht ein Unmaß
an Zeit, Nerven und Kreativität für eine taktierende »Firmenpolitik«, sei

---

[32] Schweizerische Kreditanstalt (1993) Leitgedanken zu unserer Personalpolitik, S. 12
[33] Vgl. Löpfe, Philipp (1996, 21. Juni) Das Konzept heißt Teilen – Die Mischung von grundkonservativen Werten und echter Mitarbeiterbeteiligung hat Hewlett Packard zum Erfolg geführt; in:
CASH – Wirtschaftsmagazin; S. 35; Zürich

dies, um am Stuhl des Vorgesetzten zu sägen oder um eigenes Know-how zu monopolisieren und so seine eigene Position zu stärken, sei es, um sich einerseits nicht die falschen Feinde zu schaffen und um sich andererseits Koalitionspartner warm zu halten, die einem im richtigen Moment »einen Gefallen« schuldig sind. Eine derartige Kultur unter den Angestellten ist also geradezu unternehmensschädigend.

Solche Systeme produzieren nämlich Eigenkomplexität, sie lenken das Verhalten der Mitarbeiter von den primären Zielen ab und tendieren dazu, ein Unternehmen zu bürokratisieren und zu politisieren – was den eigentlichen betriebswirtschaftlichen Zielen klar zuwider läuft.

Wir leisten uns Mißtrauen und damit eine ungeheure Vergeudung an Potentialen. Ich sehe in einer Vertrauenskultur eine der noch wenigen Möglichkeiten, um Wettbewerbsvorteile zu erlangen. Hier können wir anfangen, uns von unseren Wettbewerbern zu unterscheiden. Es gibt keine Alternative zur Vertrauenskultur. Die Ergebnisse einer Mißtrauenskultur sind nämlich innere Kündigung, Innovationsschwäche, Verantwortungsabwehr, Beschwerden, hohe Fehlzeiten und die Fluktuation der besten Leute.[34]

5.5. Glaubwürdigkeit

»Der Spiegel« (Nr. 38/94) veröffentlichte eine Studie des Emmid-Instituts. Man stellte jungen Deutschen zwischen 14 und 29 Jahren die Frage: Welche der folgenden Organisationen und Persönlichkeiten halten Sie für glaubwürdig? Mit 64 % steht Greenpeace oben an, gefolgt von Amnesty International mit 50 %. Unternehmer kamen bestenfalls auf 8 %, Minister gar nur auf 3 % der Stimmen. Führungskräfte von morgen müssen wieder glaubwürdig sein. Es ist ein wichtiges Anforderungsmerkmal der Führung. Ihr Reden und Tun muß übereinstimmen und auch sichtbar sein. Die Rede muß »ja – ja« oder »nein – nein« sein, oder um noch einmal Alfred Herrhausen zu zitieren: »Wir müssen das, was wir denken, sagen. Wir müssen das, was wir sagen, tun. Wir müssen das, was wir tun, dann auch sein.«[35]

---

[34] Sauder, Günter (1996, Juni) Führen mit Zielen – Ein Beitrag zur Entwicklung einer Vertrauenskultur, Referat gehalten auf Einladung der Basler Handelskammer, des Verbandes Basellandschaftlicher Unternehmen und des World Trade Center Club of Switzerland; Basel, S. 6 und S. 21
[35] Schmidt, Arthur P. (1995) Alfred Herrhausen – Vorbild mit Visionen, S. 18

Will man als Führungskraft nun wirklich mit aller Konsequenz glaubwürdig sein, so kann dies schließlich auch den Verzicht auf die große
Macht bedeuten. So berichtete unter dem Titel »Er wollte glaubwürdig
bleiben« der Zürcher Tages-Anzeiger nach der großen Umstrukturierung
innerhalb der großen Credit Suisse Holding:[36] »Weshalb Joe Ackermann
den rabiaten Umbau der CS-Gruppe nicht mittragen konnte und ausschied ... Im engsten Kreis verriet Ackermann, daß ›meine Glaubwürdigkeit auf dem Spiel stand‹. Es wäre ihm unmöglich gewesen, die beschlos-
sene Umstrukturierung zu vertreten und dabei ›meinen Mitarbeitern ins
Gesicht zu schauen‹. Er könne nicht jahrelang für eine Überzeugung einstehen und diese eines Tages über den Haufen werfen.« Und die schweizerische Wirtschaftszeitung Cash schreibt dazu:[37] »Damit dürfte Ackermann der erste Chef eines einflußreichen Arbeitgebers sein, dem seine
Ethik mehr bedeutete als Ruhm und Geld.«

Der Schweizer Wirtschaftsprofessor Malik, Direktor des St. Gallner Ma-
nagementzentrums und Professor an der Hochschule St. Gallen, antwortete in einem Interview mit einer großen Schweizer Zeitung im März 1996
auf die Frage: »Weniger Lohn als Rezept gegen den Zerfall des Werkplat-
zes Schweiz?« »Das würde nützen. Die Manager aber müssen mit dem
Kürzen bei sich selber anfangen. Nach glaubwürdigen Signalen wird es für
sie leichter sein, ihre Belegschaft zu überzeugen, wenn Kostensenkung
über die Löhne überlebenswichtig wird. Wenn für mehr Konkurrenz-
fähigkeit Löhne gekürzt werden müssen, sollten die Chefs ihre Statussym-
bole überprüfen. Solch klare Signale schaffen Überzeugungskraft.«

Als Lee Iacocca beim amerikanischen Autokonzern Chrysler das Ruder
übernahm, stand die Firma kurz vor dem endgültigen Aus. Der neue Chef
schlug einen rigorosen Sparkurs ein und nahm sich selbst davon nicht aus:
Lee Iacocca verdiente pro Jahr exakt einen Dollar. Dieses symbolische Gehalt war ein entscheidender Motivator für die Belegschaft. Sie erkannte,
daß auch das Topmanagement zu Opfern bereit war, und legte sich ins
Zeug.[38]

---

[36] Bürgin Hanspeter (1996, 4. Juli) Er wollte glaubwürdig bleiben; Weshalb Joe Ackermann den
rabiaten Umbau der CS-Gruppe nicht mittragen konnte und ausschied in: Tages-Anzeiger, S. 29
[37] Gisler Markus (1996, 5. Juli) Rainer Guts Coup von oben; Weshalb Joe Ackermann den Umbau der CS Holding und die sozialen Folgen nicht mittragen wollte, in: Cash – Die Wirtschaftszeitung der Schweiz 21/1996; Zürich
[38] Hauser, Walter (1996) Abkassieren ist Chefsache, in: Cash 21/1996, S. 11

Unverständlich ist die weit verbreitete Praxis, daß sich Spitzenmanager immer noch höhere Löhne genehmigen können, obwohl sie rückläufige Gewinne oder sogar Verluste erwirtschaften. In den Krisen der dreißiger und siebziger Jahre gingen die Unternehmer mit guten Beispiel voran, indem sie selbst ihren Gürtel enger schnallten. In den 90er Jahren beziehen aber allzuviele Topmanager weiterhin fürstliche Gehälter, selbst wenn sie ihre Firmen in die Krise gebracht haben. Die Firma Saurer ist hierfür ein erstklassiges Beispiel: Als der Maschinenkonzern bereits tief in den selbstgemachten Schwierigkeiten steckte, griff die Führungscrew rund um den Verwaltungsratspräsidenten nochmals tief in die Firmenkasse. Managerfehler haben in der Mitte der 90er Jahre auch Ascom, Danzas, Bally und Von Roll in Schwierigkeiten gebracht. Doch einmal mehr wurden die verantwortlichen Herren nicht zur Kasse gebeten.[39] Besonders negative Presse machte dabei der deutsche Elektrokonzern AEG zu Beginn der 90er Jahre: Obwohl die Manager im operativen Geschäft kein Geld verdienten und insgesamt eine negative Eigenkapitalrendite von Minus 8,8 % erwirtschafteten, ließen sich die Vorstände mit satten 1,2 Millionen honorieren.

Wer seine Mitarbeiter und seine Kunden überzeugen kann, ist langfristig der Gewinner. Er hat Mitstreiter gewonnen und weniger Gegner. Doch überzeugen kann nur der, dessen Charakter glaubwürdig ist.

Konrad Adenauer bezeichnete Politik als die Kunst zu überzeugen. Seine Glaubwürdigkeit, die er in Amerika, England und Frankreich genoß, ebnete Deutschland den Weg aus dem völlig entrechteten Zustand der totalen Kapitulation zu einem auch selbst wieder bewaffneten Bündnispartner. Seine Glaubwürdigkeit gründete aber nicht in der zweifelsohne vorhandenen Durchsetzungskraft, sondern im Wissen um seinen Charakter. Er hatte zwar die Interessen Deutschlands im Auge, aber im Gleichgewicht mit den Interessen derjenigen Länder, die zum Partner Deutschlands werden sollten. Adenauer war eben von einem anderen Geist geprägt, als dies bei seinem Vorgänger der Fall war. Die Zukunft unseres Betriebes, der Wirtschaft und unseres Landes hängt genauso davon ab, wie die deutsche Geschichte dieses Jahrhunderts.

Wohin nämlich Unglaubwürdigkeit im politischen und wirtschaftlichen Sinne führen kann, zeigen die tragischen Ereignisse auf dem Balkan. Bereits in den 80er Jahren kam der damalige jugoslawische Staat ins Schlin-

---

[39] Hauser, Walter (1996) Abkassieren ist Chefsache, in: Cash 21/1996, S. 1 und 11

gern. Die wirtschaftlichen Probleme, insbesondere eine galoppierende In-
flation und eine hohe Arbeitslosigkeit, brachten den Staat zunehmend in
Schwierigkeiten. Im Herbst 1987 konnten erstmals die Zinsen für die Aus-
landschulden nicht mehr aufgebracht werden. Dann kam der größte Wirt-
schaftsskandal Jugoslawiens: Das bosnische Unternehmen Agrocomerc
hatte ungedeckte Checks über 1,8 Milliarden Mark ausgegeben – fast ausschließlich Parteimitglieder waren verwickelt. Dieser Verlust an Glaubwürdigkeit trieb das Volk zu verbotenen Streikaktionen auf die Straße und
ließ die Zentralregierung bröckeln. Die Parteiführer mit ihrem Hang zu
Luxus und Privilegien verloren durch den Verlust an Glaubwürdigkeit ihre Autorität. Der wirtschaftliche Kollaps, der seinen Beginn gerade auch in
fehlender Glaubwürdigkeit und Bestechlichkeit hatte, war eine der Ursachen für den Zerfall der Partei und ließ damit den Kräften des Bürgerkrie-
ges freien Lauf.

5.6. Belastbarkeit und Leidensfähigkeit

Was erwarten wir von einer guten Führungspersönlichkeit? In hunderten
von Gesprächen bekam ich zur Antwort:»Belastbarkeit«. Dem Wort»Belastbarkeit« stellen wir nun das Wort»Leidensfähigkeit« gegenüber. Das
Wort »Belastbarkeit« gehört zur Rubrik»Management«, das Wort»Leidensfähigkeit« gehört zur Rubrik»Charakter«.»Belastbarkeit« ist gerade
die Eigenschaft, derer sich auch die Abgestumpften rühmen. In vielen Situationen scheinen sie auch am besten zu überleben. Sie haben die härte-
ren Nerven und die dickere Haut. Leidensfähige Menschen sind auch belastbar, aber ihre Belastbarkeit äußert sich darin, daß sie betroffen sind und
das Leiden der anderen ertragen und mittragen und mitleiden, statt vom
Tisch zu wischen.

Mitleidensfähigkeit macht auch kommunikationsfähig. Und Kommunikationsfähigkeit ist schließlich nicht einfach eine Technik, sondern eine
Charakterangelegenheit und eine innere Einstellung. Mitleidensfähigkeit
heißt auch»Dienen«, und Dienen gehört ebenfalls unter die Rubrik»Charakter«. Belastbarkeit ohne Mitleidensfähigkeit leitet den Druck nur auf die
»Unteren« weiter, statt sie zu entlasten.

5.7. Kommunikationsfähigkeit

Erfahrene Manager sagen, daß eine Führungskraft mehr Zeit für die Kommunikation aufzuwenden hat als für irgendeine andere Tätigkeit. Kommunikation ist ein wichtiger Kernpunkt der Führung und gewinnt mit dem Wegfallen vertikaler Strukturen gegenwärtig besonders an Aktualität. Die Führungshierarchie wird flacher und breiter. Wir können nicht kostensparende und effiziente Methoden einführen, ohne zugleich die Kommunikationswege neu zu überdenken und zu verbessern. Von unserer Kommunikationskultur wird viel abhängen. Je weiter oben eine Führungskraft steht, desto höher müssen die Anforderungen an ihr Kommunikationsverhalten sein, umso mehr muß sie Vorbild sein.

Kommunikationsfähigkeit bedeutet nicht nur Einflußnahme und Überzeugungskraft, sondern auch die Fähigkeit, zuhören zu können. Führungskräfte hören sich oft am liebsten selber zu. Wenn sie selbst viel geredet haben, kommentieren sie gerne: Es war eine sehr angenehme Unterhaltung! Die Unfähigkeit, zuhören zu können, drückt in dieser Umgebung eine Form eklatanter sozialer und kommunikativer Inkompetenz aus. Von Alfred Herrhausen wird berichtet: »Er hatte die besondere Gabe, zuhören zu können und sich Zeit für andere zu nehmen, getreu der Devise, daß der Fleißige immer Zeit hat.«[40] In den Turbulenzen des Geschäftslebens kommt es auf ein geduldiges und genaues Zuhören an.

Zuhören setzt Interesse am anderen voraus, verlangt die Bereitschaft, ihn ausreden zu lassen und verlangt die positive und fördernde Einstellung, daß auch der andere etwas Wichtiges zu sagen hat, es geht um die Würdigung der Persönlichkeit des Sprechenden durch unser Hören. Hören ist ein bewußter kommunikativer Akt. Ich habe den Eindruck, Führungskräfte haben ein Defizit beim Hören. Wir sind selbst schuld, wir trainieren »Reden«, aber wir lernen nicht »Hören«.

Aber wir dürfen uns nicht nur auf den technischen Aspekt der Kommunikation beschränken. Kommunikationstechniken sind nur dann nützlich, wenn wir auch auf den Inhalt unserer Rede achten. Je höher eine Führungskraft steht, desto mehr muß sie Vorbild sein. Denken wir an das Goethe-Wort: »Doch werdet Ihr nie Herz zu Herzen schaffen, wenn es Euch nicht von Herzen geht.« Oder: wenn Sie nicht mit Ihrer ganzen Per-

---

[40] Schmidt, Arthur P. (1995) Alfred Herrhausen – Vorbild mit Visionen, S. 18

sönlichkeit hinter Ihren Worten stehen, schaffen Sie keine Kommunikation, die diesen Namen wirklich verdient.

5.8. Kritik- und Konfliktfähigkeit

Auch Kritik- und Konfliktfähigkeit ist eine Eigenschaft, die durch Charakter- und Persönlichkeitsbildung erworben werden kann. Wenige können mit Kritik richtig umgehen. Sei es, daß wir andere kritisieren oder daß wir uns der Kritik anderer stellen müssen. Kritik erinnert viele an kindliche Erlebnisse mit ihren Vätern oder ihren Lehrern, an die Ängste der Bestrafung und des Liebesentzuges. Darum drücken sich Vorgesetzte davor, schlechte Leistungen oder unangebrachtes Verhalten zu kritisieren. Mit Kritik wird nicht ehrlich umgegangen. Mut und Offenheit aber gehören immer mehr zu den Eigenschaften einer Führungskraft in einer Zeit, in der die Arbeitswelt komplizierter wird. Wer führt, muß auch selbst die Fähigkeit haben, Kritik von Kollegen und Untergebenen zuzulassen. Nur so kann gemeinsam in einem dialektischen Prozeß vorangeschritten werden, bei dem schließlich Thesen und Antithesen, das heißt Aussagen, Ereignisse und die entsprechende Kritik, gemeinsam zu einer konstruktiven Synthese geführt werden.

Allzuhäufig haben aber Mitarbeiter kaum eine faire Gelegenheit, Kritik anzubringen, da sie ihre Vorgesetzten und ihre Mitarbeiter fürchten:»Immer wenn ich während Kadersitzungen Kritik anbrachte, machte er Notizen und stellte eine Art Sündenverzeichnis zusammen. Er wartete nur auf den Augenblick, wo er genug Punkte gegen mich gesammelt hatte, um mich dann zum Abschuß freizugeben.«[41]

Aussagen zum eigenen Selbstverständnis lösen Betroffenheit aus. Aber persönliche Betroffenheit ist die Voraussetzung für Selbstreflexion und Selbsterkenntnis und für eine konstruktive Entwicklung. Eine stabile Persönlichkeit wird Kritik als Chance erleben, im Persönlichkeitsentwicklungsprozeß weiter auf dem Weg zur persönlichen Reife zu gelangen. Ich habe Achtung vor Menschen, die zu Fehlern stehen und diese nicht weiterdelegieren. Wer andere führen will, muß sich auch selbst führen können, und ehrliche Selbst-Führung beginnt mit Selbstkritik.[42]

41 Bieri, Sandra (1996) Wenn der Arbeitsplatz zur Psychohölle wird, in: Cash 21/1996, S.9
42 Vgl. Sauder, Günther (1995) Führen in Zeiten des Umbruchs

5.9. Dienen und Herrschen

Situationen der Veränderung sind häufig dadurch gekennzeichnet, daß die Werte des Machens betont werden. Pragmatismus als Inbegriff des Machens scheint das Verhalten der Führungspersönlichkeiten zu kennzeichnen. Pragmatisches Denken bringt Erfolg. Dies ist eine Seite. Und die andere Seite? Die meisten Macher haben den Kontakt zur Basis verloren. Mit dem Erfolg verschwindet der Bezug zu den »normalen« Menschen. Das soziale Umfeld in Betrieben wird eher als Ballast empfunden. Die Berliner Managementpsychologen Hesse und Schrader schreiben in ihrem Buch »Die Neurose der Chefs«, daß bei Lean-Management-Schlankheitskuren in den Unternehmungen vor allem »machtgierige Selbstverliebte« und »menschenscheue Macher« überleben.

Wir alle gelangen an eine Kreuzung mit einem Wegweiser in zwei entgegengesetzte Richtungen: Dienen oder Herrschen! Der Begriff des »Dienens« ist dabei in unserer Zeit der egozentrischen Selbstverwirklichung geradezu tabuisiert worden. Dabei führt doch gerade der heutige Zwang nach steilen Karrieren und materialistischen Erfolgsnachweisen viel mehr in eine perfide Abhängigkeit, ja gar in eine selbstmörderische Sucht, in der wir zwar Vieles finden mögen, aber sicherlich keine Souveränität und keine innere Freiheit. Wenn wir uns für den Weg des Dienens entscheiden, dann ist unsere erste Priorität fortan nicht allein die oberste Sprosse der Karriereleiter unser berufliches Endziel, sondern die Übernahme von Verantwortung.

Wir werden befreit vom Zwang, immer der Erste sein zu müssen. Wir wissen, daß unser Wertgefühl nicht davon abhängt, der Erste zu sein. Wir erkennen »Dienen« als Gegenteil von »Herrschen«, aber wir erkennen auch Dienen als Türe und Grundlage zum Führen. Uns wird ein neuer Zusammenhang bewußt und bedeutungsvoll, nämlich der Zusammenhang von Dienen und Führen. Hans L. Merkle[43], der frühere Bosch-Vorstand, hielt 1979 in Frankfurt einen vielbeachteten Vortrag zum Thema »Dienen und Führen« und stellte dabei fest, daß Dienen und Führen keine Gegensätze sind, sondern daß Führungseignung aus der Bereitschaft zum Dienen hervorgeht. Führen ist also eine besondere Kategorie des Dienens. Ob man Dienen als Last oder Tugend betrachtet, hängt von der Einstel-

---

[43] Vgl. Merkle, Hans L. (10. Juli 1979) Dienen und Führen

lung des Betrachters ab. Wir brauchen ein ausgewogenes Verhältnis von
Rechten und Pflichten. In den westlichen Ländern wird zuviel von Rechten und zuwenig von Pflichten gesprochen. Der Wille zum Dienen darf
nicht immer nur als Last, sondern sollte wieder als innere Haltung und als
Bereitschaft zur Verantwortungsübernahme empfunden werden, zu der
man sich entschließt.[44]

Am 13. August 1809 sagte Goethe in Frankfurt:»Das jetzige Unglück
der Welt rühre doch meist davon her, daß sich alles zu Herren gebildet habe. Der Adel sei von jeher dienstpflichtig und der erste Staatsdiener.«Am
Ende der Weimarer Republik hat man sich endgültig vom Geist des Dienens verabschiedet. Die Zwanziger Jahre haben das erwiesen: Die Beseiti-
gung dieses Staates, die vielleicht weniger seiner faktischen Existenz als
vielmehr seiner ideellen Kraft galt, führte in eine dunkle Zeit, die das deutsche Volk zu verantworten hat. Der Übergang war verbunden mit einem
neuen Leitbild vom Wert des Menschen, das, wie wir wissen, auf sehr
äußerlichen, fragwürdigen, utilitaristischen, kurzfristigen Werten beruhte:
Kraft, Rasse, Aussehen, Nützlichkeit. Müssen wir nicht achtsam sein, daß
heute nicht wieder ein ähnliches Menschenbild an Bedeutung gewinnt –
diesmal in der Wirtschaft, das auf sehr äußeren und kurzfristigen Werten
aufgebaut ist?

Es ist eine Versuchung, die desolate wirtschaftliche Situation kurzfristig
in den Griff zu bekommen, mit einem Geist, der sich damals wie heute verabschiedet von einer Haltung der Verantwortung gegenüber den Mitmenschen und des Dienens, der seinen Wert von den meßbaren kurzfristigen Resultaten ableitet. Bei Unregierbarkeit und in Notzeiten ist immer
die Versuchung vorhanden, die starken Männer zu holen, die nicht aus
dem Geist des Dienens kommen, die Sanierer, die mit knallharter Hand
Kosten und Arbeitsplätze abbauen und aufräumen, die Belastbaren, die
Robusten, die Unsentimentalen. Ich habe in Ostdeutschland Massenent-
lassungen erlebt. Jeden Tage sah ich bei Gesprächen viele verzweifelte Ge-
sichter. Es kämpft heute der gleiche Geist in der Wirtschaft um die Vorherrschaft, der das Ende der Weimarer Republik eingeleitet hat. Es kämpfen zwei Gesinnungen gegeneinander:»Herrschen durch Belastbarkeit«
oder »Führen durch Dienen«. Welche Gesinnung wird den Sieg davon tragen? Dienen und Menschenführung sind Charaktersache. Clarence F.

---

[44] Vgl. Goeudevert, Daniel (1990) Die Herausforderung der Zukunft, S. 26

Randall sagt: »Führung, wie alles Wichtige im Leben, hat ihre Quelle im Verstehen. Um sich heute der Führungsverantwortung in der Wirtschaft würdig zu erweisen, muß jemand das menschliche Herz kennen; denn wenn er nicht einen Sinn für menschliche Fragen hat, ein Gefühl für die Hoffnungen und Wünsche derer, die er führt, und eine Fähigkeit zum Erkennen der Gefühlskräfte, die sie antreiben, dann wird er die ihm anvertrauten Aufgaben nicht bewältigen – gleichgültig wie oft er die Löhne erhöht.«[45]

Wir kennen aus der Bibel, aus dem Lukasevangelium, Kapitel 9 Vers 46, den Streit der Jünger, wo es darum geht, wer der Größte ist. Wo es Streit darüber gibt, wer der Größte ist, geht es in Wirklichkeit darum, wer wohl der Geringste ist. Die meisten Menschen wollen gar nicht unbedingt der Größte und der Bedeutendste sein, aber auf keinen Fall der am wenigsten Beachtete. Da die Jünger zum jüdischen Pessachfest zusammengekommen waren, war es ihnen klar, daß nach dortigem Brauchtum jemand den anderen die Füße waschen mußte, und dieser war als der Geringste einzustufen. Niemand aber wollte dieser Geringste sein. So saßen sie nun da mit dreckigen Füßen. Da nahm Jesus, ihr geistiger Führer und Meister, das Becken, wusch ihnen die Füße, trocknete sie mit dem Schurz und setzte damit einen neuen Maßstab für Größe. Nachdem er selbst so vor ihnen zum Diener geworden war, rief er sie in den Dienst:»Wenn nun ich, euer Herr und Meister, euch die Füße gewaschen.habe, sollt auch ihr euch untereinander die Füße waschen. (Nicht die Köpfe!) Ein Beispiel habe ich euch gegeben, damit ihr tut, wie ich Euch getan habe«.[46] Diese Art zu Dienen macht es möglich, nein zu sagen zu einem Status- und Rollenspiel in einer Gesellschaft, die nach einer Hackordnung aufgebaut ist gleich den Hühnern und Hähnen! Im Hühnerstall gibt es bekanntlich keine Ruhe, bevor nicht feststeht, wer der Stärkste und wer der Schwächste ist. Auch eine Gruppe von Menschen ist nicht allzu lange zusammen, bis eine Hackordnung erkennbar ist. Und hier sagte Jesus nicht, daß alle Menschen die gleiche Autorität haben, aber er sagte, daß es bei Autorität nicht um eine Hackordnung geht, weder von oben nach unten, noch von unten nach oben. Es geht bei der Autorität, von der er sprach, nicht um die Manipulation und Kontrolle anderer. Es war eine Autorität des Handelns, nicht

---

[45] Goeudevert, Daniel (1990) Die Herausforderung der Zukunft, S. 79
[46] Vgl. Bibel, Johannesevangelium, Kapitel 13, Verse 14 und 15

des Status. Und er erklärte (Matthäusevangelium. 20, 25 – 28):»Ihr wißt, daß die Fürsten ihre Völker niederhalten und die Mächtigen ihnen Gewalt antun. Soll es so unter euch sein? Wer unter euch groß sein will, der soll euer Diener sein, so wie der Menschensohn (das heißt Jesus selbst) gekommen ist, nicht um sich dienen zu lassen, sondern um zu dienen.« Die Unternehmungen von morgen brauchen Führungskräfte, die sich in die Lage des anderen versetzen können und die Werte des Dienens und Helfens verinnerlicht haben. Die wahre Fähigkeit, Mitarbeiter zu führen, besteht darin, Dienen zu lernen. Dann fällt es leicht, die anderen zu leiten. Leadership bedeutet nämlich auch Teamfähigkeit, und diese erfordert, daß man den persönlichen Egoismus zugunsten gemeinsamer Ziele zurücksteckt und bereit ist, füreinander zu arbeiten.

Führen, welches aus dem Dienen kommt, ist notwendig und unersetzbar. Heute haben wir es nicht mehr mit Anspruch auf die Führung, sondern mit Anspruch an die Führung zu tun!

Vielleicht wird mancher Lesern bei diesen letzten Ausführungen innerlich in Opposition gegangen sein und das Gesagte als gar religionslastige, realitätsfremde Ethikduselei abtun. Wer glaubt, Vertrauen, Glaubwürdigkeit und Dienen seien zu aufwendig, zu mühsam und zu teuer, der versuche es doch einmal mit Mißtrauen, Unglaubwürdigkeit und Herrschsucht. Ich bin überzeugt, daß er letztlich dann doch den langfristig kostspieligeren Weg gewählt hat, der schließlich sogar den Fortbestand des Unternehmens kosten könnte.

Der Frankfurter Professor und bekannte Buchautor Rupert Lay meint sogar:»Manager können ihre Unternehmen mit moralischen Fehlentscheidungen Unsummen kosten, und wenn es eine Kostenstelle für die Folgen moralischer Fehlentscheidungen gäbe, wäre die Summe der Fehlleistungen in vielen Unternehmungen fast ebenso hoch wie die der Personalkosten.«

Und noch ein ganz wichtiger Punkt: Auch Ihre Kunden merken, welchen Charakter Sie haben und welche Werte Sie leben. Sie erleben, daß sie von Ihnen nicht hereingelegt werden, daß Ihr Reden und Tun übereinstimmen und Sie sich nicht zu schade sind, dem Kunden»zu dienen« und daß Sie so ein glaubwürdiger»Service-Leader« sind. Und gerade für die Unternehmen der»Dienst«-Leistungsbranche ist es existenziell, daß sowohl Kaderangehörige wie auch ihre Mitarbeiter eine gute und glaubwürdige Haltung zum»Dienen« haben.

6. Wege zur persönlichen Umsetzung

6.1. Zeit nehmen, um zu Ende zu denken

Rufen wir uns nochmals den Satz von Alfred Herrhausen ein Erinnerung, dem ehemaligen Vorstandssprecher der Deutschen Bank, der durch Terroristen ermordet worden ist:»Die meiste Zeit geht dadurch verloren, daß man nicht zu Ende denkt.« Er hat diesen Satz nicht nur in bezug auf einen einzelnen Arbeitsvorgang gemeint, sondern in bezug auf unser Leben als Ganzes. Es geht ja nicht nur um das Geschäft. Wesentliche Dinge unseres Lebens sind uns verlorengegangen, weil wir in all unserem Erfolgsdenken verlernt haben, sie zu betrachten.

Ich gebe Ihnen einen banalen Rat: Nehmen Sie sich pro Woche eine Stunde Zeit zum Nachdenken. Rüsten Sie sich mit einem Stuhl aus und begeben Sie sich allein in den Garten oder in ein abgesondertes Zimmer. Nehmen Sie aber kein Funktelefon mit, kein Buch, keine Musik, keine Zeitung, keinen Terminkalender, nur sich selber. Denken Sie nach über Ihre Pläne, über Ihre nächsten Schritte und welche Folgen diese Schritte für Sie und Ihre Familie haben, und welche Folgen die Folgen haben und welche Folgen die Folgen der Folgen haben. Als Manager haben Sie gelernt, sowohl operativ wie auch strategisch zu denken, zu beurteilen und zu entscheiden. Haben Sie nun den Mut, eine eigene, intime Bilanz aufzustellen, bei der Sie neben Ihrem eigentlichen Berufsleben auch Ihr Privatleben, Ihre Karrieremotive und die Entwicklung Ihres eigenen Charakters miteinbeziehen. Für Ihre»zweite stille Stunde« möchte ich Sie bitten, den im nächsten Kapitel folgenden Fragebogen als Hilfsmittel beizuziehen.

Wie bereits erwähnt wurde, wächst die Isolation von Führungskräften parallel zu ihrer Karriereleiter. Darum sinkt die Chance für einen offenen Austausch von Gedanken, Gefühlen, Werten und Zielen mit anderen Menschen, je höher jemand steigt. Besonders verschlossen zeigt man sich gegenüber Mitarbeitern, mit denen man täglich zusammen ist, aber auch Lebenspartnerinnen und Familienangehörige sind von diesem Prozeß betroffen.

Coaching wird deshalb bei persönlichen Standortbestimmungen und Krisenbewältigungen eine zunehmend wichtige Rolle übernehmen. Diese externen Berater mit psychologischer, theologischer oder philosophischer

Kompetenz kommen eben nicht aus dem direkten beruflichen oder privaten Umfeld, sie unterstehen einer beruflichen Schweigepflicht und sind eine geeignete professionelle Unterstützung beim selbstkritischen »zu Ende
denken«. Der persönliche Coach muß ein unabhängiger, glaubwürdiger,
verbindlicher Mensch sein, der von Ihnen die ausdrückliche Erlaubnis haben muß, sich auch kritisch zu Ihrer Lebensgestaltung und -planung
äußern zu dürfen. Die Idee des Coachings stammt aus dem Leistungssport,
wo der Sportler einen persönlichen Wettkampfbegleiter hat, der ihn insbesondere mental begleitet und stärkt, aber auch das Recht hat, bei ge-
sundheitlichen Gefährdungen auf Risiken hinzuweisen, um den Lei-
stungssportler vor Überforderungen und Verletzungen zu bewahren. Immer mehr Führungspersönlichkeiten leisten sich deshalb in analoger Weise einen persönlichen Coach. Coaching setzt bei existierenden Fähigkeiten
an, hilft persönliche Potentiale zu entfalten und bereitet auf Anforderungen vor, die eine sich im Wandel befindliche Welt fordert.

6.2. Wie können wir unseren persönlichen Charakter erfassen?
Fragebogen zur Selbstprüfung

Wir stehen heute an einer Kreuzung. Hier werden wir alle nach unserem
Charakter gefragt. Und dieser Frage können wir nur mit nackter Ehrlichkeit und Wahrhaftigkeit begegnen. Wir werden nämlich staunen, daß wir
gar keinen so edlen Charakter haben, wie wir bei uns selbst immer als
selbstverständlich angenommen haben. Wir besitzen die Eigenschaft, daß
wir den schlechten Charakter immer besser bei anderen erkennen als bei
uns selbst. Selbsterkenntnis und ehrliche Selbstkritik ist der erste Schritt
und führt zur Menschenkenntnis. Menschenkenntnis bildet die Basis für
eine menschenorientierte Führung. Selbsterkenntnis und Selbsteinschät-
zung beginnen schon dort, wo wir Fragen der folgenden Art offen und
ehrlich beantworten:

Fragebogen zur Charakterbeschaffenheit:

Die nachfolgenden Fragebogen basieren auf eigenen Unterlagen, die ich
in meinen Beratungssitzungen verwende, sowie auf Materialien, die in einem großen deutschen Unternehmen der Verkehrsindustrie verwendet

werden.[47] Gehen Sie die folgenden Fragen in selbstkritischer Weise durch. Falls Sie dazu die Gelegenheit haben, möchte ich Sie herzlichst bitten, in einer zweiten Runde Ihre Lebenspartnerin, Ihren Coach oder eine andere Vertrauensperson herbeizuziehen, damit Sie die Resultate gemeinsam diskutieren und auswerten können.

Ihre persönlichen Werte:

Man spricht heute viel von Schlüsselqualifikationen. Es handelt sich dabei nicht um fachliche Qualifikationen, sondern um Tugenden. Ein guter Leader muß selbst diese Tugenden leben und Tugenden fordern. Tugenden und gemeinsame Werte sind notwendige Voraussetzungen für das Handeln und gemeinsame Probleme lösen in einem Team beziehungsweise in einem ganzen Unternehmen. Wählen Sie bitte 10 Werte, Grundeinstellungen und Tugende aus der folgenden Liste, die in Ihrem Leben bis heute eine Rolle gespielt haben. Welche dieser Werte dominieren eher in Ihrem Privatleben, welche gelten eher für Ihr Berufsleben?

☐ Disziplin	☐ Humor
☐ Ehrlichkeit	☐ Liebe
☐ Treue	☐ Vorsicht
☐ Leistung	☐ Genuß
☐ Mitgefühl	☐ Geduld
☐ Neugier	☐ Neid
☐ Eitelkeit	☐ Karriere
☐ Vorbild sein	☐ Hoffnung
☐ Versagensangst	☐ Wohlstand
☐ Gerechtigkeit	☐ Bescheidenheit
☐ Sicherheit	☐ Rücksichtslosigkeit
☐ Zuverlässigkeit	☐ Vertrauen
☐ Umweltschutz	☐ Unabhängigkeit
☐ Spiritualität	☐ Selbstverwirklichung
☐ Sparsamkeit	☐ Selbstzweifel
☐ Zielstrebigkeit	

---

[47] Wendlandt, Stefan (1996) Ethik und Werte bei Lufthansa, diverse interne Unterlagen, Verwendung mit freundlicher Erlaubnis von Herrn Wendlandt

☐ Pflichterfüllung   ☐ Gelassenheit
☐ Offenheit   ☐ Pünktlichkeit

– Welche überzeugende Einstellung bewundern Sie bei einem Mitmen-
   schen, auch wenn Sie sich nicht vorstellen können, selbst danach zu leben?
– Wie lautet das ethische Kompliment, auf das Sie als Führungskraft,
   Lebenspartner, Elternteil, etc. stolz sein würden?

Ziele:

– Welches sind meine Nahziele und Fernziele im beruflichen und
   persönlichen Bereich?
– Welches sind dabei meine Bilder und Vorbilder?
– Bin ich bereit, für meine Ziele über Leichen zu gehen? »Heiligt«
   mein Ziel die Mittel, die ich anwende?

Führung:

– Wie führe ich meine direkten Mitarbeiter?
– Warum führe ich sie so und nicht anders?
– Erfülle ich selber jene Anforderungen, die ich so unerbittlich von
   Mitarbeitern fordere?
– Ist das schlechte Arbeitsklima die Ursache oder die Folge meines
   Führungsverhaltens?
– Bin ich bereit meine eigenen Fehler zu erkennen und nicht nur die
   der anderen (meiner Mitarbeiter)?
– Wie würde ich reagieren, wenn ich einen Vorgesetzten hätte, wie ich
   selbst einer bin?
– Wieviel bedeutet mir mein persönlicher Einfluß?
– Wie gestaltet sich mein persönlicher Umgang mit Vorgesetzten?

Gewissen:

– Welche Rolle spielt mein Gewissen in meinem Alltag?
– In welchen Bereichen bin ich abgestumpft und habe früher sensibler
   empfunden?
– Wie ist meine Sprache? (Wie ein Mensch spricht, so ist er.)

- Kann ich vermittelnd für die Wahrheit und für das Recht eines anderen eintreten, wo ich keinen persönlichen Vorteil daraus ziehe?
- Bin ich wahrhaftig? Menschen und Unternehmen, die in der Öffentlichkeit tätig sind, können nur dann glaubwürdig auftreten, wenn sie versuchen, die positiven Aspekte einer Botschaft darzustellen, ohne die Kehrseite einer Medaille außer acht zu lassen.[48]
- Prostituiere ich mich? Das heißt tue ich Dinge, die ich eigentlich gar nicht will, für Leute, die ich eigentlich gar nicht mag?

Geld:

- Wie denke ich über Geld?
- Ist Reichtum für mich das wichtigste Ziel meines beruflichen Strebens oder eine Notwendigkeit zum Leben?
- Welche Bedeutung haben materielle und monetäre Werte in meiner eigenen Werteordnung?
- Wieviel an innerer Freiheit, an zwischenmenschlichen Beziehungen und an reinem Gewissen bin ich bereit zu opfern, um mehr Geld zu verdienen?
- Welchen Umgang pflege ich mit fremdem Vermögen?

Persönliche Niederlagen:

Bin ich vorbereitet,
- einen Erfolg hinzunehmen, ohne überheblich zu werden?
- einen Mißerfolg zu erleben, ohne mich entmutigen zu lassen?
- eine Kritik zu ertragen, ohne beleidigt zu sein?
- ungerechtfertigte Verleumdung auf mich zu nehmen und richtig darauf zu reagieren?
- eine Wahrheit anzuerkennen, auch wenn sie meinem »System« widerspricht?
- den Verlust meines Besitzes hinzunehmen, ohne zu klagen?
- den Verlust meiner Arbeit zu erleben, ohne damit meinen Lebenssinn einzubüßen?
- den Verlust meiner Gesundheit durchzustehen, ohne die Geduld zu verlieren?

---

48 Vgl. Goeudevert, Daniel (1990) Die Herausforderung der Zukunft, S. 8

- den Verlust meiner nächsten Angehörigen zu ertragen, ohne zu
  verzweifeln?
- Schmerzen zu erdulden?
- Einsamkeit zu gestalten?

Die letzte Frage:

Bin ich vorbereitet zu sterben?
- Was würde ich tun, wenn ich nur noch einen Monat zu leben hätte?
- Was habe ich Bleibendes geschaffen?
- Kann ich die Frage nach dem Sinn meines Lebens und Leidens
  beantworten?

In einer Kommunikationsgesellschaft, die durch permanente Reizüberflutung gekennzeichnet ist, braucht es wieder eine starke Innerlichkeit, damit der Mensch nicht von äußeren Impulsen gelebt wird. Nur Manager mit einem fundierten Weltbild werden wirtschaftliche Notwendigkeiten, gesellschaftliche Anforderungen und ihr eigenes Seelenleben miteinander in Einklang bringen können.[49]

Ich hatte vor einigen Jahren die besondere Aufgabe, Leute zwischen »genial und wahnsinnig« zu suchen. Die Idealperson sollte 35 Jahre sein, zwei Studien abgeschlossen haben, vorzugsweise auch promoviert haben und in diesem Alter bereits eine halbe Million Franken verdient haben. Diese »Manager« haben wir dann in die »Manege« geschickt für ihre »Karriere«. Ich persönlich bin heute der Überzeugung, daß jeder Mensch eine einzigartige, unverwechselbare Kombination von Stärken und Schwächen, von Talenten und Eigenheiten darstellt. Die Persönlichkeit und Unverwechselbarkeit eines jeden von uns ist kein Zufallsprodukt. Mit dieser Unverwechselbarkeit korrespondiert gleichermaßen eine einzigartige Lebensaufgabe, zu der genau jene Stärken aber auch Schwächen und andere Eigenheiten benötigt werden. Und diese Lebensaufgabe ist Sinn des Lebens und ihre Einlösung ist die persönliche Erfüllung. Mit diesem Fundament betreiben wir unsere Personalberatung und unser Coaching auf allen Ebenen.

Der Manager steht auch im Coaching vor der Aufgabe, sich selbst besser zu erkennen, um zu wissen, was er tun soll. Meine Erfahrungen und

---

[49] Vgl. Goeudevert, Daniel (1990) Die Herausforderung der Zukunft, S. 87

Analysen von Führungspraktiken haben mir gezeigt, daß die Führenden nicht an mangelndem Wissen scheitern, sondern an der Unterentwicklung der Persönlichkeit. Wer führen will, muß gelernt haben, sich selbst zu führen. Die stärkste Kraft beim Führen ist die Persönlichkeit des Führenden selbst. Und je stärker sich die Vorstellung einer persönlichen Lebensaufgabe (nicht nur einer linearen Karriere!) entwickelt und diese konkretisiert wird, desto mehr wird er von äußeren Turbulenzen unabhängig und kann zur Reife gelangen, die für seine Persönlichkeit kennzeichnend wird.

6.3. Umsetzung im betrieblichen Umfeld

Die besten Ratschläge nützen nichts, wenn wir uns nicht Gedanken darüber machen, welche Wege der Umsetzung es gibt. Als Entscheidungsträger müssen wir uns dabei auch bewußt sein, daß Arbeitnehmer viel Zeit in unseren Betrieben verbringen, normalerweise ihr Leben über ihren Beruf definieren und viel zu viele Nerven und persönlichen Einsatz für ihren beruflichen Erfolg verwenden, als daß wir diese Fragen der Charakterbildung und der ethischen Verantwortung einfach weiterhin in den privaten und familiären Rahmen wegdelegieren dürfen. Das Leben der Arbeitnehmer, besonders auf den mittleren und oberen Stufen, besteht zum größten Teil aus ihrem Berufsleben. Die oberste Leitungsebene einer Unternehmung ist daher dafür verantwortlich, wie das Anforderungs- und Charakterprofil an die Führenden aussehen soll und welche Leute im Unternehmen Karriere machen sollen. Wer entscheidet darüber, ob es leistungsstarke, charakterfeste Menschen sind oder solche, die sich opportunistisch und einseitig machtorientiert und egoistisch geben? Durch Führungs-Audits können Unternehmen ergründen: Welche Führungskräfte habe ich? Welche brauche ich? Wie gehe ich mit der sichtbaren Lücke um? Manager sind die Architekten der Unternehmenskultur, sie definieren Ziele, prägen Werte und sind durch ihr Verhalten lebendige Vorbilder und Coachs für ihre Mitarbeiter.[50] Führungskräfteentwicklung muß daher wieder vermehrt als Persönlichkeitsentwicklung verstanden werden, die »von ganz oben« gefördert wird.

---

[50] Vgl. Schweizerische Kreditanstalt (1993) Leitgedanken zu unserer Personalpolitik, S. 9

6.4. Ein Fragebogen für das betriebliche Umfeld

Dieser Fragebogen basiert auf eigenen Unterlagen sowie ebenfalls auf Materialien, die in einem großen deutschen Unternehmen der Verkehrsindustrie verwendet werden.[51]

Allgemeine Gedanken zur Auseinandersetzung mit »Ethik und Werten« in Ihrer Unternehmung

– Welche Assoziationen haben Sie, wenn Sie »Wirtschaft und Ethik« zusammendenken?
– Welche Werte haben sich in den vergangenen Jahren in Ihrem Betrieb gewandelt?
– Welche Formen der geistigen Auseinandersetzung mit dem Thema halten Sie in Ihrer Unternehmung für angemessen?
– Wann wäre ein Seminar »Ethik und Werte« in Ihrer Unternehmung ein voller Erfolg?
– Warum scheitert eine qualifizierte Auseinandersetzung mit diesem Thema in der Wirtschaft leider so häufig?

Mit welcher Einstellung zu Ethik in Wirtschaft und Unternehmen können Sie sich als Führungskraft am leichtesten identifizieren?

☐ Wirtschaftliches Handeln ist geprägt von überpersönlichen Strukturen und Sachzwängen.
☐ Der Markt erzeugt aus sich selbst heraus das ethisch richtige Handeln.
☐ Ethisches Engagement führt langfristig zur Effizienzsteigerung.
☐ Was gut ist für General Motors, ist gut für Amerika. Was gut ist für Amerika, ist gut für die ganze Welt.
☐ Wirtschaftliches Handeln verlangt nicht nach einer besonderen Ethik.
☐ Ethisch handeln heißt, sich an die gesellschaftlichen Normen halten.
☐ Ethik ist ein Korrektiv gegen einzelne Ausfallerscheinungen.
☐ Erst wenn man finanziell gesund ist, kann man sich ethische Grundsätze leisten.
☐ Unternehmensethik ist eine Ethik des Verzichts.

---

[51] Wendlandt, Stefan (1996) Ethik und Werte bei Lufthansa, diverse interne Unterlagen, Verwendung mit freundlicher Erlaubnis von Herrn Wendlandt

☐ Ein Wertewandel ist abhängig von der individuellen Verantwortungs-
bereitschaft der Entscheidungsträger.

☐ Die Aufgabe der Manager ist es, schon bei der Suche nach Expan-
sionsmöglichkeiten die Projekte im Hinblick auf die Verletzung von
ethischen Grundsätzen zu beurteilen.

☐ Ethik und Werte sind zu sehr von der jeweiligen Religion und Kultur
abhängig, als globales und interkulturelles Unternehmen wollen wir
deshalb keine Stellung beziehen.

Welches sind die ethischen Themenfelder bei Ihrer Firma?

☐ Abbau und Verlagerung von Arbeitsplätzen
☐ Besitzstandsdenken bei Mitarbeitern und Führungskräften
☐ Wirtschaftlicher Überlebenskampf in einem unfairen Wettbewerb
☐ Leistungsdenken contra Zusammengehörigkeitsgefühl
☐ Mangelnde Eindeutigkeit im Auftreten des Unternehmens in der
Öffentlichkeit
☐ Glaubwürdigkeit und gelebte Vorbildlichkeit der Führungskräfte
☐ Transparentes und konsequentes Handeln und Entscheiden
☐ Konfliktfeld von Arbeits- und Privatleben.

*Mit welchen konkreten Konflikten muß sich Ihr Betrieb
gegenwärtig auseinandersetzen?*

☐ Auslagerung von Arbeitsplätzen in Billiglohnländer
☐ Vernachlässigung der Umwelt
☐ Ruinöser Preiswettbewerb
☐ Ausnutzung von Marktmacht gegenüber der Konkurrenz
☐ Korruption bei Ein- und Verkauf
☐ Mangelnde Arbeitssicherheit
☐ Sexuelle Belästigung am Arbeitsplatz
☐ Demotivation der Mitarbeiter (durch Arbeitsmonotonie, steigende
Belastungen, starke Hierarchisierung, etc.)
☐ Besitzstandsdenken bei Mitarbeitern und Führungskräften
☐ »Stellvertreterkriege«: persönliche Konflikte auf scheinbar sachlicher
Ebene austragen
☐ Vorspielen falscher Tatsachen des Managements gegenüber den
Arbeitnehmern

☐ Behinderung der beruflichen Entwicklung
☐ Spezifische Konflikte Ihres Betriebes.

Wo und wann hat Ihr Betrieb Ihrer Meinung nach seine ethische Verantwortung vernachlässigt?

☐ Gegenüber den eigenen Angestellten und Führungskräften
☐ Gegenüber Gesellschaft und Politik
☐ Gegenüber den Kunden
☐ Gegenüber Zulieferern und Konkurrenz
☐ Gegenüber der Umwelt.

Welche Ziele könnten durch einen Workshop zu diesem Thema in Ihrer Unternehmung erreicht werden?

☐ Führungskräfteentwicklung als Persönlichkeitsentwicklung
☐ Eigene Motive und Handlungsweisen erkennen
☐ Aktuelle ethische Konflikte aus dem Management-Alltag bearbeiten
☐ Auf Ihre eigene Firma angepaßte Lösungsmodelle erarbeiten und anbieten
☐ Förderung von Eigenverantwortlichkeit und Langfristdenken
☐ Erarbeitung formaler Leitlinien und unternehmensethischer Grundsätze als Orientierungshilfe und Hilfe zur Entscheidungsfindung in Konfliktsituationen
☐ Darstellung der Integrität und Attraktivität des Unternehmens gegenüber der Öffentlichkeit.

6.5. Was gibt uns die Kraft, unseren Charakter zu ändern?

Auf dem Markt gibt es heute viele Bücher, die uns eine gute Analyse der gegenwärtigen Situation geben und uns auch den Weg zeigen, den wir gehen sollen. Sie sagen uns, daß der Weg mit »Verzicht« und »Mäßigkeit« und anderen charaktervollen Attributen gepflastert sei. Beim Lesen haben wir ein gutes Gefühl – aber die Gretchenfrage bleibt unbeantwortet: Wer oder was gibt uns die Kraft, uns zu ändern? Wer oder was gibt uns die Motivation, von unserem ich-süchtigen Egoismus und Materialismus zu lassen? Diese Frage bleibt zum Schluß immer offen. Und alles bleibt beim Alten.

Der Managerberater Dr. Baldur Kirchner beschreibt in seinem Buch »Benedikt für Manager«[52], die methaphysische Dimension des Menschseins. Er führt aus, daß derjenige, der nur das sinnlich Wahrnehmbare als das einzige Erscheinungsbild der Welt interpretiert, der Würde des Geschaffenen, besonders der menschlichen Persönlichkeit nur schwerlich gerecht werden kann. Ein solcher Mensch wird sich beispielsweise im allgemeinen schwerer tun mit unserer geforderten Sicht für charakterlichen Werte im beruflichen Alltag. Warum sollte er nach charakterlichen Werten streben, wenn es keinen übergeordneten Sinn des Lebens gibt und der biologische Ablauf die einzige bedeutende Wirklichkeit ist? B. Kirchner weist auf Untersuchungsergebnisse des Basler Psychiaters Balthasar Staehelin hin, nach denen die negativen Verhaltensformen im beruflichen Altag die Folge eines auf Äusserlichkeiten reduzierten Weltbildes sind. In diesem Weltbild regiert die Angst vor Verlust, der uns eines Tages einholt. Die Abwehrmechanismen gegenüber dieser Angst finden ihren Niederschlag in Ich bezogenen Verhaltensformen, die das berufliche Zusammenleben schwer machen.[53]

Auch C.G.Jung unterscheidet zwischen »erster und zweiter Wirklichkeit «. Mit erster Wirklichkeit meint er die Bedingtheit des menschlichen Ichs, das sich innerhalb seiner drei Abhängigkeiten von Zeit, Raum und individueller Biographie befindet. In diese Wirklichkeit gehört die Urangst mit all ihren Folgen bis hinein ins Berufsleben. Staehelin kommentiert C. G. Jung: »Psyche, Soma und Geist des Menschen sind in dieser ersten Wirklichkeit abhängig von den Prinzipien der Kausalität und Endlichkeit.[54]

Das Wesen der zweiten Wirklichkeit ist nach Staehelin identisch mit dem Wesen des Urvertrauens. Die emotional empfundene Ausstrahlung der zweiten Wirklichkeit hat im Elementargefühl des Urvertrauens ihre adäquate Erlebensform gefunden.

Welche Erscheinungsformen aber haben Urvertrauen einerseits und Urangst andererseits in unserem beruflichen Alltag? Fangen wir mit Urvertrauen an. Einige Merkmale der Dimension unseres Menschseins im Lichte dieses Urvertrauens sind dabei u. a.

---

[52] Vgl. Kirchner, Baldur (1994), Benedikt für Manager, die geistigen Grundlagen des Führens, S.13 ff

[53] Staehelin Balthasar, (1973): »Urvertrauen und zweite Wirklichkeit, Theologischer Verlag, Zürich

[54] Staehelin Balthasar,(1980): »Der psychosomatische Christus«, Novalis Verlag, Schaffhausen 1980, S.88)

– Vertrauen, geführt zu werden
– Selbstwertgefühl
– das Verstehen des Alltagslebens aus der Sicht metaphysischer Impulse,
  weil die Gewißheit einer metaphysischen Zugehörigkeit besteht
– konstruktive Kommunikationskultur, durch die der Mitmensch Zuwendung empfängt
– Gelassenheit im Umgang mit negativen Gefühlen anderer
– innere Unabhängigkeit von materiellen Werten
– weitgehend souveräner Umgang mit Leben und Tod
– positive Interpretation schicksalhafter Erfahrungen
– Liebesfähigkeit im Sinne der Akzeptanz fremder Bedürfnisse
– Konzentrationsfähigkeit im Gespräch
– verantwortlicher Umgang mit Freiheit
– Ja-Sagen-Können zur eigenen Existenz und damit auch zur Fremd-
  akzeptanz gegenüber dem Mitmenschen.«[55]

Führende, die in ihrer Lebensgestaltung von Urvertrauen getragen sind,
strahlen Zuversicht aus. Sie sind ihrerseits fähig, den Geführten Mut zu-
zusprechen und sie seelisch aufzurichten.

Führende dagegen, die stark von der Urangst geprägt sind, haben es
schwerer. Das Wort Angst und Enge sind ja wortgeschichtlich miteinander verbunden. Starke Angstgefühle gehen stets mit einer Bewusstseins-
verengung einher. Der Führungskraft, die ihr Dasein nur von der biogra-
phischen Seite her betrachten will, muß es mit der Zeit eng werden.

Prof. B. Staehelin weist darauf hin, daß ein auf materielle Werte redu-
ziertes Weltbild zu einem elementaren Gefühl der Disharminie, Haltlosigkeit und Sinnlosigkeit führt, weil Angst dominiert. Angst vor Krieg, Krankheit, Untergang, Verlust, etc. Nach seiner medizinpsychologischer und psy-
chiatrischer Erfahrung zeigt sich der Verlust des Spirituellen als psychoso-
matisches Allgemeinsyndrom in sieben Gruppen:

1. Beschwerden im Kopf
2. Herz- und Kreislaufbeschwerden
3. Beschwerden bei der Atmung

---

[55] Kirchner, Baldur (1994) Benedikt für Manager – Die geistigen Grundlagen des Führens; Wiesbaden, S. 24

4. Beschwerden im Magen-Darm-Trakt
5. Vegetative somatische Allgemeinsyndrome
6. Vegetative somatische Beschwerden
7. Psychische Grundverstimmungen und Psychopatologische Begleiter-
   scheinungen (zum Beispiel Minderwärtigkeitsgefühle, Gefühle der
   Vereinsamung, Resignation und Erschöpfung, Schlafstörungen,
   übergroße Sorgenanfälligkeit, Gefühle des Bedrohtseins, Panik-
   zustände, Neigung zu Suchtmitteln, Neigung zu Status-
   symbolen)[56]
   Das Gefühl der Urangst produziert nun genau die Mechanismen der
   Angstabwehr, die uns den beruflichen Alltag immer schwerer machen.
   Diese Mechanismen, von denen sich der betroffene Mensch unbewußt
   eine Linderung seines belastenden Lebensgefühls erhofft, sind Merkmale, die auf zahlreiche Führende in Wirtschaft, Politik und Kirche
   zutreffen.[57]

B. Stähelin skizziert einige Erscheinungsformen:
– Abwehr von Konflikbeziehungen durch eine überaus höfliche, ge-
  künstelt freundliche und pseudoharmonische Gesprächshaltung
– überaus harte, kantig-abweisende Kommunikationsweise, die eine
  innere Verhärtung und Unzufriedenheit erkennen läßt
– egoistische Grundhaltung im gesamten Grundstil – diese Haltung
  zeigt sich etwa in der Unfähigkeit, zuhören oder die Bedürfnisse
  anderer Menschen wahrnehmen zu können
– zwanghafte und narzistische Tendenz zur Selbstverwirklichung
– unreflektierte und unselbstständige Beziehung zu ideologischen In-
  halten, so daß die Extreme Fanatismus und Mitläufertum hervortreten
  können
– Selbstgerechtigkeit, die eigenes Tun zur Norm für andere erhebt
– Pharisäertum, die das Einhalten der Norm über das Liebeshandeln
  stellt
– elementare Resignationsstimmung als Zeichen von Hilflosigkeit und
  Selbstzweifeln

---

[56] Staehelin, Balthasar: 1985, «Die Psychosomatische Basistherapie» Moser Verlag, Schlattingen 1985, S.75/76
[57] Kirchner, Baldur, 1994, »Benedikt für Manager« Gabler, Wiesbaden, S.20

- Sinnleere über den eigenen Lebensentwurf und die damit verbundene
  Suche nach Freizeitaktivitäten
- Besitzdenken, daß zu übersteigerter materieller Absicherung führt und
  damit Neid- und Geizgefühle produziert
- generelles Machtstreben, um über andere Menschen Herrschaft auszuüben
- Überbewertung von Sexualität und körperlichem Wohlbefinden
- ganz allgemein hedonistische Tendenzen
- Definition des eigenen Selbstwertes ausschliesslich durch Leistung,
  sodaß Versagensangst und Perfektionsstreben das Lebensgefühl eines
  solchen Menschen bestimmen
- rationale Kritikabwehr, sodaß eine kritische Selbstreflexion unter-
  bunden wird
- die Unfähigkeit, persönliche emotionale Erlebnisinhalte zu verbalisieren.

Kirchner stellt zusammenfassend fest:»Ist also die methaphysische Dimension beim einzelnen von der Urangst besonders spürbar überschattet,
so hinterlässt sie diese oder noch andere vorübergehend kaum auslöschba-
ren Spuren im Persönlichkeitsbild. Damit erscheint aber auch die wahre
Führungsqualität fraglich.

Auf unsere Frage,»was gibt uns die Kraft, unseren Charakter zu ändern?«, kommen wir an einer persönlichen Auseinandersetzung mit eben
beschriebenem Thema nicht vorbei.

Was gibt uns die Kraft, uns zu ändern? Woher nehmen wir die Motivation? Ich verstehe es als Aufgabe, den Leser auf diese Zusammenhänge hinzuweisen. Ohne eine weitere Sichtweise als Tageseffiziens, Jahresbilanz,
und share holder value, wird aber die nötige Kraft kaum langfristig aufzu-
bringen sein.

Spätestens im mittleren Alter erkennen wir plötzlich, daß die noch vor
uns liegende Zeit kleiner ist als die bereits gelebte Zeit. Uns wird die Begrenztheit bewusst: Die Begrenztheit unserer physischen Kräfte, die Begrenztheit unserer Beziehungen, (wenn wir realisieren, daß unsere Eltern
alt geworden sind und sterben), die Begrenztheit unserer beruflichen Optionen. Wer aber nur gepolt ist: Ich bin nur etwas, wenn es immer weiter
geht und immer höher geht, der kommt unweigerlich in die Enge, weil seine Weltvorstellung immer weniger mit seiner biologischen Wirklichkeit
übereinstimmt, je älter er wird. Die in diesem Alter häufig auftauchenden

Depressionen sind nur eine natürliche Folge, wenn die Seele nicht mehr das mitmacht, was das verkürzte Weltbild vorschreibt. Jemand sagte mir einmal: Depression ist seelische Sabotage.

In der Mitte unseres Lebens steht doch die Frage im Vordergrund: Wie kann ich das weniger Leben, das noch vor mir steht, gegenüber dem mehr Leben, das schon hinter mir liegt, so leben, daß es trotzdem Sinn gibt. Während in früheren Generationen die »Heldenrolle« mehr der ersten Lebenshälfte zugeteilt war, verlangt man heute vom Berufstätigen, daß er diese Rolle bis zur Pensionierung spielt. Dabei soll er ständig neue Ideen produzieren, Belastbarkeit zeigen, ein Höchstmass an Flexilbilität und Mobilität etc, bis er dann – ohne in der Zwischenzeit nachgedacht zu haben – mit seiner Pensionierung oder frühzeitigen Entlassung plötzlich vor dem Nichts steht.

Wir haben schon am Anfang dieses Kapitels erfahren, daß Habgier, Egoismus und Machtstreben nicht begrenzbar sind. Sie kennen kein begrenzendes Prinzip. Im Gegenteil, hat man sich erst darauf eingelassen, so mündet es in eine sich ständig steigernde Sucht, es gibt keine Befriedigung mehr. Es scheint mir, als seien sie ein pervertierter Ausdruck unserer Sehnsucht nach Unendlichkeit, die jeder Mensch in sich trägt, auch wenn man sich von Religionen und Gottesbeziehungen verabschiedet hat. Nachdem wir die Unendlichkeit verloren haben, ist unser Machtstreben unendlich geworden. Wir wollen unser Bedürfnis nach »Unendlichkeit« aus einem endlichen Planeten herausholen. Wir wollen »unendlich« reich werden, »unendlich« unabhängig, »unendlich« bedeutungsvoll, »unendlich« schnell, »unendlich« komfortabel, etc. Nur bietet ein endlicher Planet keine Antworten auf unsere unendlichen Bedürfnisse. Die Mäßigung eines seine Entscheidungen bewußt treffenden Menschen, also die Bescheidenheit aus Verantwortung, ist keineswegs eine altbackene Forderung, sondern aktueller denn je zuvor. Wer auf ein Produkt oder einen Anspruch verzichtet, weil daraus Schaden für die Gesamtheit entstehen könnte, zeigt damit die neue Dimension einer alten Tugend namens Bescheidenheit. Dieses Handeln in Verantwortung für sich selbst und für andere, eben ethisches Handeln, sollte in unserer Industriegesellschaft lebendig gemacht werden.[58]

Ich persönlich glaube, daß das einzige begrenzende Prinzip gegenüber

---

[58] Vgl. Goeudevert, Daniel (1990) Die Herausforderung der Zukunft, S. 58

Habgier und Macht die Liebe ist. Liebe ist eine innere Kraft, die uns fähig macht, die Not oder das Anliegen eines anderen zu bemerken und es höher oder gleich zu setzen wie das eigene. Sie ist kein Gefühl, sondern eine Haltung, die man einnimmt, nachdem man selbst beschenkt worden ist. Eine Folgeerscheinung der Liebe ist Mäßigkeit. Nur der Geliebte ist bereit, auf Dinge zu verzichten, er sieht die Bedürfnisse des anderen. In unserer Wirtschaft gilt: der Stärkere gilt als der Bessere. Ich möchte demgegenüber als Antithese formulieren, daß der Liebesfähigere schließlich der bessere Vorgesetzte ist und die langfristig besseren Resultate erwirtschaftet. Sie fragen nun zu Recht, wie man zu der Kraft kommt, sich ändern zu wollen, wie man zu der Kraft kommt, bei einer Wegscheidung den richtigen Weg einzuschlagen? Wie man zu der Kraft kommt, liebesfähig zu werden? Ich glaube diese Kraft liegt nur zum Teil in uns. Aber den Teil, der in uns liegt, den müssen wir investieren und den anderen Teil, den müssen wir uns schenken lassen. Ich glaube, wer es wirklich sucht, der wird es auch geschenkt bekommen. Wir müssen eine Brücke bauen von unserer Seite des Flusses, damit uns von der anderen Seite das Gegenstück entgegengebaut wird.

7. Warum müssen wir wieder nach einer neuen Ethik fragen?

7.1. Stehen wir vor einem moralischen Bankrott?

63 % der Westdeutschen und 72 % der Ostdeutschen befürworten eine moralische Wende. So lautet das Ergebnis einer Umfrage des Allensbacher Institutes für Demoskopie aus dem Jahre 1994. Wenn diese Bilanz stimmt – und vieles spricht dafür, wenn man auch noch die zunehmenden Strafverfahren wegen Wirtschaftskriminalität und das schlechter werdende Betriebsklima in weiten Teilen der Wirtschaft dazu rechnet, dann stehen wir vor einem moralischen Bankrott.[59] Dann wäre es auch kaum denkbar, daß ein ethisch selbst orientierungsloses Management eine glaubhafte und er-

---

[59] Vgl. Huntemann, Georg (1995) Biblisches Ethos im Zeitalter der Moralevolution, Neuhausen, S. 15

folgreiche Führung verwirklichen kann. Das Problem dürfte sich als ernster darstellen, als mancher glauben will, besonders auch, was die ökonomischen Auswirkungen betrifft. Die Produktivitätseinbußen und Innovationsverluste, die durch das betriebsinterne Mobbing steigen, oder die zunehmende Korruptheit – gerade auch in Mitteleuropa – sind nur zwei Indikatoren für die wirtschaftliche Tragweite dieses Problems.

Professor Dr. Herbert Giersch, ein langjähriges Mitglied des wissenschaftlichen Beirates des Bundeswirtschaftsministeriums, warf 1995 in einem Vortrag in Jena die Frage nach der Moral als Standortfaktor auf. Er anerkennt die moralische Haltung der Marktpartner ebenso als einen wichtigen Faktor, der die Produktivität eines Standortes beeinflußt, wie etwa die Infrastruktur, das Know-how der Mitarbeiter oder die Gesetzgebung.

Manager, die entscheiden müssen und dabei häufig nur zwischen nicht optimalen Alternativen wählen können, brauchen ganz besonders ein moralisches und charakterliches Fundament, wenn sie mit ihren Entscheidungen nicht der Gefahr des blanken Zeitgeist-Opportunismus verfallen wollen. Die Zusammenarbeit in den Betrieben wird zur Hölle, wenn nur noch die Effizienz und der »share-holder-value« die obersten sittlichen Maßstäbe sind. In einem »Höllenklima« gibt es aber langfristig keine Effizienz und kein Überleben. Zudem finden sich auch immer wieder Zeichen, daß die Mehrheit der »share-holders« gar nicht ausschließlich an eine alleinige Gewinnmaximierung »um jeden Preis« denkt, sondern auch andere Werte berücksichtigen will. So schreibt die Schweizer Zeitschrift »Finanzblatt« im Frühling 1996: »Bei der Schweizerischen Bankgesellschaft haben die Aktionäre dem Financier Martin Ebner, der die Ressourcen der Bank effizienter einsetzen wollte, eine Absage erteilt. Mit ihrem Entscheid haben die SBG-Aktionäre letztlich dafür votiert, daß sich ihre Bank auch an ethischen, moralischen und sozialen Zielen orientieren soll.«[60]

7.2. Ist Ethik nur für Spezialisten gut?

Diese Erfahrungen und zahlreiche Gespräche mit führenden Männern der Wirtschaft ermunterten mich, das Thema Ethik intensiver zu behandeln. Nicht um meinen Gesprächspartnern einen Platz im Himmel zu verschaf-

---

[60] Zeitschrift Finanzplatz (1996), Interview mit Prof. Peter Koslowski, 26.4.1996, S. 16

fen, sozusagen als Ausgleich für den bewußten Verzicht auf einen maximalen Quartalsprofit, sondern um Grundlagen mitbeizusteuern, die mithelfen, die Überlebensfähigkeit einer Unternehmung langfristig zu sichern. Die Überlebensfähigkeit eines Unternehmens hängt letztlich vom Arbeitswillen und der Kreativität der Mitarbeiter ab. Beides kann nur erzielt werden, wenn der Mitarbeiter motiviert und stolz auf seine Unternehmung ist und wenn die Führung Vorbildfunktionen wahrnimmt. Der Mitarbeiter – ob einfacher Angestellter oder verantwortungstragender Manager – kann nur dann hohe Leistung erbringen, wenn er für sich und seine Arbeit in der Firma Sinn erfährt. Sinngebung auf allen Ebenen nannte es der Praktiker Goeudevert. Sinn kann dabei nicht nur vermittelt werden durch den Hinweis auf transzendente Hoffnung, also auf »himmlische« Aussichten, wie dies bei den amerikanischen Negersklaven und ihren Negro Spirituals der Fall war. Sinn muß auch konkret im Hier und Jetzt erfahrbar sein. Diese Sinngebung auf allen Ebenen bedarf aber einer ethisch ausgerichteten Verhaltensweise der Führungskräfte, andernfalls verschlingt das Tagesgeschäft jeden Anfang der Sinnsuche. Der Philosoph Karl Jaspers hat einmal geschrieben, daß der Schriftsteller zwar den Anspruch auf Wahrheit erhebe, aber da er nicht das, was er schreibt, in Handlung umzusetzen habe, bleibe sein Anspruch unverbindlich. Die Führungskräfte in Wirtschaft und Politik handeln jedoch aktiv. Ist nun ihr Handeln unverbindlich, das heißt, daß sie sich als Privatmensch und als Persönlichkeit nicht eingebunden fühlen, weil sie selbst keine eigenen Ansprüche an die Wahrheit stellen und keine eigene Ethik leben? Gilt also die Kritik Jaspers nicht mit umgekehrten Vorzeichen?

Es geht nicht an, daß wir, die wir möglicherweise eine wichtige Stellung in Wirtschaft und Gesellschaft einnehmen, uns um diese zentralen Fragen drücken, weil sie sozusagen nicht zu unserem Ressort zählt und sich anscheinend auch die Spezialisten aus Theologie und Philosophie über diese Fragen nicht einig sind. Die Beschäftigung mit diesen Fragen – und gerade auch die Beschäftigung mit dem Spannungsfeld so vieler offener Fragen – gehört im Gegenteil in das Ressort eines jeden Menschen und damit auch in das eines jeden Managers, je einflußreicher er ist, umso mehr. Und wenn wir uns damit zu befassen beginnen, werden wir feststellen, daß nicht nur die Frage nach dem »Was« oder dem Inhalt gestellt werden darf, sondern auch die Frage nach dem »Woher«, die Frage nach den Quellen, und die Frage nach dem »Warum« und »Wohin« mitbedacht werden muß. Ethik macht nur dann Sinn, wenn wir zumindest bis zu einem gewissen Grad die Freiheit des menschlichen Willens bejahen. In einer Welt totaler Unfreiheit und totaler Determination ist Ethik überflüssig. Unsere Freiheit macht eine Ethik erst sinnvoll, ja unerläßlich.

7.3. Ethik ist die Lehre vom Gebrauch der Freiheit und der Macht

Besonders problematisch ist bei dieser Diskussion in unserer toleranten und pluralistischen Gesellschaft, daß religiös und konservativ motivierte Kreise Ethik und Moral meistens von der negativen Seite her aufbauen, Gesetze und Gebote aufstellen und entsprechende Verstöße als »Sünde« aburteilen. Der Wirtschaftsethiker Professor Koslowski kritisiert hier zu Recht: »Die positiven Aussagen der Ethik, was man tun soll, sind sehr schwach. Im allgemeinen formuliert die Ethik, was man nicht tun soll.«[61] Besonders problematisch wird in Europa diese Verknüpfung von christlicher Religion, Ethik und Moral dadurch, daß sich die Kirche in den vergangenen zwei Jahrtausenden zu sehr an ihren Anfängen in der Kultur des römischen Rechtes orientierte, was dann gerade im deutschen Sprach- und Kulturraum dazu führte, daß man einem ausgeprägten Obrigkeits- und Rechtsstaatsideal huldigte und daß man die Bibel als eine Art göttliches Strafgesetzbuch mißverstand. Wo sich Spiritualität allein mit Intellektualität verbindet, gebiert sie dogmatische Strenge und Hartherzigkeit.[62] Frei nach dem Motto »Alles was Spaß macht ist ungesund oder Sünde.«

Diese Entwicklung christlicher Ethik- und Morallehre und die heutige Ablehnung dieser Lehre gründen aber auf einem fundamentalen Mißverständnis beziehungsweise einer Fehlübersetzung. So schreibt der jüdische Religionswissenschafter und Neutestamentler, Prof. Dr. Pinchas Lapide[63]: »Rund dreihundertvierzigmal kommt der Ausdruck Gesetz in allen Verdeutschungen der Schrift vor (als Bezeichnung für die gesamte hebräische Bibel oder die fünf Bücher Mose); etwa zweihundertmal im übrigen Alten Testament und einhundertvierzigmal im Neuen Testament. Das ist jedoch

---

[61] Zeitschrift Finanzplatz (1996), Interview mit Prof. Peter Koslowski, 26.4.1996, S. 16
[62] Vgl. Kirchner, Baldur (1994) Benedikt für Manager – Die geistigen Grundlagen des Führens; Wiesbaden, S. 18
[63] Lapide, Pinchas (5/1995) Ist die Bibel richtig übersetzt? Band 1, Gütersloh, S. 43 f

grundfalsch – sowohl inhaltlich als auch sprachlich, denn was damit gemeint ist, heißt im Urtext »Torah« und bedeutet in seiner richtigen Übersetzung »Lehre« oder »Weisung« Sie enthält rein quantitativ viel mehr
Frohbotschaft, Verheißung, Erfüllung, Heilsgeschichte und Ethos, als eigentliche »Gesetze«, Satzungen und Vorschriften, die allesamt ein huma-
nes Ethos und soziale Gerechtigkeit zu fördern bestimmt sind. Über zwei
Drittel der hebräischen Bibel haben jedoch nicht das Geringste mit Ge-
setzlichkeit zu tun, sondern mit dem Heilshandeln Gottes mit seinem
Volk. Im christlichen Sinne des Wortes ist die Torah vor allem und
hauptsächlich »Evangelium«, die Frohbotschaft von der Liebe Gottes und
der Freiheit aller seiner Menschenkinder.«

Lassen Sie mich deshalb an dieser Stelle Ethik wie folgt definieren: Ethik
ist die Lehre vom Sittlichen, von dem was gut und was nicht gut ist, was
heilig und was verwerflich ist. Ethik ist die Lehre vom richtigen Gebrauch
der Freiheit und der Macht.[64] Dabei geht es mir nicht um eine neue Ver-
botsethik, sondern um eine Vorbildethik. Es geht nicht um neue Tabus,
Verbote und Gesetze, sondern um den bewußten und verantwortungsvol-
len Gebrauch von Freiheit und von Macht. Unsere Freiheit macht wie gesagt Ethik sinnvoll und unerläßlich und mit der Vernunft entscheiden wir,
von welcher Quelle wir unsere Lebenswerte beziehen.[65] Lassen Sie mich
deshalb in diesem Zusammenhang auch das Wort »konservativ« zu einer
Renaissance führen: Konservativ ist weder rückständig noch unbeweglich,
hierfür existiert nämlich das Fachwort »persistent«, konservativ im eigentlichen Sinne ist viel mehr das Bewahren und Achten von Werten, die man
als wichtig und schützenswert erkannt hat. Lassen Sie uns deshalb in diesem Sinne eine konservative Ethik suchen und leben.

7.4. Eine letzte Grenze

Woher nehmen wir nun diese zu bewahrenden Werte? Sie ergeben sich aus
dem Zweck und den Zielen, die wir dem menschlichen Leben unterstel-
len. Der Zweck und die Ziele, die wir dem Menschen zuschreiben und die
Werte, die wir daraus ableiten, sind die Basis jeder Ethik. Damit ist auch

---

[64] Vgl. Goeudevert, Daniel (1990) Die Herausforderung der Zukunft, S. 554 f
[65] Vgl. Winkler, René (Jahreszahl unbekannt, Eigendruck) Basel, Stundenbuch für Manager

gesagt, daß wir in der Ethikdiskussion zwar die Vernunft walten lassen sollten, wir uns aber in einer Dimension bewegen, die eben nicht von der Vernunft allein beherrscht wird. Denn gerade die Vernunft, auf die sich viele
als Quelle ihrer Ethik berufen, kann uns fehlleiten. Viele haben vergessen,
was Saint-Exupéry gemeint hat, als er den »Petit Prince« sagen ließ, daß
man die wichtigsten Dinge des Lebens nur mit dem Herzen richtig sehen
könnte. Welches unsere Lebensziele sind und welches daher die wichtigsten von uns bewußt oder unbewußt anerkannten Werte sind, können wir
nicht ausschließlich verstandesmäßig ergründen und begründen. Wir
stoßen an eine letzte Grenze, die im Bereich unserer Weltanschauung, unseres Glaubens und unseres Gewissens liegt. Wir haben mit Herz und Verstand nach den Werten und Zielen zu fragen, die für unser Leben und Arbeiten gelten, die vor dem Forum unseres Herzens als Basis für Leben und
Gedeihen dienen könnten. Es ist ein schweres Unterfangen, aber es gibt
keinen anderen Weg. Ein gläubiger Mensch wird zweifellos den biblisch
bezeugten Gott als oberstes Ziel und obersten Wert anerkennen. Zu diesen Menschen möchte ich mich zählen. Aber leicht fällt die Umsetzungs-
arbeit auch mir nicht, denn es sind immer Menschen, die uns diese Quelle erschließen, auch wenn sie sich als göttlich inspirierte Wesen betrachten.
Bedenke man nur, wieviel Unfug und gar Unheil angeblich göttlich inspirierte Menschen in der Welt angestellt haben und noch anstellen. »Gott
wird uns viel verzeihen müssen, nicht zuletzt unsere Theologie«, seufzte
einer der großen Theologen unseres Jahrhunderts.

Macht, Fortbewegungsmittel, Sexualität, Haus, Geld, Reichtum, Alters-
versorgung etc. Das sind Wege und Mittel, aber keine Ziele. Welches Ziel
aber haben wir, und welche Bedeutung haben unsere Ziele, wenn wir wüßten, daß wir nur noch einen Monat zu leben haben? Jemand, der großen
Erfolg im Leben hatte, aber keine anderen Werte gelernt hat, der hat für
mich versagt. Und ich beneide solche Menschen nicht. Der Sinn des Lebens besteht letztlich doch wohl nicht darin, große Industriekomplexe,
Handelszentren oder Militärblöcke aufzubauen. Der Sinn des Lebens ist
es nicht in erster Linie, Naturwissenschaften, Geschichte, Philosophie oder
Theologie zu erlernen, große Veranstaltungen durchzuführen oder große
Institutionen zu bauen wie Schulen und Kirchen oder Bücher zu veröf-
fentlichen. Der Sinn des Lebens ist es, Liebe zu erlernen.

Wer trotz größtem Erfolg nicht gelernt hat, wirklich Liebe zu üben, der
hat versagt. Professor Max Thürkauf sagte mir einmal, die Wirtschaft sei

darwinistisch geprägt:»Der Stärkste überlebt. Demgegenüber ist aber nicht der Durchsetzungsfähigste, wie es das darwinistische Prinzip lehrt, sondern der Liebesfähige derjenige, der langfristig die besseren Resultate hervorbringt.« Durchsetzungsfähigkeit ist zweifelsohne für einen Manager wichtig, greift aber zu kurz. Es kann sich einer wohl durchsetzen, aber dabei auch viel zerstören. Wenn diese grundsätzlich positive Kraft und Fähigkeit nicht an einen Charakter gebunden ist, der auch die Liebesfähigkeit besitzt, werden nicht selten Phyrrus-Siege das Ergebnis sein. Fließt aber beides zusammen, ist ein Manager fähig, beides einzusetzen, so wächst aus beiden Eigenschaften Überzeugungskraft.

7.5. Hält das? Trägt das? Bleibt das?

Aus Anlaß des 12jährigen Bestehens der in Deutschland berühmt gewordenen Telefonseelsorge von Dr. Dr. Klaus Thomas begann Professor Dr. Ing. Sörensen aus Freudenstadt im Oktober 1986 seine Ansprache mit dem lapidaren Satz:

»Als Brückenbauer bin ich gewöhnt, bei der Konstruktion drei Fragen zu stellen:
- Hält das?
- Trägt das?
- Bleibt das?
Diese Fragen gelten auch für unser Leben.«

Ein Brückenbauwerk muß in sich selbst genügende Festigkeit aufweisen, eine bestimmte Verkehrslast tragen und auf lange Sicht seinen Aufgaben gerecht werden. Es gibt Parallelen zwischen unserem Leben und dem Weg über eine Brücke, die wir selbst errichten. Die meisten Menschen verdrängen die Frage nach dem Ende und Ziel des Lebens. Wer ihr aber unvoreingenommen nachgeht, der gelangt an die Grenzen jedes politischen, wirtschaftlichen oder auch psychologischen Bemühens. Ziel und Sinn des Lebens gehören ihrem Wesen nach in einen anderen Bereich. Die Frage geht an uns: Hält das Gedanken- und Weltanschauungsgebäude unseres Lebens? Trägt es die gegenwärtigen und die zukünftig möglichen Belastungen? Bleibt es bestehen? Zur Antwort brauchen wir mehr als den Versuch eines Brückenschlages. Wir müssen glauben und schließlich in einer

innersten Gewissheit erkennen, daß von dem anderen – scheinbar so un-
bekannten – Ufer, dem wir entgegengehen, eine Brücke schon errichtet ist,
auf die wir die unsere ausrichten müssen und von der es dann im umfas-
senden Sinne gilt: Sie hält, sie trägt, sie bleibt. Diese Brücke ist für mich
aufgrund meiner persönlichen Erfahrungen der biblisch bezeugte Gott als
unser Schöpfer und Erlöser. Der Glaube an ihn ist ein Geschenk. Wir können uns den Zugang nicht aus eigener Kraft erarbeiten. Wir stehen heute
an einer Schwelle, wo sich Spreu und Weizen trennt, und wir müssen an
dieser Schwelle ganz persönlich Stellung beziehen. Hier ist unsere ganze
Entscheidung gefragt.

»Achte auf Dein Denken,
denn Deine Gedanken werden Deine Worte.

Achte auf Deine Worte,
den sie werden Deine Handlungen.

Achte auf Deine Handlungen,
denn sie werden Deine Gewohnheiten.

Achte auf Deine Gewohnheiten,
denn sie werden Dein Charakter.

Achte auf Deinen Charakter,
denn er wird Dein Schicksal.«[66]

---

[66] Autor unbekannt

3

Die Sinnkrise als Herausforderung an den modernen Manager

> *Die Tragödie des modernen Menschen besteht nicht darin, daß er im Grunde immer weniger über den Sinn des eigenen Lebens weiß, sondern daß ihn das immer weniger stört.*

Vàclav Havel

1. Das Spannungsfeld des modernen Managers

1.1. Alter Mann, wozu hast Du gelebt?

Im September 1995 fragte ich einen jungen Spitzenmanager, dessen Potential ich für eine Führungsaufgabe testen mußte:»Was sind Ihre höchsten Ziele?«Er gab mir eine schöne Antwort:»Ich sitze eines Tages als alter Mann vor meinem Haus auf der Terrasse. Ein kleines Mädchen kommt vorbei und fragt mich: ›Alter Mann, wozu hast Du gelebt?‹ Ich möchte ihm so antworten können, daß es nach der Begegnung weiter läuft und denkt: ›Es war für andere Menschen nicht egal, daß dieser Mensch gelebt hat.‹« Wie viele Manager können schon heute die Frage dieses Kindes beantworten?«

Seit zwanzig Jahren stehe ich in Gesprächen mit Führungskräften. Zunächst fanden diese in meiner Aufgabenstellung als Geistlicher statt, später im Bereich der Unternehmensberatung. Es waren über 800 Gespräche, von denen viele durch Notizen festgehalten wurden. Die Auswertung dieser Gespräche stellt die Grundlage meiner heutigen Ausführungen dar. Hinzu kommt, daß ich in meinem Leben selbst auch durch Krisen von Standortbestimmungen gegangen bin, in denen die Tragfähigkeit meiner persönlichen Sinnfundamente immer wieder Härtetests unterzogen wurde.

Nach fünfzehn Jahren geistlichen Dienstes bestand meine Aufgabe für einige Jahre darin, die Hochbegabten und Bestausgebildeten zu finden und für Spitzenaufgaben im internationalen Bereich zu fördern. In dieser Zeit bin ich oft unter vorgehaltener Hand mit dem konfrontiert worden, was der einzelne in seiner Seele durchmacht, weil sich herumsprach, daß ich zuvor im geistlichen Aufgabenfeld gestanden hatte.

Doch damit gerät man in einen Bereich, der einerseits in der Privatsphäre verborgen liegt, andererseits jedoch kontrovers beurteilt wird. Aus Furcht, als Versager eingeordnet zu werden, spricht man nur ungern darüber. Aber die Erfahrungen aus vielen Gesprächen belegen, daß sich bestimmte Situationen immer wieder wiederholen, also häufiger anzutreffen sind, als man vielleicht allgemein vermutet. Deshalb möchte ich derartige Erfahrungen, die repräsentativ für unsere derzeitige Lage sind, auch hier wiedergeben. Mir scheint die Zeit reif zu sein, etwas transparent zu machen, das zwar häufig in unserer Gesellschaft vorkommt, aber in einen Tabubereich verdrängt worden ist.

Meine Beobachtungen stimmen übrigens auch mit einer Studie des Institutes für Arbeits- und Sozialhygiene (IAS) in Karlsruhe in Zusammenarbeit mit der Geva-Gesellschaft (München) für verhaltenswissenschaftliche Anwendungen und Evaluation überein. Diese wurde 1994 in Baden-Baden vorgestellt. Dabei wurde eine Fragebogenerhebung von rund 2800 Führungskräften mit 200 IAS-Klienten korreliert, die sich medizinisch untersuchen ließen.

Die beschriebenen Symptome stellen sich dar als ein Leiden zwischen der Angst vor neuen Herausforderungen, Anpassung und dem Gefühl der Machtlosigkeit. Das Krankheitsbild zeigt folgende Symptome: Herz-Kreislauf-, Magen-Darm-Beschwerden, Verspannungen oder Depressionen. Hinzuzufügen sind immer wiederkehrend: Wut, Rachegefühle, Einsamkeit, Minderwertigkeitsgefühle, Gefühl der Ausweglosigkeit, Entwurzelung, Gefühl, das Leben verpaßt zu haben, Burn-Out-Syndrom, Selbstmordgedanken, und damit verknüpft: familiäre Probleme und finanzielle Notstände.

Bei meinen Überlegungen zur Frage nach Sinn und Identität möchte ich weniger dem Pfad der Definitionen nach logisch-aristotelischem Aufbau folgen, sondern durch Beobachtungen verknüpfend mit Ihnen das Thema erarbeiten. Wenn wir auf diese Weise gemeinsam einen Weg beschreiten, entschließen wir uns, Abstand zu gewinnen von dem, was wir als vorgegeben meinen denken zu dürfen, um »in« zu sein. Wir nehmen Abstand von vorgedachten Normen, die gesellschaftlich akzeptiert sind, und orientieren uns neu, offen und selbstkritisch an aktuellen Symptomen unter Managern. Mein Ziel ist nicht, Ihnen fixfertige Lösungen aufzuzeigen, sondern mögliche Wege zu markieren, die Sie auf ihrer Suche zu Lösungen führen können.

1.2. Steine statt Brot

Bei unserem Thema ist es wichtig, daß wir sensibel und wahrhaftig in uns hineinhören. Nur so überwinden wir unsere Faszination gegenüber oberflächlichen, von Wissenschaftsgläubigkeit geprägten »Landkarten für unser Leben«, die keine der Orte eingezeichnet haben, die wir suchen und auf die es uns wirklich ankommt. Mehr noch, diese »Karten« leugnen bereits die Berechtigung unserer Suche nach dem Sinn.

Der Wirtschaftswissenschaftler Schumacher schreibt in seinem Buch »Rat für die Ratlosen«: »Die Menschen bitten um Brot, und man gibt ihnen Steine. Sie wollen Rat haben für das, was sie tun sollen, und man sagt ihnen, die Vorstellung von Rettung und Heil enthalte keinen rationalen Kern und sei nichts als eine kindliche Neurose.« Ich möchte Ihnen Mut machen, daß wir uns gegenüber dem Diktat der Oberflächlichkeit zur Wehr setzen und die Tabuisierung von Themen nicht mehr in Kauf nehmen, die nicht nur für uns persönlich, sondern in Ihren Auswirkungen längerfristig wirtschaftlich und gesellschaftlich relevant sind.

Mein Ziel ist es auch, Ihre Aufmerksamkeit darauf zu lenken, daß die einzelne Führungskraft in Zukunft nicht nur die eigene Tageseffizienz am Arbeitsplatz sehen darf, sondern ihre Aufgabe viel umfassender begreifen muß, wenn sie den Anforderungen der vor uns liegenden Jahre gerecht werden will. Die Sinnfrage ist immer die Frage: »wozu«. Erst jemand oder etwas, das einen bestimmten Zweck, eine bestimmte Aufgabe hat, kann als »sinn-voll« bezeichnet werden. Demgegenüber ist jemand oder etwas, das keine bestimmte Aufgabe hat, als »sinn-leer« oder »sinn-los« zu bezeichnen. Wir hören immer von zielorientiertem Arbeiten. Wir müssen wieder von sinnorientiertem Arbeiten sprechen, damit wir wieder zielorientiert arbeiten können. Wir verstehen zielorientiert ja immer nur im Sinne von überschaubaren Teilzielen. Gibt es überhaupt noch große, wesentliche Ziele in unserem Berufsleben angesichts einer materialistisch ausgelegten Welt- und Wirtschaftsordnung?

1.3. Der Weg in die Fernkatastrophe ist gepflastert durch Naherfolge

Sartre sagt: »Der Weg in die Fernkatastrophe ist gepflastert durch Naherfolge.«

Die heutige Führungskraft steht im Spannungsfeld zwischen der bipolaren Forderung nach großer Exaktheit auf der sachlichen Ebene einerseits und dem Diktat der Oberflächlichkeit gegenüber seinen Fragen nach dem Sinn. Dabei habe ich immer wieder beobachtet, daß die Sinnkrise sich weniger auf die kleinen Schritte im Alltag bezieht, die man noch in den Griff bekommen kann, als vielmehr auf das eigene Leben als Ganzes. Die Führungskraft steht im Spannungsfeld zwischen der Unklarheit und Unverbindlichkeit darüber, welchen Wert die Ordnung des »inneren Hauses« darstellt angesichts des immer größer werdenden Druckes, das »äußere Haus« in Ordnung zu halten. Die Führungskraft steht im Spannungsfeld, daß die berufliche Karriereleiter und die persönliche Einsamkeit parallel anwachsen. Hier liegt eine Ursache für das »Burn-Out-Syndrom«. Die Führungskraft steht im Spannungsfeld zwischen der zunehmenden Wahrnehmung eigener Ängste, eigener Unsicherheit und dem Gefühl eines existentiellen Vakuums einerseits und dem immer geringer werdenden Mut andererseits, sich dies selbst und anderen gegenüber einzugestehen.

Diese Spannungsfelder werden zunächst durchaus akzeptiert, weil Streß vor dem selbstkritischen Nachdenken bewahrt. Längerfristig aber führen Streß und Verdrängung meistens zu einem »Burn-Out«. Es macht sich inzwischen noch deutlicher bemerkbar als noch vor wenigen Jahren. Das Burn-Out-Syndrom kann allerdings auch ein Spiegel für unsere Not sein, so daß wir, zu kritischer Selbstreflexion getrieben, uns der grundsätzlichen Frage nach dem Sinn des Ganzen stellen.

In letzter Zeit hört man so viel von der Notwendigkeit, der Unternehmensethik einen höheren Stellenwert einzuräumen. Ich glaube, daß die Forderung nach Unternehmensethik »sinn-los« ist, wenn die Sinnfrage ausgeklammert bleibt. Ich glaube, daß Unternehmensethik immer nur in dem Maße kultiviert werden kann, wie auch gleichzeitig die Sinnfrage Raum gewinnt. Wer für sich die Sinnfrage nicht geklärt hat, dem fehlt die tiefste Motivation, nach ethischen Vorgaben zu handeln.

Die Wiederherstellung unserer Unternehmenskultur fängt also mit der Aufarbeitung der Sinnkrise an. Ich glaube, daß Klagen über zunehmende Charakterlosigkeit in der Führung von Unternehmen so lange im Sande verlaufen, wie außer acht gelassen wird, daß eine positive Prägung des Charakters ohne die Beschäftigung mit der Sinnfrage nicht möglich ist. Je mehr die Sinnfrage ernsthaft angegangen wird, desto mehr wird wieder nach dem Charakter gefragt.

Ein Institutsdirektor und Universitätsprofessor für Ethik antwortete mir
vor einiger Zeit, als ich ihn danach fragte, wie es dazu kam, daß er sich für
das Fach Wirtschaftsethik entschieden habe: »Ich und die meisten meiner
Mitarbeiter sind in ihrem beruflichen Aufgabenfeld zuvor in eine tiefere
Sinnkrise geraten. Sie war notwendig und war gewissermaßen die Voraussetzung gewesen, uns auf die Fährte zu bringen, über Unternehmensethik
nachzudenken. Mitarbeiter, die keine Sinnkrisen in ihrem Leben kennen,
sind fast unbrauchbar!«
Die Sinnfrage ist die Frage der Fragen. Wir kommen zeitlebens mit dieser Frage nie ganz ans Ende. Und doch können wir ihr nicht ausweichen,
wenn wir mehr sein wollen als Pflanzen oder Tiere, für die der Sinn tatsächlich vorgegeben ist, wenn wir Menschen sein wollen.

2. Die Suche

2.1. Die Suche nach dem Sinn in der Geschichte

Die Identitätskrise lastet auf uns allen und ist auch mit dem Verlust alter
Geborgenheit offener zutage getreten. Durch Zugehörigkeit und Abhängigkeit war der Mensch früher geborgener in Familie, Sippe, Dorf, Volk
und Religion. Er konnte aber auch nicht ausbrechen. Es blieb ihm kaum
etwas anderes übrig, als Ordnungen zu bejahen.

Wenn wir die Frage beantworten wollen, warum heute ein großes Vakuum an Sinnerfüllung zutage tritt, dann hilft uns ein Blick in die Geschichte der naturwissenschaftlichen, philosophischen und ideologischen
Weltbilder, die uns alle direkt und indirekt geprägt haben.

Die Sinnfrage ist immer die Frage »wozu?« Erst jemand oder etwas, das
einen bestimmten Zweck, eine bestimmte Aufgabe hat, kann als »sinnvoll« bezeichnet werden.

Die ganz alte Weisheit hatte eine beruhigend einfache Antwort: Das
Glück des Menschen liegt darin, nach Höherem zu streben, seine höchsten Fähigkeiten zu entwickeln, ein Wissen von den höheren Dingen zu
erwerben und, wenn möglich, Gott zu schauen. Wenn sich der Mensch
nach unten begibt, wenn er nur seine niederen Fähigkeiten entwickelt, die
er mit den Tieren gemeinsam hat, macht er sich zutiefst unglücklich, bis

hin zur Verzweiflung. So sagt Thomas von Aquin: »Da nun die Menschen durch die göttliche Vorsehung auf ein höheres Gut hingeordnet sind, als es die menschliche Gebrechlichkeit im gegenwärtigen Leben erfahren kann, mußte der Geist zu etwas Höherem aufgerufen werden, als unsere Vernunft im gegenwärtigen Leben erreichen kann, damit er so lerne, nach etwas zu verlangen, was über den Stand des gegenwärtigen Lebens hinausgeht.«

Die Meister und Seelenführer aller geistlichen Traditionen des Westens und des Ostens haben gewusst, das wirkliche Selbsterkenntnis die Voraussetzung der »inneren Reise« ist. Theresa von Avila, die große christliche Mystikerin, schreibt in ihrem Hauptwerk »Die innere Burg«:[1] »Nicht wenig Elend und Verwirrung kommen daher, daß wir durch eigene Schuld uns selber nicht verstehen und nicht wissen, wer wir sind. Erschiene es nicht als eine schreckliche Unwissenheit, wenn jemand keine Antwort wüßte auf die Frage, wer er ist, wer seine Eltern sind und aus welchem Lande er stammt? Wäre dies ein Zeichen viehischen Unverstands, so herrschte in uns ein noch unvergleichlich schlimmerer Stumpfsinn, wenn wir uns nicht darum kümmerten zu erfahren, was wir sind, sondern uns mit diesen Leibern zufrieden gäben und folglich nur so obenhin, vom Hörensagen, weil der Glaube es uns lehrt, davon wüßten, daß wir eine Seele haben. Aber welche Güter diese Seele in sich bergen mag, wer in ihr wohnt und welch großen Wert sie hat, das bedenken wir selten, und darum ist man so wenig darauf bedacht, ihre Schönheit mit aller Sorgfalt zu bewahren.«

Seit die westliche cartesianische Wissenschaft antrat, die Welt allein durch Ratio zu erklären, hat sie Stück für Stück spirituelles Bewußtsein durch »aufgeklärtes« ersetzt und das gesellschaftliche Guthaben an Spiritualität (im oft passiven und z.T. sogar aktiven Beisein der Bewirtschafter dieses Guthabens der Kirchen) im Zeichen der Vernunft aufgebraucht und zerstört.

Im 17. Jahrhundert bemühte sich der französische Philosoph René Descartes das gesamte Universum mechanisch zu erklären, also auf materialistischer Basis und auf der Basis der Vernunft. Als Vater der rationalistischen Haltung betonte Descartes: »Denn schließlich dürfen wir uns immer nur von der Evidenz unserer Vernunft überzeugen lassen.« Seine En-

---

[1] von Avila, Theresa, Die innere Burg, herausgegeben und übersetzt von Fritz Vogelsang, Zürich 1979, 21 f.

ge wird an der Regel deutlich:»Wenn in der Reihe der Sachverhalte, die
gesucht werden, etwas vorkommt, was unser Verstand vermittels Intuition
nicht zufriedenstellend durchschauen kann, so muß man dort haltmachen
und darf das, was sonst noch folgt, nicht mehr prüfen, sondern muß sich
überflüssiger Arbeit enthalten.« Der Skeptizismus, eine Art Defätismus in
der Philosophie, wurde zur Hauptströmung der europäischen Philosophie.

Der Verlust der Dimension des Vertikalen bedeutete, daß es nicht mehr
möglich war, eine andere als eine utilitaristische Antwort auf die Frage zu
geben:»Was soll ich mit meinem Leben tun?«

Die Erkenntnisse Isaak Newtons, des englischen Mathematikers und
Physikers, suggerierten, daß ein sinnlich nicht faßbares Prinzip die Welt im
Innersten zusammenhalte: die Gravitation. Immanuel Kant beschreibt in
seiner »Kritik der reinen Vernunft«, wie der menschliche Geist beschaffen
sein müsse, um das Bestehen eines Newton'schen Naturbegriffes erfassen
und annehmen zu können.

Die deïstischen Freidenker des 17. und 18. Jahrhunderts sagten noch den
Menschen auf dem Weg ihrer Sinnsuche, Gott habe die Welt in der Manier
eines Uhrmachers aufgezogen, und fortan laufe sie nach seinem Willen.
Doch die moderne Physik hat auch mit dieser Vorstellung aufgeräumt.

Hatte schon Kopernikus den Menschen aus dem Zentrum seiner Welt
hinausbefördert und auf eine Bahn um die Sonne geschickt, fiel der Glaube an die göttliche Schöpfung schließlich der Evolutionslehre Darwins
zum Opfer.

Nach Jahrhunderten der Vorherrschaft der Theologie hatte dann die
Epoche einer zunehmend aggressiver werdenden naturwissenschaftlichen
und insbesondere technischen Weltherrschaft Einzug gehalten. Ihr Ergebnis war ein großes Ausmaß an Verwirrung und Richtungslosigkeit.

Während in den hinter uns liegenden Zeiträumen die naturwissenschaftlichen Weltbilder zunächst selbstbewußt den Verlust herkömmlicher
Sinnerfüllung und Werte mit sich gebracht haben, steht die gegenwärtige
naturwissenschaftliche Forschung dem Bedürfnis nach Sinn (und damit
beispielsweise auch dem Bedürfnis nach Spiritualität) von ihren For-
schungsergebnissen her viel »ohnmächtiger« und mit weniger Vorbehalten gegenüber.

Das Ende des wissenschaftlichen Materialismus zeichnete sich ab, als
man darauf kam, daß es Materie nach klassischer Vorstellung nicht gibt,
sondern nur Felder und Energie im leeren Raum. Physiker diskutieren wie-

der über die spirituelle Bedeutung ihrer Erkenntnisse. In jüngster Zeit setzt sich mehr und mehr die Sicht durch, daß der wichtigste Teil unserer Wirklichkeit – unsere Gefühle und Träume, aber auch unsere Wertvorstellungen und unser religiöses Empfinden – durch Logik und Ratio nicht zu erfassen sind.

Man ist von der Forschung her sehr viel zurückhaltender geworden, uns mit wissenschaftlicher Überheblichkeit und Dominanz ein materialistisches Weltbild vorzusetzen, das uns das Bedürfnis nach Sinnfindung im Leben außerhalb eines utilitaristischen, materialistischen Weltbildes über Jahrhunderte hinweg verweigern wollte.

Auch wenn dies gesamtgeschichtlich ein Lichtblick sein mag, nützt es dem einzelnen kaum, ist er doch heute angesichts der unzähligen Wahrheiten in ein Meer von Meinungen geworfen, das ihm neben dem ungesättigten Hunger nach Sinn zusätzlich noch die Einsamkeit der Orientierungslosigkeit beschert.

2.2. Die persönliche Suche nach dem Sinn

Nach diesem sehr fragmentarischen Blick in die Geschichte wollen wir uns nun Schritt für Schritt durch Beobachtungen und Überlegungen an das Spannungsfeld des modernen Managers und seiner Frage nach »Sinn« heran arbeiten.

Befriedigung von Bedürfnissen

Als Menschen empfinden wir unser Leben zunächst als sinnvoll, wenn wir nicht nur unsere Bedürfnisse befriedigen, sondern auch nach eigenen Vorstellungen handeln können und entsprechende Ergebnisse sehen. Das Wort »Sinn« beziehungsweise »Sinnen« hatte denn auch im Althochdeutschen die Bedeutung »eine Richtung einschlagen, planen, reisen«. Wir sind Wesen mit Bedürfnissen, aus denen sich u. a. unsere Ziele und Sehnsüchte entwickeln. Sinn macht für uns alles, was unsere Bedürfnisse befriedigt. Unsere Pläne lassen erkennen, welche Dinge oder Ziele wir für erstrebenswert und damit für sinnvoll halten. Wenn die Frage nach dem Sinn zunächst die Frage des »wozu?« ist, und wir gehen in unserer Betrachtung einmal von unseren Grundbedürfnissen aus, dann leuchtet uns am ehesten ein, daß der Sinn der Grundbedürfnisse darin besteht, daß sie erfüllt werden.

Wir haben das Bedürfnis nach Gemeinschaft, nach finanzieller und sozialer Sicherheit, nach Freunden, Anerkennung und Erlebnissen, nach Kleidern und einer schönen Wohnung, nach Bildung und einem guten Beruf, nach Zärtlichkeit, nach Schlaf, nach Nahrung, nach Gerechtigkeit usw. Der Bedürfniskatalog ist bei jedem unterschiedlich gewichtet. Die biologischen Bedürfnisse bedrängen uns am stärksten. Viele Bedürfnisse werden aber auch künstlich hervorgerufen und durch die Werbung unseres Wirtschaftssystems manipuliert und gesteuert. Erst wenn die biologischen Bedürfnisse befriedigt sind, wenden wir uns in der Regel den geistigen Bedürfnissen zu.

Folgende Bedürfnisse bestimmen uns also mit:
– Materielle Bedürfnisse: nach Luft, Wasser, Nahrung, Schlaf, Schutz gegen Witterung, Gesundheit, Sexualität, nach Mitteln zur beständigen Sicherung der Grundbedürfnisse,
– soziale Bedürfnisse: nach Sicherheit, Kontakt, Anerkennung, Erfolg, Frieden, Gerechtigkeit, Vertrauen, Liebe, Hoffnung,
– Geistige Bedürfnisse: nach Wissen, Bildung, Kultur, Religion, Glaube.

Wie eng die Sinnerfüllung und die Befriedigung von Bedürfnissen miteinander zusammenhängen, zeigt eine alte orientalische Bezeichnung für den Menschen, nämlich das Wort »näfäsch« aus dem Althebräischen. Dieses Wort kommt im Alten Testament der Bibel 700 mal vor. Die Grundbedeutungen davon sind sowohl »Seele« als auch »Schlund«.

Mit der Kehle lechzt der Mensch nach dem, was für ihn notwendig ist. Wer dem Menschen an die Kehle geht, schneidet ihn von seinen entscheidenden Lebensbedürfnissen ab. Eine Hauptaussage des Alten Testaments über den Menschen besteht darin, daß er ein bedürftiges Wesen ist. Er besteht aus Wünschen, Verlangen und Sehnsucht. Er hat nicht nur Bedürfnisse, sondern er ist Bedürfnis.

Bedürfnisse bejahen, die nicht materieller Natur sind

Aber trotz aller gegenteiligen Aussagen der Werbung und trotz unserer oberflächlichen Umgebung spüren wir, daß unser Bedürfnis nach Sinn durch die Befriedigung biologischer und materieller Bedürfnisse allein nicht befriedigt wird.

In ihrem Buch »Lösungen – Zur Theorie und Praxis menschlichen Wandels«[2] untersuchen drei amerikanische Psychologen die Bedingungen, wie Probleme und Bedürfnisse sinnvoll gelöst werden können. Sie unterscheiden dabei Lösungen erster und zweiter Ordnung. Lösungen erster Ordnung bleiben auf der gleichen Ebene und entspringen dem gesunden Menschenverstand. Eine solche Lösung liegt vor, wenn wir bei zunehmender Kälte uns immer wärmer anziehen. Oft genügt diese Lösung »Mehr desselben« nicht. Wenn wir z. B. einen depressiven Menschen immer mehr aufmuntern, wird das seine Depression noch vertiefen, da wir ihm zu seiner Traurigkeit noch das schlechte Gewissen einimpfen, daß er überhaupt traurig ist. Oder wenn wir Probleme beim Einschlafen haben, dann sind die verstärkten Versuche, den Schlaf willentlich herbeizuführen, zum Scheitern verurteilt. Oder wenn ein Mensch das Bedürfnis nach Sinnfindung außerhalb der Befriedigung von physischen Bedürfnissen hat, dann wird der Verweis: »Sei doch zufrieden mit dem was Du hast« sein Bedürfnis eher noch verstärken als befriedigen.

Die Suche nach Sinn und Identität kann durch eine rein ökonomische Antwort »Produktion und Konsum« nicht zum Ziel gelangen. Daher laufen auch viele enttäuscht und mit dem Gefühl herum, um das Wesentliche im Leben betrogen worden zu sein. Erstaunlicherweise kommen immer gerade auch »Leitfiguren« unserer letztlich materialistisch ausgerichteten Wirtschaftsordnung zu dieser Erkenntnis. So meinte auch Alfred Herrhausen[3]: »Warum bewegt oft echte Resignation die Menschen, weshalb beschleicht uns Unbehagen, die einen bewußt, die anderen, zahlreicheren, unbewußt? Sind wir plötzlich nicht mehr zufrieden mit der Welt, die wir uns selbst aufgebaut haben? Am Anfang unserer Karriere – so merkwürdig das klingen mag – war unsere Welt einfach. Es gab den Imperativ ›Arbeiten und Aufbauen‹. Zunächst wollten wir Brot, um zu leben. Nachdenken mußte später kommen. Aber offenbar ist nicht die ganze Rechnung aufgegangen. Ein Unbehagen hat sich eingestellt, als wir erkannten, daß unsere Wirtschaft in zunehmendem Maße eine Zivilisation hervorbringt, in deren Mittelpunkt ausschließlich die Produktion und Konsumation von Gütern steht. Die Gefahr, in der wir uns ohne Zweifel befinden, ist gekennzeichnet durch die Tatsache, daß deshalb solche Güter, die keinen Marktwert haben,

---

[2] Watzlawick, Paul;Weakland; Fisch (1994) Lösungen. Zur Theorie und Praxis menschlichen Wandels, Bern

[3] Herrhausen, Alfred (1990) Denken, Ordnen, Gestalten; Berlin

an den Rand der Werteskala geraten. Unsere Wirtschaft hat in sich noch keinen Raum entwickelt für Bedürfnisse, deren Befriedigung zwar Kosten verursacht, aber keine unmittelbaren Gewinne abwirft. ›Der Mensch lebt nicht von Brot allein‹ – insbesondere dann nicht, wenn er genug davon hat.«

Wie oben erwähnt wurde, unterscheiden die drei zitierten Psychologen Lösungen erster und zweiter Ordnung; sie verlassen die Ebene, auf der sich das Problem befindet, und mit ihnen finden wir die Lösung von einer anderen, höheren Warte aus. Diese Lösungen zweiter Ordnung erscheinen oft absurd, unerwartet und vernunftwidrig. Sie sind in ihrem Wesen nach überraschend und paradox. Lösungen zweiter Ordnung heben die zu lösende Situation aus dem paradoxen Teufelskreis heraus, in den sie die bisherigen Lösungsversuche geführt haben, und stellen sie in einen neuen weiteren Rahmen. Eine solche Lösung zweiter Ordnung brauchen wir in unserer Frage nach dem Sinn.

Ein gutes Beispiel hierzu veranschaulicht die Denksportaufgabe, die neun Punkte in einem Quadrat in einem Zug durch vier gerade, zusammenhängende Linien zu verbinden:

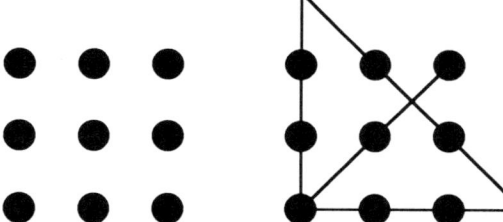

Wenn ich im Rahmen des Quadrates bleibe, gibt es keine Lösung. Ich muß den Rahmen sprengen, um die Lösung zu finden.[4]

Daniel Goeudevert, ehemaliges VW – Vorstandsmitglied, fordert für die Zukunft »neue« Manager, die sich persönlich mit folgenden Fragen auseinandersetzen:
– »Wer bin ich?
– Was bin ich?
– Wo liegen Sinn und Ziel des Menschseins?
– Gibt es Weltgesetze?
– Was ist Weisheit, und wie erlange ich sie?

---

[4] Vgl. Anselm, Grün OSB, Glauben als Umdeuten

- Können wir aus den Niederungen des alltäglichen Geschäftes zum
  Abschluß eines jeden Tages wieder emporsteigen und Sinn für das
  Ganze wahren?

Menschen, die in der Wirtschaft aktiv sind, sind besonders aufgerufen,
zu handeln. Diese Einstellung hat mich auf den Weg gebracht, der Ethik
der Wirtschaft und der Menschenführung mehr Bedeutung zu widmen. Es
scheint mir überhaupt so zu sein, daß die Sinngebung auf allen Ebenen
heute eine größere Bedeutung hat als je zuvor.«

Und im Blick auf die Kirchen drückt Goeudevert den Notstand so aus:
»Katholizismus und Protestantismus, insbesondere aber der letztere, glauben ihre Stellung halten zu können, indem sie immer mehr politische und
soziale Felder besetzen. Sie verkennen dabei, daß der Wunsch nach Trans-
zendenz bei den meisten Menschen aber geblieben ist. Nichts tut auf diesem Gebiete mehr not, als daß sich das Christentum auf seine eigentlichen
Aufgaben besinnt. Christliche Menschen erkennt man nicht an der Zahl
ihrer Kirchgänge, sondern daran, daß sie, wie schon Friedrich Schlegel fest-
stellte, ›einen Hauch von Andacht und Begeisterung über unserem ganzen
Sein‹ empfinden.« Die Vermittlung dieser Andacht sollte für unsere Kirchen wichtiger sein als die Diskussion politischer Parolen.

Schließlich lehnt sich Goeudevert an Schopenhauer an: »Daß die Welt
bloß eine physische, keine moralische Bedeutung habe, ist der größte, der
verderblichste, der fundamentalste Irrtum, die eigentliche Perversität der
Gesinnung, und ist wohl im Grunde auch das, was der Glaube an den
Anti-Christ personifiziert hat.«

Ein natürliches, aber verdrängtes Hungergefühl

Bei einem Besuch in der Sahelzone lernte ich Kinder kennen, die noch nie
in ihrem Leben das Gefühl einer Sättigung erlebt hatten. »Satt sein« ist für
sie ein Begriff, den es nicht gibt.

Und wie ist es mit uns? Haben wir uns so sehr an unser seelisches Hun-
gergefühl gewöhnt, und wurde uns das Bedürfnis nach Sättigung bereits
in früher Kindheit so schnell aberzogen, daß wir erstaunt reagieren und ge-
kränkt oder peinlich berührt sind, wenn wir Menschen treffen, die uns mit
der Sinnfrage konfrontieren? Die Frage nach dem Sinn steckt doch tief in
jedem Menschen drin. Denken wir nur an die vielen Fragen unserer Kinder, die mit »wozu?« und »warum?« begannen, bis sie eines Tages die Fra-

gen einstellten, nicht weil die Fragen beantwortet wurden, sondern weil die Kinder gelernt haben, daß die Erwachsenen diese Fragen meistens nur beantworten, wenn sich das »wozu?« auf überschaubare Grundbedürfnisse bezieht. Beispiel: »Wozu muß ich denn in die Schule gehen?« Antwort: »Damit du später einen Beruf hast und Geld verdienen kannst!«

Siegmund Freud meinte, daß es den Sinn und das Ziel des Lebens nicht gäbe und infolgedessen diejenigen als krank zu bezeichnen seien, die nach dem Sinn des Lebens fragen oder sogar daran verzweifeln. Sind einige von denen, die man in die psychiatrischen Krankenhäuser abgeschoben hat, weil sie daran verzweifelt sind, den Sinn des Lebens nicht gefunden zu haben, wirklich kränker als diejenigen, die diese Frage vergessen oder beiseite gelegt haben? Die Sinnfrage bewegt jedoch die meisten insgeheim viel mehr, als sie es sich selbst und anderen gegenüber eingestehen.

Auch das ist eine Erfahrung aus vielen Beratungsgesprächen. Hat man erst einmal die Phase des Austauschs von Ereignissen und greifbaren Fakten überwunden, wird fast immer der Punkt offenbar, daß das Gegenüber sich stark mit der Sinnfrage auseinandersetzt, aber sich nicht traut, mit jemandem darüber zu sprechen. Nicht selten wird ein Taschentuch gezogen, wenn das Gegenüber merkt, daß eine Atmosphäre vorhanden ist, wo dieser Punkt offenbar werden darf, ohne Angst haben zu müssen, bloßgestellt zu werden. Ich denke da gerade an Gespräche mit zwei Führungskräften, wo durch diese Öffnung ungestillte Sehnsüchte aus der Kindheit offenbar wurden, Verletzungen und Zurückweisungen und die selbst aufgelegte Forderung, nie mehr darüber zu sprechen. Als plötzlich die ganze Not aufbrach, fanden wir Anhaltspunkte von negativen Festlegungen, die schon in jungen Jahren geprägt wurden. Durch diese Erkenntnis konnte später vieles aufgedeckt und geheilt werden. Wie oft höre ich in Gesprächen, daß Eltern sensible Fragen nach dem Sinn des Lebens mit Nichtigkeiten vom Tisch gefegt haben und die Fragen der Kinder nicht beantwortet hatten, sondern sie vor den Fernseher gesetzt haben. Von da an war klar: Über das, was mich wirklich beschäftigt und bewegt, darf ich nicht sprechen. Das nennt man »privat« oder sogar »intim«, und das ist in unserer Gesellschaft tabu!

Der Mut, tabuisierte Fragen zu stellen

Verena Kast, Präsidentin der internationalen Gesellschaft für analytische Psychologie, führte in einem Interview mit dem Zürcher Tages-Anzeiger vom 24. August 1995 aus: »Unser innerstes Anliegen ist letztlich die Sinnfindung. Das steht im Moment etwas quer zum Zeitgeist, und das ist auch gut so.«

Die Sinnsuche benötigt also Mut, in Wahrhaftigkeit eigenständig nachzudenken und sich folgenden Grundfragen zu stellen:
- Was ist das Leben und wie sollen wir leben?
- Wo liegen Sinn und Ziel des Menschseins?
- Wer bin ich?
- Woher komme ich?
- Wohin gehe ich?
- Welches sind meine Werte?

E. F. Schumacher leitet das bereits erwähnte Buch »Rat für die Ratlosen« mit folgenden Sätzen ein: »Bei einem Besuch in Leningrad vor einigen Jahren versuchte ich mich auf dem Stadtplan zurechtzufinden, es gelang mir nicht. Zwar hatte ich einige Kirchen gesehen, doch keine Spur von ihnen auf dem Stadtplan. Schließlich kam mir ein Dolmetscher zu Hilfe und sagte: ›Wir verzeichnen auf unseren Plänen keine Kirchen.‹ Ich widersprach und wies auf eine, die deutlich gekennzeichnet war. ›Das ist ein Museum‹, sagte er, ›keine richtige Kirche. Nur richtige Kirchen zeigen wir nicht.‹ Da ging mir auf, daß ich hier zum ersten Mal eine Karte in den Händen hielt, die vieles von dem, was ich unmittelbar vor mir sehen konnte, nicht zeigte. Meine ganze Schul- und Universitätszeit hatte man mir Karten vom Leben und Wissen gegeben, auf denen nicht die kleinste Spur von den Dingen zu sehen war, die mir am meisten bedeuteten und mir von größter Wichtigkeit für mein weiteres Leben zu sein schienen. Ich erinnere mich, daß ich jahrelang völlig ratlos war, und kein Dolmetscher kam mir zu Hilfe. Diese Ratlosigkeit dauerte an, bis ich nicht mehr an der Vernunft meiner Wahrnehmungen zweifelte, sondern die Richtigkeit der Karten in Frage stellte. Diese Karten beantworten keine der Fragen, auf die es wirklich ankommt, sie zeigen nicht den Weg zu einer möglichen Antwort. Sie leugnen schon die Berechtigung der Fragen.«

Kinder- und Narrenmund tut Wahrheit kund

Die Sinnsuche ist ein Weg, der sowohl Mut zur Wahrhaftigkeit als auch Mut zur Einfältigkeit braucht. Mein achtjähriger Sohn Michael wünscht sich regelmäßige Nachtspaziergänge mit mir. Bei diesen Spaziergängen wird mir deutlich, wie selbstverständlich einem Kind die Fragen nach dem Sinn sind. Ich merke in der Begegnung mit meinem Sohn, wie tabulos er alles anspricht. Hat er es verdient, daß ihm nebensächliche Fragen ausführlich beantwortet werden und man sich gerade in der Erziehung zur Disziplin die längste Zeit pedantisch mit Nebensächlichkeiten abgibt, während ihm bei den wesentlichen Themen, dadurch daß man sie nicht beantwortet, zu verstehen gegeben wird, daß solche Themen eben tabu sind und man(n) nicht über sie spricht?

Eines Nachts stellte mir Michael unter klarem Sternenhimmel die folgende Frage:»Papa, warum ist unser Leben so kurz, und warum geht es so schnell vorbei? Wozu sind wir auf dieser Welt? Was ist der Sinn, geboren zu werden, wenn wir wieder sterben müssen?«

Unsere Kinder fragen nach dem »wozu?«. Auch wenn wir Erwachsene beispielsweise die Frage unserer Söhne und Töchter nicht beantworten, indem wir mit den Achseln zucken und ein »fröhliches« Thema anschneiden, haben unsere Kinder ihre Fragen und deren Nichtbeantwortung nicht vergessen ... Und wenn unsere Kinder in der Zwischenzeit selbst erwachsen geworden sind und eigene Kinder haben ...

3. Die persönliche Sinnkrise

3.1. Der Mensch wird des Weges geführt, den er wählt

Die Sinnkrise entsteht bei den einen, wenn die unmittelbare Bedürfnisbefriedigung nicht mehr gelingt und wenn durch äußere Umstände erreichte Ziele verloren gehen. Ihr Lebensprinzip lautet:»Anerkennung, Wohlstand, Einfluß sind Belohnung für meine Leistung.« Zerbricht dieses Grundmuster, zerbricht der Lebenssinn. Die Sinnkrise beginnt bei anderen, wenn sie die Ziele erreicht haben, die sie sich gesetzt hatten, mit der Frage:»Ist das Erreichen meiner Ziele wirklich das, was ich gesucht habe, ist es das, was ich mir vom Leben vorgestellt habe?«

In Krisen stellt sich immer wieder heraus, daß das bisherige Fundament unseres Lebens nicht mehr ausreicht. Bei unzähligen Menschen, die resigniert und aufgegeben haben, hat sich die Krise als stärker erwiesen, als das bisherige Lebenskonzept. Aber darin liegt ein wichtiger Erkenntnisgewinn. Krisen können uns dazu verhelfen, trügerische Sicherheiten zu durchschauen. Der erschütterte Mensch will seine Fundamente tiefer legen. Darum ist es kein Zufall, daß es Krisen gibt. In unseren Krisen steckt eine Botschaft des Lebens an uns. Sie können ein Instrument werden auf der Suche nach dem Sinn unseres Daseins und uns aus der Gefangenschaft der oberflächlichen Gedankenlosigkeit befreien.

Immer wieder denke ich dabei an die Geschichte der drei Steinmetze: Im Mittelalter saßen drei Steinmetze vor dem Kölner Dom und klopften Steine. Ein fahrender Schüler kam vorbei und fragte die Steinmetze, was sie machten. Die drei Steinmetze gaben sehr unterschiedliche Antworten.

Der erste sprach: Ich klopfe Steine. (Existenzgrund)
Der zweite sprach: Ich klopfe Steine, um eine Mauer zu bauen.
                   (Zweckgrund)
Der dritte sprach: Ich klopfe Steine, damit baue ich einen Teil dieses
                   Domes. (Sinngrund)

Uns geht es nun darum, den Sinngrund zu finden! Dies ist immer ein schwieriger Weg. Denn wenn wir den Sinngrund finden wollen, kommen wir an der Kreuzung der Sinnkrise nicht vorbei, an der wir uns vorbehaltlos über die Tragfähigkeit unserer Lebensfundamente Rechenschaft geben müssen.

Eine Sinnkrise ist immer schmerzlich. Sie ist etwas Natürliches im menschlichen Leben, sie ist nichts Unnormales. Sie ist eine Chance: Sie ist das, was den Menschen vom Tier abhebt. Jeder Mensch trägt die Frage nach der Sinnfindung in sich. Das Problem ist nur: Stellen wir uns dieser Frage?

3.2. Vier Erfahrungen, die zur Sinnkrise führen können

Die Erfahrung einer Sinnkrise ist immer eine sehr persönliche und intime Angelegenheit. Trotzdem lassen sich zusammenfassend vier Kategorien von Erlebnissen bilden, die uns in eine existentielle Krise führen können:
– Verlust
– Versagen
– Überdruß (Übersättigung)
– Vergänglichkeit.

Diese Krisenerfahrungen sind oft miteinander verknüpft. Wir können unterschiedlich viel von solchen Erfahrungen verkraften, bevor sie eine Krise auslösen. Trotz aller theoretischen, wissenschaftlichen, psychologischen sowie politischen Erkenntnisse und trotz unserer bisherigen Erfolge können wir plötzlich den Boden unter den Füßen verlieren. Unsere Krisen kommen ungeraten und ungeplant, in Augenblicken, in denen wir sie nicht gebrauchen können. In den Krisen zeigt das Leben, daß es unberechenbar ist und anders, als es uns die Außenwelt vorgegaukelt hat.

1. Die Erfahrung des Verlustes

Die Erfahrung des Verlustes kann sich auf viele verschiedene Lebensbereiche beziehen:

– auf den Verlust der Heimat:»An den Wassern Babylons saßen wir und weinten.«(Psalm 137) So erinnern sich die Juden, die nach Babylon in die Verbannung verschleppt wurden. Viele Entwurzelte gehen in der Fremde langsam zugrunde.
– auf den Verlust eines geliebten Menschen durch Tod oder durch Trennung.
– auf den Verlust der Gesundheit.
– auf den Verlust einer wertvollen Aufgabe oder Zukunftsperspektive: Die Entlassung aus der Anstellung oder die frühzeitige Pensionierung bringt für viele eine Krise mit sich.
– auf den Verlust einer Position im Geschäftsleben oder in der Politik.
– auf den Verlust des Rufes.
– auf den Verlust sozialer, materieller Sicherheiten.

Die Erfahrung von Verlust kann Lebenswille und Lebensfreude zerstören.

2. Die Erfahrung des Versagens

Zur Verlusterfahrung gesellt sich zusätzlich das Element:»Du bist selbst schuld.« Häufiges Versagen zermürbt. Im Umgang mit Menschen, die Ihre berufliche Position verloren haben oder die zurückgestuft wurden, beobachte ich fast täglich Versagensgefühle und falsche Schuldgefühle.

Der Zürcher Tages-Anzeiger beschreibt am 9. Januar 1996 unter dem Leitsatz:»Ich bin unschuldig und schäme mich doch« ein Einzelschicksal unter vielen, die Ihre Arbeit verloren haben und in eine große Sinnkrise gestürzt sind, weil sie sich Vorwürfe machen, versagt zu haben. »Die Entlassung war wie ein Hammerschlag... Die haben meiner Seele einen Stich versetzt ... Die Verwandten glauben immer noch, ich arbeite... Ich kann es ihnen noch nicht sagen, ich schäme mich immer noch, obwohl ich weiß, daß ich unschuldig bin. Schwer drückt die Angst aufs Herz, einer der Hausbewohner könnte fragen: Wie geht's bei der Arbeit? Manchmal fasse ich Mut, will allen, die ich kenne, die Wahrheit sagen, doch jedesmal waren bisher die Scham und die Schuldgefühle stärker.«

Immer wieder stelle ich in meiner Beratungspraxis fest, daß das Selbstwertgefühl der meisten meiner Klienten von Jugend an sowohl von den Eltern wie auch von den Lehrern einseitig leistungsbezogen definiert wurde.

3. Die Erfahrung des Überdrusses

Doch auch die Erfüllung von angestrebten Zielen kann allzu oft der Auslöser einer Sinnkrise sein. Das Erlebnis ständigen Erfolges führt viel zu schnell zum Lebensüberdruß. Wenn ich alles erreicht habe, stellt sich die Frage: Was kann das Leben noch bieten? Das Erreichen der Ziele hat vielleicht Jahre gedauert – vielleicht sogar meine »besten Jahre«. Wieviel Zeit bleibt mir nun noch für mein eigenes Leben? Da hat einer jahrelang für ein bestimmtes Ziel gekämpft, nur dafür gelebt und alle Energien eingesetzt, und jetzt, wo er das Ziel erreicht hat, erkennt er, daß er sich zuviel davon versprochen hatte und die (privaten und familiären) Kosten viel zu hoch waren. Die Sehnsucht war schöner als die Erfüllung. Mein Verlangen hat mir vieles vorgegaukelt. Ich habe den ersehnten Posten und bin doch nicht glücklich geworden. Ich habe den Umsatz verdoppelt, aber zufrieden bin ich deswegen nicht.

Auch dies ist eine einschlägige Beratungserfahrung: Gerade Menschen, die sich alles erfüllen konnten, sind schließlich suizid-gefährdeter als Menschen, bei denen viele Wünsche unerfüllt geblieben sind.

4. Die Erfahrung der Vergänglichkeit

Die zweithäufigste Aussage der Bibel über den Menschen lautet: Der Mensch ist »bazar«, das heißt der Mensch ist »Fleisch«. Damit ist gemeint, daß der Mensch vergänglich ist. Vergänglichkeit und Bedürftigkeit beziehungsweise das Bewußtsein über beides, lassen den Menschen zu einem krisenanfälligen Wesen werden. Nicht ums Angstmachen geht es hier, sondern darum, klug zu werden. Wir leben unter dem Gesetz einer ablaufenden Zeituhr, und so ist die Vergänglichkeit ein Merkmal des menschlichen Lebens. Die Zeit vergeht. Ich kann nichts festhalten. Der Augenblick, der eben war und nun vergangen ist, kehrt nicht wieder zurück. Die Zeit ist wie ein Strom, wie eine Einbahnstraße. Es gibt nur eine Richtung. Das Vorübergehen der Zeit kann für uns sehr schmerzhaft sein. Oftmals am Tage werden wir daran erinnert. Jede neue Falte in unserem Gesicht und jedes graue Haar erinnert uns daran, wie auch jede fehlerhaft getroffene Entscheidung. Nichts kann ungeschehen gemacht werden. Das Bewußtsein der Spannung zwischen ablaufender Zeit und Bedürfnis nach bleibenden Werten und Geborgenheit läßt in uns Unruhe und Fragen nach dem Sinn entstehen. Viele von uns haben sich vielleicht aus Angst selbst innerlich abgeschottet, um in ihren eigenen Gedanken oder in Gesprächen diese Spannung nicht aufkommen zu lassen. Werbung und Freizeitindustrie helfen beim Verdrängen. Das Ergebnis zeigt sich deutlich in unserem Umgang mit der Zeit, mit der Vergänglichkeit und mit dem Tod. Im biblischen Psalm 90 (Vers 12) hieß es schon vor über dreitausend Jahren: »Lehre uns bedenken, daß wir sterben müssen, damit wir klug werden.«

Neben meiner Tätigkeit im Coaching von Führungskräften und im Executive Research halte ich jeden Monat einmal eine Beerdigung auf dem Basler Friedhof. Mir drängt sich dabei folgende Frage auf: Was würde den Trauernden das bedeuten, was mir vorher im Gespräch noch so dominant, lebensbejahend und fordernd entgegengekommen ist, als ich mit dem vor Leben und Ehrgeiz sprühenden Jungmanager sprach? Wie tragfähig sind die Fundamente unseres Lebensgebäudes angesichts der immer kürzer bemessenen Jahre, in denen unser Marktwert noch zählt? Wir leben zwar länger, aber die Zeit des »Gebrauchtwerdens« wird kürzer. Doch wenn andere uns brauchen, empfinden wir Sinn und Freude.

Die echte, unmittelbare Erfahrung mit der Vergänglichkeit löst oft eine Krise aus, die um so vehementer durchbricht, je weniger wir uns mit der Vergänglichkeit auseinandergesetzt haben:

– wenn Jugend und Schönheit und damit Anziehungskraft, Gefragtsein und Marktwert schwinden. Wie viele Manager über vierzig stecken deswegen in einer tiefen Identitätskrise und Resignation!

– wenn die Vitalität nachläßt.
– wenn bei Managern, Sportlern und Musikern Erfolg und Ruhm
  schnell vergessen werden und ein jüngeres, schöneres und erfolgreich-
  eres Gesicht das Titelblatt der Regenbogenpresse schmückt.
– wenn man plötzlich wieder allein in dem großen Haus sitzt, das man
  sich gebaut hat, und wahrnimmt, daß man alt geworden ist, und daß
  diejenigen, für die man das alles zu leisten gemeint hat, längst aus-
  gezogen sind.
– wenn sich die Gebrechen des Alters melden.
– wenn Krankheit und Tod sich plötzlich einstellen.

In solchen Momenten ist die Erfahrung der Vergänglichkeit am stärksten. Das Erlebnis, das unsere Fundamente am stärksten erschüttert, ist der
Tod. In einer nie für möglich gehaltenen Dringlichkeit meldet sich plötzlich die Frage nach dem Sinn des ganzen bisherigen Lebens. Der Tod kann
sich wie ein großer Schatten auf das gesamte Leben legen, denn der Tod
ist nicht nur der letzte Augenblick unseres Lebens. Wir tragen ihn schon
jetzt in uns.

Jeder Tag, den wir leben, bringt ihn einen Tag näher, insofern beeinflußt der Tod uns ständig.Der Mensch ist das einzige Wesen, daß ein Vor-
auswissen um seinen Tod hat. Darum rät Thomas van Kempis in seiner
Schrift »Nachfolge Christi« im Jahre 1617: »Darum, mein Allerliebster,
aus welch großer Sorge kannst Du Dich erretten, wenn Du stets des Todes gegenwärtig bist! Darum befleißige Dich, so zu leben, daß Du Dich in
der Todesstunde mehr freuen als fürchten mögest. Halte Dich als Pilgrim,
behalte Dein Herz frei und erheb es zu Gott, denn Du hast hier keine blei-
bende Stätte.«

3.3. Sechs Verhaltensmuster an der Kreuzung der Sinnkrise

Nahezu jeder von uns kommt in seinem Leben ein oder mehrmals an die
Kreuzung der Sinnkrise – auch wenn die Erfolgreichen und Starken unter
uns sie manchmal länger und geschickter verdrängen können. Es gibt viele Bezeichnungen dafür, eine davon lautet: »Midlife-crisis«. An dieser
Kreuzung sind wir angelangt, wenn sich unwiderruflich – aus welchem
Grund auch immer – existentielle Fragen aufdrängen, wie etwa: Wer bin
ich? Wohin gehe ich? Was ist mir geblieben von dem, was ich geleistet ha-

be? Sechs verschiedene Wege oder Verhaltensmuster kann man aus der Auswertung unserer Gespräche erkennen:

1. Mitschwimmen im Trend

Der Entschluß zur Oberflächlichkeit, zum Mitschwimmen im Trend, der Versuch, die Sinnfrage ausschließlich materiell zu beantworten, wird von vielen eingeschlagen. Interessanterweise entscheiden sich hierfür immer öfters Menschen, die eigentlich gar nicht so leichtfertig wären. Ich denke dabei an einen Menschen aus meinem persönlichen Bekanntenkreis, den ich seit meiner Kindheit kenne. Viele Gespräche habe ich mit meinem Freund über philosophische und weltanschauliche Betrachtungsweisen geführt. Auf vielen Spaziergängen wälzten wir Fragen über die Geheimnisse des Lebens, er war ein Mensch, der nie oberflächlich war. Jahre später traf ich ihn wieder – und es war kein echtes Gespräch mehr möglich. Er sagte: Ich habe aufgehört zu fragen, ich habe mich entschlossen zu leben, solange ich dazu noch Kraft habe und es Spaß macht. Als ehemals tiefgründiger Mensch hat er den bewußten Entschluß gefaßt, dennoch oberflächlich zu leben – er ist zum Zeitgeist-Surfer geworden. Der Preis, den er zahlen muß, ist, daß er auf verschiedene Themen nicht mehr angesprochen werden will, weil sie ihm weh tun und er gewisse Gedanken meidet, die ihn an die alte, weniger oberflächliche Zeit erinnern.

In ähnlichem Zusammenhang muß ich auch an den Basler Gaudenz Stähelin denken. Als Pfarrerssohn, Konzernleitungsmitglied und Präsident der Basler Handelskammer erzählt er[5]: »Welches ist der Preis für den beruflichen Erfolg: Daß für Empfindungen wenig Raum bleibt, Emotionen, Musisches kommen zu kurz, werden abgeschnitten. Tieferes Versenken ist nicht möglich, die Tür ist verschlossen. Zuweilen spüre ich fast Angst, stärkere Hingabe ans Musische und Emotionale könnte für die übrige Tätigkeit gefährlich werden.«

2. Vertauschen von Wegen und Zielen

Wenn erfolgreiche Manager in meinem Büro vorbeikommen, dann denke ich bisweilen: Sie erscheinen mir wie verloren gegangene Schatzsucher.

---

[5] in: Michel-Alder, Elisabeth (1986) Männer im Glashaus; Zürich

Weil sie das Ziel, daß ihrem Bedürfnis entspricht, nicht gefunden haben, und weil sie das alltägliche Berufsleben nicht befriedigt, deklarieren sie die Wege zu Zielen und machen das Karrierestreben zum Selbstzweck. Der Verlust des Sinns hat zur Folge, daß ein Vertauschen von Wegen beziehungsweise Mitteln mit Zielen stattfindet. Weil Ziele nicht erkannt werden, werden die Wege zu Zielen. Um nur einige alltägliche Beispiele zu nennen:

– Macht und Einfluß, Arbeit und Leistung – sind das Ziele oder Wege meines Lebens?
– Geld und materieller Wohlstand, Haus und Wohnen – sind das Ziele oder Wege meines Lebens?
– Schöne oder schnelle Fortbewegungsmittel wie Auto oder Motorrad sind für viele ein Ziel, obwohl sie bloß leblose Fortbewegungsmittel sind. So gilt für viele Ältere: Ich weiß zwar nicht, wohin ich reise, aber dafür komme ich um so bequemer dorthin. Und so gilt für viele Jüngere: Ich weiß zwar auch nicht, wohin ich reise, aber dafür bin ich um so schneller dort.

Jeder von uns müßte sich doch ganz persönlich fragen:

– Welche Ziele habe ich?
– Wenn es sich um Wege und Mittel handelt, was sind meine Ziele? Kurz-, mittel- und langfristig?
– Wenn es sich um Ziele handelt, was bleibt als meine Identität bei Verlust beziehungsweise Nicht-Erreichen?

Wieviel Fleisch ist noch am Knochen unserer Identität, wenn Leistungskraft und Gesundheit eines Tages nicht mehr da sind? Diese bange Frage wird in manchen meiner Beratungsgespräche erörtert, denn die meisten meiner Gesprächspartner haben das verloren, woran ihre Identität hing. Solange es ihnen noch gut ging, stellten sich die wenigsten diese Frage.

3. Verlagerung auf Ersatzwerte

Wir haben – wie auch immer wir weltanschaulich geprägt sein mögen – das Bedürfnis, etwas zu schaffen, was möglichst lange währt und bleibt. Alles, was wir tun, ist ein Ausdruck unseres Bemühens, die Endlichkeit zu überwinden und unserem Grundbedürfnis nach Unendlichkeit Raum zu schaffen. Was uns außerdem von der übrigen Kreatur unterscheidet, ist die Fähigkeit zur Selbstreflexion. Wir können weiter denken, als der Raum es zuläßt, in dem wir stehen. Trotzdem spüren wir zugleich die Unfähigkeit, den Raum zu durchbrechen. Wir erkennen, daß der Wettlauf mit der Zeit einmal zu unseren Ungunsten enden wird. Wir wissen, daß wir sterben müssen. Und das aktiviert in uns das Wissen und alle Aktivitäten, angesichts der Erkenntnis des Sterbens unserer entgegengesetzten Sehnsucht des Bleibens irgendeinen Ausdruck zu verleihen.

Eine kollektive Isolationsneurose ist nun entstanden, weil sich die meisten Menschen in ihrem Bedürfnis nach bleibenden Werten mehr auf Sachen als auf den Sinn konzentriert haben. Unser Verlangen nach bleibenden (Ersatz-)Werten hat nun viele »Fenster«:

– Unser Bedürfnis nach Qualität und Lebensdauer: Wir möchten am liebsten, daß ein produzierter Gegenstand »unendlich« lange hält (Unser Haus, unser Auto, unsere Firma, unser Lebenswerk...).
– Unser Bedürfnis nach Liebe: »Ich liebe Dich unendlich«, »Liebe mich! Aber wisse, daß mein Liebesbedürfnis unbegrenzt, unstillbar ist.«
– Unser Bedürfnis nach Lebensstandard: Wir möchten unsere »unendlichen« Bedürfnisse am liebsten in unseren 70 Jahren Lebensdauer unterbringen.
– Wir leben im Zeitalter des unbegrenzten Hedonismus.
– Unser Bedürfnis nach Haben: Die Habsucht kennt kein begrenzendes Prinzip.

Habsucht ist fehlgeleitete Sehnsucht nach »Ewigkeit«.

In vielen Büchern wird uns Mäßigung empfohlen, und wir werden dazu ermahnt, Habsucht im wirtschaftlichen und ökologischen Bereich zu verwerfen. Aber die Gretchenfrage ist doch: Wer gibt uns die Kraft, uns zu ändern? Was ist in der Lage, die nicht zu stoppende Kraft der Habsucht zu begrenzen? Das ist Mäßigkeit! Aber was gibt uns die Kraft zur Mäßigkeit? Mäßigkeit ist eine Folge von Sattwerden. Und »Sattwerden« hängt mit der Beantwortung der Sinnfrage zusammen. Die Sinnfrage ist der Ausdruck eines Hungergefühls, für das es noch keine ökonomische Kategorie gibt, obwohl es für uns alle fühlbar ist.

4. Verharren in der Sinnkrise

Es ist schwierig, im Leben mit keinem Ziel glücklich zu sein. Aber wer nichts zum Ziel hat, kommt auch dorthin. Es gibt Menschen, die ihre Krise schließlich selbst zum Lebensinhalt machen und in der Folge aus Defätismus, Nihilismus und Selbstmitleid nicht mehr herauskommen. Sie sind es auch, die an ihrem Leben verzweifeln und aus eigener Kraft nicht mehr aus der Depression herausfinden. Diese Gruppe wächst. Sie kommt in unsere Beratung mit der bereits vorgefertigten Antwort:»Für mich gibt es keine Lösung und keine Hoffnung mehr, ich bin zu nichts mehr nutze, ich falle nur noch meiner Umgebung zur Last, warum soll ich noch leben, ich verbrauche jetzt nur noch das Geld, das ich vorher verdient habe.«

5. Sich-Hineinstürzen in esoterische Erlebniswelten

Unter dem Leitthema:»Die Flucht ins Spirituelle, Sehnsucht nach Sinn« schrieb der»Spiegel« im Dezember 1994:»Jeder dritte hält die Zukunft für vorhersagbar, jeder siebte glaubt an Magie und Hexerei. Die alte Frage nach dem Sinn des Lebens hat eine neue Subkultur hervorgebracht: Immer mehr Menschen suchen in Seminaren und Workshops, bei Sekten und Gurus eine spirituelle Heimat. Nirgendwo ist der Esoterik-Boom deutlicher zu spüren als bei den Amtskirchen, denen derzeit mehr Gläubige verloren gehen als je zuvor. Die alte Frage nach dem Sinn des Lebens beschäftigt die Menschen des postindustriellen Zeitalters so sehr wie kaum eine andere. Gesucht wird Orientierung: ›mein Platz in der Natur‹, ›mein wahres Ich‹ ... Die einen erhoffen sich mehr Körpergefühl oder Kreativität, andere ›einen Weg‹ oder ›die Weisheit‹, und für manche scheint die Suche selbst das Ziel zu sein.«

Die Sparte Esoterik ist mittlerweile auf dem deutschen Büchermarkt diejenige Sparte mit den größten Zuwachsraten. Machen sie doch einmal die Probe aufs Exempel und gehen in eine große städtische Buchhandlung. Meine persönlichen Beobachtungen zeigen: Sie finden bei»Esoterik« etwa doppelt bis vier Mal so viele Bücher wie bei»Wirtschaft und Banken« und etwa fünf bis zehn Mal so viele Bücher wie bei»Weltreligionen und Christentum«. Der Börsenverein des deutschen Buchhandels schätzt, daß fast jede dritte Publikation in der Bundesrepublik inzwischen aus diesem Bereich stammt – ein deutlicher Indikator für die Sinn-Suche unserer Zeitgenossen.

Der von der katholischen Kirche geächtete Wiener Religionswissenschaftler Adolf Holl meint, es entstehe»eine Schnuppermentalität«. Das Wandern zwischen den Religionen führt zum Allround-Glauben mit

Swatch-Spiritualität: Man hat viele, trägt heute die, morgen eine andere.
Das Nachrichtenmagazin »Newsweek« lokalisiert die derzeitige »spirituelle Suche« vor allem in der »Babyboomer-Generation« als eine religiöse Reaktion der einst atheistischen 68er auf die Midlife-crisis. Und so begeben
sie sich auf die Suche, und zwar vermittelt durch Körper, Geist und Seele,
vornehmlich abends, am Wochenende und im Urlaub. Sie suchen eine
Gratwanderung zwischen Sich-Einlassen und Sich-Ausliefern in Seminaren, Kursen und Workshops, bei Sekten und Gurus, Lehrern und Meistern
oder auch allein bei sich selbst. Sie suchen durch Schweigen und Schreien,
durch Bewegung und Ruhe, Tanz und Musik, übersinnlich und sinnlich
und vor allem durch Lesen.

Die Subkultur der Sinnsüchtigen und Bewußtseinswanderer steht vor
dem Dilemma, daß im Spannungsfeld zwischen Sinn, Flachsinn und Un-
sinn alles erlaubt ist, was irgendeinem einfällt. Hauptsache man nimmt ir-
gend etwas zu sich, was den Anschein des modischen Trends trägt. Ein
Freund von mir berichtete, wie er im Urwald von Papua Neuguinea aus-
gedürstet an einen Wassertümpel kam, der übel roch und in dem sich einige sonderbare Lebewesen tummelten. Er sagte sich: »Egal, was da drin
ist, der Durst ist zu groß, jetzt wird getrunken.«

6. Bereitschaft zur wahrhaftigen Bestandsaufnahme

Eine äußerst ermutigende Erfahrung aus meiner Beratungtätigkeit ist es
aber, daß über sechzig Prozent der Klienten den Wunsch und die Bereitschaft einer tiefergehenden Bestandesaufnahme haben. Sie wissen, daß sie
nicht mehr so leben wollen wie bisher, sie realisieren, daß ihre bisherigen
Lebensfundamente nicht ausgereicht haben, sie bringen die Frage mit: Wie
sollen wir denn nun leben? Auch wenn in der dann folgenden Beratung nie
alles glatt geht und Ohnmacht auch auf der Seite des Beraters nicht selten
zu spüren ist, ist doch etwas grundsätzlich anders im Vergleich zu den Folgen der zuerst aufgezählten fünf Verhaltensmuster.

Wirkliche Selbsterkenntnis hat etwas mit innerer Arbeit zu tun, die an-
strengend und schmerzhaft ist. Wirkliche Veränderung vollzieht sich unter Geburtswehen. Es gehört Mut dazu, diesen Weg zu beschreiten. Viele
Menschen fürchten diesen Weg der Selbsterkenntnis, weil sie Angst haben,
ihre eigenen Abgründe könnten sie verschlingen.

Eine Bestandesaufnahme kann also oft schmerzlich sein, aber sie ist auf jeden Fall befreiend, wenn im gemeinsamen Gespräch innere Prägungen entdeckt werden, die einen Menschen von früher Kindheit an getrieben und fixiert haben: »Nur wenn ich mich übermäßig anstrenge, habe ich ein Recht auf Liebe«, »Ich bin nichts, ich kann nichts«, »Ich bin ein Versager«, »Ich werde es nie zu etwas bringen«, »Ich bin häßlich« sind nur einige Beispiele innerer Blockaden, die uns jahrzehntelang bei unserer innersten Sinn- und Lebenssuche stören können.

Freilich war es bei den wenigsten so, daß sie ganz von sich aus zum Nachdenken geführt wurden. Erst Ereignisse wie plötzliche Entlassung, unmittelbar auftretender Ärger im Geschäft, unüberwindbare Eheprobleme, Verkehrsunfälle, Krankheiten, Verleumdung, etc. waren bei den meisten der Auslöser dafür, daß die Krise offenbar wurde und sie das Bedürfnis entwickelten, ihre Lebensfundamente tiefer zu setzen.

Die meisten Klienten, die sich einer gründlichen Bestandesaufnahme gestellt haben, haben wieder Fuß gefaßt. Sie haben eine Vertiefung erlebt und blicken sogar mit Dankbarkeit auf die Krisenerfahrung zurück, selbst dann, wenn etwa eine Ehe nicht mehr gerettet, ein Arbeitsplatz nicht mehr erhalten oder eine chronische Krankheit doch nicht überwunden werden konnte. Manche kommen sogar zum Ergebnis, daß sie die Krise gebraucht haben, um endlich das Leben in einem tieferen Sinne zu verstehen. Sie haben neue Leitsätze für ihr Leben gefunden, Lebensmuster haben sich geändert, gesellschaftliche Beziehungen werden neu gewichtet. Klienten berichten davon, daß sie kleine Dinge des Lebens plötzlich mehr schätzen können, Dankbarkeit für Dinge erleben, die sie vorher als selbstverständlich annahmen, bewußter leben und einen anderen, nämlich sensibleren Umgang mit Menschen pflegen als bisher. Sie betrachten die Schönheiten in der Natur wieder mit größerer Aufmerksamkeit, und einige haben ein neues Aufgabenfeld gefunden, in dem die nichtmateriellen Werte eine größere Rolle spielen.

Allen denjenigen, die sich für den Weg einer gründlichen Bestandsaufnahme entschieden haben, ist eines gemeinsam: Sie wollen trotz der erlittenen Enttäuschungen, Schmerzen und Tiefen im nachhinein die Krise nicht mehr missen.

4. Krise als Chance – wo Identität beginnt

4.1. Was ist Identität?

Die Frage, wie ich meiner Krise begegne, ist zugleich die Frage, ob ich meine Identität gefunden habe oder nicht, und ob ich auf der Suche nach meiner Identität bereit bin, meine bisherigen Grundlagen zu hinterfragen. Dies wollen wir auch in diesem Kapitel versuchen. Doch zuerst sollten wir definieren, was eigentlich Identität bedeutet. Identität ist uns in der Wirtschaftswelt primär im Begriff der »Corporate Identity« bewußt. Diese Identität bedeutet, daß man die Identität einer Firma aus verschiedenen Blickwinkeln immer erkennen kann. Schließen Sie Ihre Augen, Corporate Identity ist das Bild, das Sie innerlich sehen, wenn Sie nun den Namen Ihrer Firma hören. Man will die Firma identifizieren können, ob an dem äußeren Erscheinungsbild, den Produkten und Dienstleistungen oder dem Geschäftsgebaren.

Aber von der Unternehmensidentität soll hier nicht die Rede sein. Auch nicht vom Begriff der Identität in der Logik. Dort bedeutet Identität die Gleichheit eines Dinges mit sich selbst. Wir müssen vielmehr prüfen, was unsere persönliche Identität ist. Was ist die Identität des Menschen als einer Kreatur, die sich von anderen unterscheidet? Was ist der Unterschied zwischen Mensch und Tier? Intelligenz, soziales Verhalten, Laufen auf zwei Beinen, Gefühle? Als dies finden wir bei Tieren eigentlich auch, so bei Delphinen, Ameisen, Hühnern oder jaulenden Hunden.

4.2. Was ist menschliche Identität?

Um auf das Besondere der menschlichen Identität zu kommen, müssen wir uns klar darüber werden, daß wir nicht nur denken können, sondern daß wir uns auch über unser Denken bewußt werden können. Das bedeutet, daß wir nicht nur unser Reden und Handeln, sondern auch unser Denken selbst steuern können. Dies ist genau der entscheidende Moment, in dem wir uns aus dem Bereich der Instinkte verabschieden, wo der Mensch eben Mensch wird. Wo der Mensch dies nicht tut, wird er »zum Tier« im negativen Sinne. Er denkt, spricht und handelt nur noch aus dem momentanen

Empfinden heraus, geboren aus der momentanen Situation, getrieben von seinen unmittelbaren Bedürfnissen, die sich im Wesentlichen auf die materielle Versorgung, die soziale Macht in der Gruppe und den Sexualtrieb konzentrieren. Die alleinige Konzentration auf diese Bedürfnisse führt aber eben nicht zu Freiheit und einer persönlichen Identität, sondern zu einer unkontrollierten Abhängigkeit von diesen Urtrieben.

Wie also kann ich meine Identität finden? Der Weg führt in der Tat über die Selbstkontrolle der Gedanken. Er beginnt mit der nüchternen Bilanz der eigenen Gaben und Fähigkeiten sowie der Gegebenheiten und Möglichkeiten, die in Einklang stehen müssen mit dem, was wir bisher erreicht haben, und mit dem, was wir zukünftig noch erreichen wollen. Wir nähern uns dabei wieder der Definition der Identität aus dem Bereich der Logik: Identität ist die Gleichheit einer Sache mit sich selbst. Für unser persönliches Leben würde Identität demnach bedeuten: Den Sinn unserer Bestimmung und Lebensaufgabe finden, die Übereinstimmung von dem, was ich bin, mit dem, was ich sein könnte und sein soll.

Diese Definition klingt zwar wunderschön – aber woher weiß ich denn, was ich bin und was ich sein soll? Und jetzt fangen wir an, die Tiere zu beneiden. Sie denken nicht nach, was sie sind, da ihr Instinkt ihnen vorgibt, was sie tun müßen, und damit erübrigt sich die Frage, was sie sein sollen. Sollen wir uns also am besten einfach auch »instinktgesteuert« verhalten? Ich glaube nein, denn wenn wir immer nur tun, was unserem momentanen Empfinden am nächsten kommt, wenn wir uns also am reinen hedonistischen Lustprinzip orientieren, dann vergeßen wir, daß der Mensch in den zentralsten Bereichen seiner Identität nicht einfach instinktgesteuert ist. Welches sind diese zentralen Bereiche? Diejenigen, in denen der Mensch in Beziehung zu anderen Personen steht. Sie sind deshalb zentral, weil sich Leben immer nur aus Beziehungen ergibt. Ein Leben ohne Kommunikation, ohne Hinwendung, Geborgenheit und Liebe würde – beispielsweise bei einem Säugling – trotz bester materieller Versorgung zwangsläufig zum Tode führen. Es ist also lebensnotwendig, daß wir in Beziehung zu unseren Mitmenschen stehen.

Unsere Identität finden wir also nicht nur, wenn unsere Leistungen und Ziele mit unserem Potential übereinstimmen. Dies wäre, wie wir in anderen Kapiteln dieses Buches sehen, eine unzureichende Basis. Unsere innere Identität finden wir, wenn die Beziehung zu den Personen unseres Familien-, Freundes- und Berufskollegenkreises intakt sind.

Hier können wir nun wieder Vergleiche aus dem Bereich der Corporate Identity heranziehen. Ziel der Corporate Identity ist die stabilere Beziehung zu den Marktpartnern, und zwar auf dem Beschaffungs-, Arbeits- und Absatzmarktes. Die Beziehungen sind dann optimal, wenn der Marktpartner das Gefühl hat, daß er uns braucht. Wenn wir also wißen, daß wir als Person gebraucht werden, und zwar auf allen Gebieten unseres Lebens, dann erleben wir kaum eine Identitätskrise. Wir erleben keine Sinn- und Identitätskrise, wenn wir lieben und geliebt werden. Wann werden wir gebraucht? Wenn wir nicht ausschließlich unsere eigenen Bedürfnisse im Auge haben, sondern auch die Bedürfnisse der anderen erkennen und in unserem Denken und Handeln berücksichtigen. Deshalb ist »Geben seliger als nehmen« und die Aussage »einer diene dem anderen« hat auch heute noch seine Berechtigung.

Nun mögen diese zweitausend Jahre alten Zitate, deren Urheber Jesus von Nazareth ist, im gegenwärtigen wirtschaftlichen Strukturwandel als veraltete, fromme Ratschläge abgetan werden, doch sie haben sich in der Härte der wirtschaftlichen Realität bewährt. Die Freiburger Schule des Ordo-Liberalismus baut nämlich auf genau diesem Credo auf. Der Nutzen des Nachfragers – auf neudeutsch »added values« genannt – steht im Mittelpunkt und der Produzent beziehungsweise Dienstleister bietet an. Bei diesem Marktprinzip wird er nun gezwungen, optimale Leistung bei geringstmöglichen Kosten zu erbringen, selbst wenn er persönlich versucht, eine Gewinnmaximierung innerhalb dieser Konstellation zu erzielen. Das gewählte Ordnungsprinzip ist die Verbindung von Wettbewerbs- und Eigentumsordnung. Diese Wirtschaftsordnung ist ihrem Gegenstück, der sozialistischen Wirtschafts- und Gesellschaftsordnung, weit überlegen. Wie der Wirtschaftsrechtler Professor Dr. Wolfgang Fikentscher in seinem Buch »Freiheit und ihr Paradox« nachweist, geht letztere vom gegenteiligen Prinzip aus. Fikentscher schreibt, wie der Anbieter (d. h. die »Arbeit«) auf jeden Fall entlohnt wird, ob die Konsumenten die erbrachte Leistung nun benötigen oder nicht. Hier handelt es sich um eine egoistische Selbstverwirklichung der Arbeit und nicht um eine Nutzenstiftung auf der Seite der Bedürfnisse nach Gütern und Leistungen.

Übertragen auf unser Thema der Identitätsfindung eines Managers bedeutet dies eigentlich: Das Credo der Nächstenliebe ist dem der egoistischen Selbstverwirklichung überlegen. Dies ist auch logisch für eine Welt, die sich durch eine präzise Schöpfung und zahlreiche komplexe Beziehungen und Abhängigkeiten auszeichnet. Denn das, was für den einzelnen gut ist, darf nicht für die Allgemeinheit schlecht sein, auch wenn die umgekehrte Aussage fälschlicherweise eine all zu große Akzeptanz findet. Denn der einzelne ist immer Bestandteil der Allgemeinheit, er ist Teil des Beziehungsnetzes, und deshalb kann es nicht funktionieren, wenn jeder einzelne versucht, auf Kosten der Allgemeinheit besser zu leben. Wirtschaftlich gesehen mag er zwar derart temporäre Erfolge verzeichnen. Da der Mensch aber mehr ist als ein Homo Oeconomicus oder ein instinktgesteuertes Tier verliert er so ein Stück seiner Identität und gerät schließlich früher oder später in eine entsprechende Krise.

4.3. Persönliche Fragen

Nachdem wir diese grundsätzliche Fragestellung durchdacht haben, sollten wir uns jeder für sich ganz persönlichen Fragen zuwenden. Schließlich geht es darum, daß ich mir selbst diverse intime Fragen stelle und diese selbstkritisch und ehrlich beantworte:
– Was macht meine Identität aus?
– Woraus leite ich diese ab?
– An welchen Gegenständen, Statußymbolen und Titeln hänge ich?
– Was hat für mich Wert?
– Wer bin ich?
– Woher komme ich?
– Wohin gehe ich?
    Was bleibt von mir noch übrig, wenn die äußerlichen Aspekte, von denen ich bisher meine Identität abgeleitet habe, plötzlich nicht mehr da sind?
    Bin ich darauf vorbereitet,
– einen Erfolg hinzunehmen, ohne überheblich zu werden?
– einen Mißerfolg zu erleben, ohne mich entmutigen zu lassen?
– eine Kritik zu ertragen, ohne beleidigt zu sein?
– den Verlust meines Besitzes hinzunehmen, ohne zu klagen?
– den Verlust meiner nächsten Angehörigen zu ertragen, ohne zu verzweifeln?
– den Verlust meiner Arbeit zu erleben, ohne den letzten Sinn meines Lebens einzubüßen?

- den Verlust meiner Gesundheit durchzustehen, ohne die Geduld zu verlieren?
- Schmerzen zu erdulden?
- Einsamkeit zu gestalten?
- ungerechtfertigte Verleumdung auf mich zu nehmen?
Und die Fragen, die sich daran anschließen, lauten:
- Was würde ich tun, wenn ich nur noch einen Monat zu leben hätte?
- Kann ich loslassen?
- Habe ich etwas Bleibendes geschaffen?
- Wem gilt mein Engagement und meine Liebe? Mir selbst, Sachen oder anderen Personen?
- Wer sind diese Personen, die ich brauche oder die mich brauchen?

Ein eindrückliches Beispiel einer derartigen Selbsthinterfragung liefert uns ein Gedicht des evangelischen Theologen und Widerstandskämpfers Dietrich Bonhoeffer, der wenige Tage vor Ende des Zweiten Weltkrieges in nationalsozialistischer Gefangenschaft hingerichtet wurde[6]:

Wer bin ich?

Wer bin ich? Sie sagen mir oft,
ich träte aus meiner Zelle
gelassen und heiter und fest
wie ein Gutsherr aus seinem Schloß.

Wer bin ich? Sie sagen mir oft,
ich spräche mit meinen Bewachern
frei und freundlich und klar,
als hätte ich zu gebieten.
Wer bin ich? Sie sagen mir auch,
ich trüge die Tage des Unglücks
gleichmütig, lächelnd und stolz,
wie einer, der Siegen gewohnt ist.

Bin ich das wirklich, was andere von mir sagen?
Oder bin ich nur das, was ich selbst von mir weiß?
Unruhig, sehnsüchtig, krank, wie ein Vogel im Käfig,

---

6 Bonhoeffer, Dietrich (12/1983) Widerstand und Ergebung, S. 179, München

ringend nach Lebensatem, als würgte mir einer die Kehle,
hungernd nach Farben, nach Blumen, nach Vogelstimmen,
dürstend nach guten Worten, nach menschlicher Nähe,
zitternd vor Zorn über Willkür und kleinlichste Kränkung,
umgetrieben vom Warten auf große Dinge,
ohnmächtig bangend um Freunde in endloser Ferne,
müde und leer zum Beten, zum Denken, zum Schaffen,
matt und bereit, von allem Abschied zu nehmen?

Wer bin ich? Der oder jener?
Bin ich denn heute dieser und morgen ein anderer?
Bin ich beides zugleich? Vor Menschen ein Heuchler
und vor mir selbst ein verächtlich wehleidiger Schwächling?
Oder gleicht, was in mir noch ist, dem geschlagenen Heer,
das in Unordnung weicht vor schon gewonnenem Sieg?

Wer bin ich? Einsames Fragen treibt mit mir Spott.
Wer ich auch bin, Du kennst mich, Dein bin ich, o Gott!

4.4. Kann denn Leistung Sünde sein?

Eine zentrale Frage auf der Suche nach dem Sinn ist nun die Frage, woraus ich mein Wertgefühl ableite. Die meisten Gesprächspartner nehmen
wahr, daß ihre Identität von ihrer Leistung und ihrem Erfolg abhängt und
damit auch von ihrer Arbeit, weil diese ja das Mittel zum Erfolg ist. Von
klein auf werden wir gelobt und belohnt, wenn wir etwas geleistet haben.
Viele wollen sich nun ein Leben lang durch eigene Leistungen Liebe und
Zuneigung verdienen. Wenn jemand schließlich aus seiner Arbeitsstellung
entlassen wird, erleben wir oft genug einen totalen Zusammenbruch der
Identität. Es bedeutet für viele den höchsten Identitäts- und damit Sinnverlust. Wie gefährlich, denn vom beruflichen Erfolg zur Arbeitslosigkeit
ist es heute oft nur ein kleiner Schritt!
    Mir ist im Verlauf der Jahre eines immer klarer geworden: Die Wort-
spielerei in der Werbung einer Computervertriebsgesellschaft »Kann denn
Leistung Sünde sein?« kann auch in diesem Zusammenhang mit »Nein«
beantwortet werden. Es handelt sich nämlich gar nicht um die Frage, ob

»Leistung« Sünde oder Schuld bedingt, ich bin überzeugt, daß unserere Gesellschaft Leistungsbereitschaft, Zielsetzungen, Verantwortungsübernahme und den Mut zur Führung im politischen und im wirtschaftlichen Umfeld braucht. Trotzdem dürfen wir aber unsere ganz persönliche Identität und unser ganz persönliches Wertgefühl nicht in erster Linie auf dieser »Leistung« aufbauen, sonst steht jeder von uns einen Schritt vor dem Abgrund. Wenn wir diese Reduktion unseres Wertes nicht überwinden, bleibt jede Therapie nur eine zeitlich begrenzte Reaktion auf Symptome, und die eben geflickten Löcher brechen schnell wieder auf.

Der Chefarzt als Selbstmörder

In einer der größten schweizerischen Tageszeitungen[7] finden wir unter dem Titel »Letztlich am Nichts gestorben« einen bemerkenswerten Kommentar zum Selbstmord eines bekannten Chefarztes:
»Wenn ein Mensch ... seinen Lebenssinn und seinen Selbstwert weitgehend im beruflichen Erfolg sah und seine Existenz in hohem Maße von der Arbeit her definierte, stürzt mit dem Verlust der Arbeit wirklich eine ganze Welt zusammen. Wir dürfen ihn darum betrauern, daß er sich so sehr angepaßt hat an den knallharten Mechanismus der Arbeitswelt, wo wir vor allem für unsere Erfolge und Leistungen, für unsere Stellung und unser Haben respektiert und belohnt werden.

Betrauern wir ihn darum, daß er sich vom sogenannten veränderten Arbeitsverhältnis so sehr hat bestimmen lassen, daß er daneben alle seine Beziehungen und Kontakte zu Menschen nicht mehr sehen konnte, die ihn so liebten, wie er war. Betrauern wir ihn darum, daß er sich so sehr abhängig gemacht hat vom göttlichen Schein des Arztkittels.

Auf Hilfe anderer angewiesen zu sein, ist schwer und bedarf eines mühsamen, lebenslangen Lernprozesses. Und dies, obwohl wir immer wieder neu erfahren, daß uns das Wichtigste im Leben geschenkt wird, daß wir es nicht machen, nicht erzwingen, nicht mit Leistung erreichen können.

Alles, was ich habe oder bin, habe ich irgendwie von anderen empfangen: Die Sprache, die ich spreche, das Zimmer, in dem ich wohne, die Freiheit, die ich geniesse, mein Denken und meinen Glauben. Wir sind abhängig.

---

[7] Zürcher Tagesanzeiger, 17. Mai 1995

Woran ist Pietro gestorben? Verletztheit, Stolz, Scham? Letztlich ist er wie viele Selbstmörder am Nichts gestorben, oder besser: am Nichts gestorben, das heißt an der inneren Leere, am Gefühl, nichts und niemand zu sein ohne seine berufliche Stellung.«

Wir alle haben unsere Wertmaßstäbe, die uns prägen und an denen unsere Identität hängt. Nicht nur in der großen Welt der bekannten Persönlichkeiten, auch in der kleinen Welt sind der Beruf und die damit zusammenhängende Stellung inklusive Insignien identitätsprägend. Die Frage wird wichtig: Wovon hängt meine Identität ab? Wie haltbar sind die Wertmaßstäbe, von denen ich mein Wertgefühl ableite?

Die Näherin

So erfuhr ich von der Näherin der Nähstube eines Diakonissenhauses folgendes: Die kleinen Unterschiede in der Kleidung wachsen zu hoher Bedeutung und signalisieren bedeutungsvolle Unterschiede für die Identität der Träger, auf die es ja gerade bei formeller Kleidung ankommt. Ein für den Außenstehenden unsichtbares »handabgenähtes« Knopfloch gegenüber einem maschinengenähten oder eine handgenähte Borte gegenüber einer maschinengenähten können wichtige Accessoires zum Erkennen einer Persönlichkeit sein. Der Verlust der kleinen Unterschiede – beispielsweise durch eine simple Verwechslung – habe bereits tiefe Persönlichkeitskrisen hervorgerufen.

Damals in der Schule

Manche kommen gar nicht so weit wie Pietro, der am Höhepunkt seiner Laufbahn von der Brüchigkeit seiner Wertmaßstäbe eingeholt wurde. Manche sind von den bedenklichen Wertmaßstäben dieses Denkens bereits geschädigt worden und haben bereits als Kinder Narben erhalten, die oft ein Leben lang bleiben, bevor sie sich in dem System »Leistung = Belohnung« überhaupt auch nur ansatzweise bewähren konnten:

Nach einer Veranstaltung kam ein dreißigjähriger Mann auf mich zu und berichtet von undefinierbaren Ängsten seit seiner Kindheit. Er stotterte. Beruflich stand er in einer mittleren Position. Bei der ersten Sitzung fragte ich ihn, ob er sich erinnern könne, wann das Stottern das erste Mal aufgetreten sei. Er berichtete:»Es war in der ersten Klasse. Ich habe größte

Mühe gehabt, schön zu schreiben obwohl ich den ganzen Nachmittag mit meiner Mutter übte. Ich hatte Angst vor dem nächsten Schultag. Der Lehrer hob dann vor der ganzen Klasse mein Heft empor und sagte: ›Schaut, was für ein Schmierfink!‹ Die ganze Klasse lachte. Mir ging ein Stich durch meine Seele. Ich isolierte mich in der Pause von den Mitschülern, ich hatte stets Angst vor dem Lehrer, ich begann zu stottern, ich wurde ein Einzelgänger.« Bevor er überhaupt seinen Selbstwert bewußt vom Erfolgssystem ableiten konnte, wurde er bereits dessen Opfer. Ich lerne in meiner beruflichen Praxis viele Menschen kennen, die bereits in der Kindheit, in der Übergangsphase vom geborgenen Elternhaus zur Schule, starken Verunsicherungen ausgesetzt waren, die sie dann ein (Berufs-) Leben lang plagen.

Ein Chemiedirektor erlebte ähnliches wie die oben erwähnte Person. Aus der Klassenkasse war Geld verschwunden. Sein Sitznachbar, der eigentlich für den Verlust verantwortlich war, bezichtigte ihn beim Lehrer, der ihn vor der ganzen Klasse runterputzte. Dies löste in ihm Verzweiflung aus und ein bleibendes Mißtrauen. Zuhause hatte er zudem eine überstrenge Mutter, die ihm nur dann Wärme zeigte, wenn er sich übermäßig angestrengt hatte und Übermäßiges leistete. Diese und andere früh angelegte Muster programmierten ihn: Du wirst nur von Deinen Mitmenschen geliebt, wenn Du Übermäßiges leistest. Wo er dann trotz Leistung kein Lob empfing, stürzte er immer tiefer in die Nervosität und kam mit eigener Kraft nicht mehr aus einem übertriebenen Harmoniebedürfnis heraus.

Beide hier erwähnten Personen haben nach einer Phase intensiver Gespräche ihren Weg gefunden. Der dreißigjährige Mann lernte, seinem Lehrer zu verzeihen. Er überwand das Stottern vollständig, das ihn seit Kindheit an begleitete. Der andere erlebte bereits einen Durchbruch, als im gemeinsamen Gespräch die Verhaltensmuster aus Erlebnissen der Kindheit transparent gemacht wurden und die Bilder, die sein Verhalten unbewußt und täglich prägten, gewissermaßen auf dem Tisch lagen. Wir definierten neue Leitsätze, neue Wertmaßstäbe und erlebten bereits im Laufe weniger Monate, wie Lebensfreude und Sicherheit wieder zurückkehrten.

Die Ordensträger aus dem Ostblock

Wie geht es heute wohl all den Ordensträgern aus den ehemals sozialistischen Staaten in Osteuropa? Viele haben früher ein Leben lang gearbeitet, um diese Orden zu erreichen. Die Bedeutung dieser Orden machte ihren gesellschaftlichen Status und ihre Identität aus. Heute haben diese Orden höchstens noch Sammlerwert, viele davon erhalten Sie zu Spottpreisen auf dem Flohmarkt. Wieviel Tausende stehen noch immer in einer tiefen Identitätskrise? Nach dem Zusammenbruch der großen Scheinidentität des Sozialismus war die Kraft seiner Verheißungen erschöpft. All die Morgenröten und Zukunftssonnen, die so lange über dem Elend der Gegenwart aufgegangen waren, gerieten auf die Abstellplätze für veraltete Metaphern. Nach dem Nationalsozialismus und dem Sozialismus sind zwei große weltanschaulich-politische Versuche dieses Jahrhunderts gescheitert, zurückgeblieben ist eine Schreckensspur. Es war ein riesiges Gebilde, das keines Stoßes von außen bedurfte, sondern an seinen brüchigen Fundamenten zugrunde ging, an dem System der Lebenslügen, den ungezählten Widersprüchen von Schein und Realität. Für die Dauer von drei Generationen hat der »real existierende Sozialismus« die Völker durch die Wüste getrieben. Doch das verheißene Land ist nicht gekommen.

Müde der nicht erfüllten Verheißungen suchen die Menschen etwas Elementares zurückzugewinnen. Sie wissen, daß es nicht die großen Ideologien sind, die sie aus der Identitätskrise befreien. Aber sie wissen auch, daß die Antwort nicht in der Befriedigung der materiellen Bedürfnisse liegen kann, wie es uns die Wirtschaft suggeriert – nur verdrängen sie dieses Wissen.

Am Ende dieses Jahrtausends sind wir alle Zeugen, wie Weltblöcke und ihre Ideologien lautlos verschwinden. Die Reaktion offenbart Haltlosigkeit. Die einen versuchen, sie mit der Sucht nach Materialismus zu kompensieren, die anderen mit Esoterik, einige kehren zu ihren privat zusammengestellten Mythen zurück. Viele aber finden sich mit einem Leben ab, das keine Sinnfragen mehr zu beantworten versucht, sondern den Sinn im Trubel des Alltagsgeschäfts und im Streben nach persönlichem Wohlstand sucht. Das Prinzip der Verdrängung wird auf allen Ebenen des Lebens perfektioniert. Einige verharren in der Krise, und wenn sie keine Hilfestellung erhalten, gelingt es ihnen nicht mehr, aus eigener Kraft aus dem Strudel der Depression herauszukommen, denn kaum einer von uns ist ein Freiherr von Münchhausen.

Aus vorherigen Gedanken ergibt sich nun zwingend die Frage:»Woraus leite ich mein persönliches Wertgefühl ab?« Aus der beruflichen Stellung, der materiellen Sicherheit, Ehrentiteln und Ansehen, Konsum und Wohlbefinden? Nicht viele sind es, die den Mut haben, sich einer ehrlichen Bestandsaufnahme zu stellen, um persönlich weiterzukommen.

Ich erwähnte anfangs bei den sechs Verhaltensmustern an der Kreuzung der Sinnkrise, daß ausnahmslos diejenigen profitierten, die sich einer wahrhaftigen Bestandesaufnahme gestellt haben. Im folgenden sollen einige Aspekte hervorgehoben werden, die uns in der Fragestellung helfen sollen: Wie geht es nach der Bestandesaufnahme weiter?

5. Der Weg

5.1. Der Weg zur Identität und zum Sinn

Es hat nichts mit Egoismus zu tun, wenn wir lernen, uns unabhängig von unserer Leistungskraft, unserer momentanen Nützlichkeit, unserem akademischen Grad, unserem Gesundheitszustand, unserem momentanen Aussehen oder unserem Marktwert als wertvoll zu anerkennen. In dieser Erkenntnis liegt für mich ein entscheidender Schlüssel auf dem Weg zu Sinn und Identität. Darum wollen wir diesem Punkt unsere besondere Aufmerksamkeit widmen. Unsere Identität kann nicht Ausdruck unserer Leistung sein, sondern umgekehrt sollte unsere Leistung Ausdruck unserer Identität werden. Der Weg dahin beginnt auch mit der Erkenntnis der eigenen Fehlbarkeit und der persönlichen Akzeptanz der eigenen Unvollkommenheit.

5.2. Die Bedeutung der Kindheit für die Sinnerfahrung

Durch die Predigt eines Freundes wurde mir vor einigen Jahren eine entscheidende Tür geöffnet für die Sicht eines bedeutenden Zusammenhang auf unserer Suche nach dem Sinn. Seine damaligen Äußerungen sind in diesem Abschnitt z. T. aufgegriffen.[8]

Wenn ich der Frage nach meiner Sinnerfahrung konsequent nachgehe, komme ich zurück in die Zeit der frühesten Kindheit. Am Anfang des Le-

---

[8] Vgl. Zimmer, Siegfried (1989) Die Frage nach dem Sinn, Vortrag in der Elisabethenkirche, Basel

bens stand eine intensive Erfahrung von Sinn, die überhaupt nicht von der Leistung her definiert wurde. Das war für uns alle von grundlegender Bedeutung. Unser Leben begann nicht in der Fremde, sondern an einem geschützten und vertrauten Ort: an der Brust der Mutter, in den Armen der Eltern, in der Wiege zu Hause. Die Zuwendung der Eltern war die erste »Begnadigung«, die wir erlebten. Die Eltern kümmerten sich um uns. Ihr Interesse und ihre Fürsorge signalisierten uns: Ich bin wichtig und wertvoll für sie.

Die Zuneigung unserer Eltern war nicht das Ergebnis unserer Anstrengungen. Sie hing nicht von unserer Qualifikation als Säugling ab. Wir waren wichtig – einfach weil wir da waren.

Die Sinnerfahrung in der Beziehung zu unseren Eltern war für uns die erste Lebensordnung, die wir kennengelernt haben. Und deshalb war für uns die Welt in Ordnung. Hier kamen wir auf den Geschmack. Und dieser Geschmack blieb uns auf der Zunge, wir können ihn nicht wieder vergessen. Als Kleinkinder wußten wir noch nicht, für wie wichtig wir uns selbst halten sollten. Wir fühlten uns wichtig, weil wir das Liebesobjekt unserer Eltern waren. Weil sie uns anlächelten, lernten wir zurückzulächeln. Die ersten sinnerfüllten Erfahrungen hatten nicht mit uns allein und einer von uns erbrachten Leistung zu tun. Wir hätten uns damals unseren Sinn nicht selbst geben können. Wie wichtig und willkommen wir waren, konnten wir uns nicht selbst sagen. Nur ein anderer konnte uns sagen, wie wichtig wir ihm sind – einfach weil wir da sind. (Wie groß das Maß an Zuwendung ist, das wir als Menschen von klein auf brauchen, zeigen leider die seelischen Schäden, die sich z. B. bei Heimkindern oder bei Kindern aus zerrütteten Ehen bemerkbar machen.)

Wir Menschen verdanken also unser Urvertrauen, unsere ersten Erfahrungen und damit die Grundlagen für unser späteres Suchen nach Sinn und Identität nicht einer Leistung, sondern einer Beziehung. Unsere ersten Sinnerfahrungen mußten wir nicht selbst erwerben, sondern wir bekamen sie geschenkt!

5.3. Der Verlust kindlicher Sinnerfahrung

Aus dem Vertrauten und der Geborgenheit heraus wuchsen wir allmählich ins Fremde hinein. Das begann mit dem Kindergarten und der Schule.

Und ganz anders als in unserer frühesten Kindheit werden wir nun in der Gesellschaft streng und unbarmherzig nach unseren Fähigkeiten und Leistungen beurteilt. Die Wertschätzung, die wir suchen und brauchen, hängt jetzt von unserem Aussehen und unserer Leistungskraft, von unseren Qualifikationen und unserem Potential ab. Wir finden nicht mehr einfach Anerkennung, weil wir da sind. Wir müssen uns die Anerkennung durch die anderen erst erwerben. Aber auch die höchste Anerkennung, die wir jetzt erwerben können, wird niemals so tief reichen wie die Anerkennung und das Urvertrauen, die wir in unserer frühen Kindheit geschenkt bekommen haben, ohne etwas dafür leisten zu müssen.

Die Gesellschaft beurteilt uns danach, wie nützlich wir für sie sind. Sie taxiert uns wie eine Ware auf dem Markt nach dem Gebrauchswert. Wir werden sortiert und aussortiert. Je nach Beurteilung landen wir in einem anderen Schultypus. Und nach der Schule werden wir weiter beurteilt. Die Intelligenztests, Eignungstests, Fragebögen und Personalakten sind Symbole unserer Zeit. Immer wieder, unser ganzes Leben lang, werden wir so zu einer Art Stellenbewerber, der Platz zu nehmen hat, damit seine Verwendungsmöglichkeiten geprüft werden – von Personalchefs, Managern, Bildungsexperten und Psychologen. Und dann werden wir Schubladen zugeordnet wie etwa »geeignet« oder »nicht geeignet«, »qualifiziert«, »unterqualifiziert«, »überqualifiziert« oder »nicht qualifiziert«, »können wir gebrauchen« oder »können wir nicht gebrauchen.«, »ist für uns wertvoll« oder »ist für uns wertlos«.

Sind wir nicht mehr nützlich, dann sind wir nicht mehr »sinnvoll« und werden in irgendeiner Form degradiert – beruflich, gesellschaftlich und persönlich. In unserer immer stärker zweckrationalisierten Gesellschaft wird dieser Trend weiter zunehmen. Der Mensch wird ein Mittel zum Zweck. Er wird zum Ding, zum Menschenmaterial, zum Werkzeug, zum »human tool«. Wichtig ist nicht mehr unsere einmalige Person, unser einzigartiges Kind in uns, sondern unsere Verwendbarkeit, unsere Leistungsfähigkeit, unsere Kompatibilität und die Frage, ob man uns allfälligerweise noch »up-daten« kann.

Das ist das Gesetz der Erwerbs – und Leitungsgesellschaft: Wer keine Leistungen vorweisen kann, ist wertlos, wer keinen Nutzen bringt, ist entbehrlich. Infolge dieser unbarmherzigen Beurteilung, der wir ausgesetzt sind, beginnt zwischen uns Menschen ein Kampf um die begehrten Positionen und Plätze. Dieser Konkurrenzkampf isoliert uns voneinander und macht uns zu potentiellen Feinden. Vorbei scheint die Zeit zu sein, in der wir bedingungslos geliebt wurden. In irgendeiner Weise sind wir alle gezwungenermaßen diesen Gesetzmäßigkeiten ausgeliefert und können uns ihnen nicht entziehen. Vergegenwärtigen wir uns aber nochmals das oben angeführte tragische Beispiel des Chefarztes, der Selbstmord begangen hat. Er starb an dem Empfinden, ohne seine berufliche Stellung niemand mehr zu sein. Spüren wir nicht, wie nahe wir als auf Leistung und Erfolg Getrimmte an einer Grenze stehen, wenn wir nicht trotz allem einen Weg finden, der uns aus dem eisernen Griff unserer reduzierenden Leistungsgesellschaft befreit, die den Wert von uns Menschen ausschließlich von unserer Nützlichkeit her ableitet?

Wir müssen von der einseitigen Ableitung unseres Selbstwertes aus Leistung und Nützlichkeit wegkommen, wollen wir den Schlüssel finden für unsere Identität und unseren Sinn. Ein Blick in unsere Kindheit hat uns dies deutlich gemacht. Die Identität und Sinnerfüllung in der Erwerbsgesellschaft ist immer abhängig von Leistung, Aussehen, Attraktivität und Nützlichkeit. Weil das so ist, stehen wir alle immer einen Schritt vor dem Abgrund, haben viele Menschen Angst vor dem Morgen, Angst davor, ihre selbst erarbeitete Identität zu verlieren. Denn wer kann mir sagen, ob ich morgen noch gesund bin, ob ich morgen noch so nützlich und leistungsfähig bin wie heute, ob ich morgen noch so attraktiv bin wie heute?

Unsere Identität in der Leistungsgesellschaft ist immer eine erarbeitete Identität. Die Identität aber, die wir im Innersten suchen und die wir zutiefst brauchen, ist eine geschenkte Identität. Eine Identität, die nicht wegen meines Tuns da ist, sondern wegen meines Seins. Der Weg zu dieser Identität führt fast immer durch eine Krise. Das chinesische Wort für Krise hat zwei Bedeutungen: Es bedeutet Gefahr, aber es bedeutet auch Chance. Sinnkrise tut uns allen weh, aber viel schmerzlicher wäre, wenn sie in unserem Leben fehlen würde.

5.4. Der verlorene Sohn

Nirgendwo in der Weltliteratur sind die Sinnkrise und der schmerzliche Prozeß des Verlierens und Wiedergewinnens der »kindlichen« Identität und Sinnerfüllung, die Irrwege der von uns selbst erworbenen Identität ergreifender und verständlicher beschrieben als im Gleichnis vom verlorenen Sohn[9]. Dieses Gleichnis schildert uns in eindrücklicher Weise den Kampf eines Menschen, der nach dem Zusammenbruch seiner selbsterworbenen Identität als Erwachsener zurück in eine Identität findet, die zurückweist in die Kindheit. Menschen, die diesen Prozeß durchlaufen und ihre Identität wiedergefunden haben, werden sich zwar den Gesetzen des Erwachsenenlebens und der Erwerbsgesellschaft nicht auf magische Weise entziehen können, aber sie stehen über ihnen und erhalten eine neue innere Unabhängigkeit und Souveränität.

Ein Mann hatte zwei Söhne. Der Jüngere der beiden sagte zum Vater: »Gib mir den Teil der Erbschaft, der mir zusteht.« Da teilte der Vater seinen Besitz unter seinen beiden Söhnen auf. Nach ein paar Tagen machte der jüngere Sohn seinen ganzen Anteil zu Geld und zog in die Fremde. Dort lebte er in Saus und Braus und verbrauchte sein ganzes Vermögen.

Als er nichts mehr hatte, brach in dem Land, in das er gezogen war, eine große Hungersnot aus, und es ging ihm schlecht. Schließlich fand er Arbeit bei einem Bürger jenes Landes. Der schickte ihn aufs Feld zum Schweinehüten. Sein Hunger war so groß, daß er sich auch mit dem Schweinefutter begnügt hätte. Aber selbst das verwehrte man ihm.

Endlich ging er in sich und sagte sich: Die Arbeiter meines Vaters bekommen mehr, als sie essen können, und ich werde vor Hunger noch umkommen. Ich will zu meinem Vater gehen und zu ihm sagen: »Vater, ich bin vor Gott und vor Dir schuldig geworden; ich verdiene es nicht mehr, dein Sohn zu sein. Lass mich doch als einfachen Arbeiter bei dir bleiben!

So machte er sich also auf den Weg zu seinem Vater. Dieser sah ihn schon von weitem kommen. Und voller Mitleid lief er ihm entgegen, fiel ihm um den Hals und küßte ihn. »Vater«, sagte der Sohn, »ich bin vor Gott und vor Dir schuldig geworden, ich verdiene es nicht mehr, Dein Sohn zu sein ...« Aber der Vater rief seine Diener: »Schnell, holt das beste Kleid für ihn, steckt ihm einen Ring an den Finger und bringt ihm Schuhe! Holt das Mastkalb und schlachtet es! Wir wollen ein Fest feiern und uns freuen! Mein Sohn hier war tot, jetzt lebt er wieder! Er war verloren, jetzt ist er wiedergefunden!« Und sie begannen zu feiern und fröhlich zu sein.

In einer faszinierenden Weise versinnbildlicht uns dieses bekannte und vielleicht schönste Gleichnis der Bibel das Problem der Konsum- und

---

[9] Lukas-Evangelium, Kapitel 15, Verse 11–32

Nützlichkeitsgesellschaft und weist uns in eine neue Richtung. Das Gleichnis ist ein Bild für den Verlust und das Wiederfinden von Identität, Heimat und Wertgefühl. Es zeigt uns bildhaft den langen Weg, den ein Mensch geht, bis er den Wert seiner Identität unabhängig von der Wechselhaftigkeit äußerlicher Kulissen und seines Marktwertes erkannt hat. Gleichzeitig ist dieses Gleichnis eine Ermutigung für alle, die dabei sind, auf einem langen Weg die Geduld zu verlieren.

Was der Sohn früher nicht schätzte, die Beziehung zum Vater, erlebt er durch die Trennung und spätere Rückkehr bewußt. Hier erkennen wir die Funktion einer Identitätskrise, die darin besteht, sich den Verlust eines Wertes ins Bewußtsein zu rufen, den man vorher weder erkannt noch geschätzt hat. Die Bibel nennt uns hier als grundlegenden Wert eine Beziehung, die in unserem Leben nie vergehen muß, gleichgültig was auch kommt, nämlich die Beziehung zu Gott als Vater.

Beim Weggehen des Sohnes ist die ganze Aufmerksamkeit nach außen gerichtet. Selbstsicher geht er seinen Weg, auf seine eigene Kraft und sein Vermögen bauend. Vorerst hat er auch Erfolg. Nach dieser Phase der Anerkennung durch äußere Faktoren, die bei einem jungen, gut aussehenden und wohlhabenden Mann keiner großen Anstrengung bedarf, folgt die Phase der Anlehnung. Diese Phase tritt ein, sobald er merkt, daß die Erfolge der eigenen Leistungskraft nachlassen. Er suchte Hilfe bei einem Bürger jenes Landes – wahrscheinlich einem der früheren Freunde. Trotzdem kann er seinem Niedergang nicht entkommen. Erst jetzt folgt die Phase der offensichtlichen Krise. Wenn die Wertschätzung aufgrund fehlender Reize und fehlender Nützlichkeit plötzlich nicht mehr da ist, landet nicht nur dieser verlorene Sohn, sondern wir alle landen dann »bei den Schweinen«. Das ist bei den meisten irgendwann einmal vorprogrammiert, wir haben davor Angst und können doch nicht entfliehen.

Aber in der tiefen Sinn- und Lebenskrise, in die der junge Mann kommt, liegt bereits der Beginn der Heilung und Wiederherstellung. Wir erkennen, daß die Krise eine positive Bedeutung für unser Leben hat, weil sie das Ende eines Irrweges markiert, der in eine Sackgasse geführt hat, und die somit die Voraussetzungen einer neuen Orientierung bietet. Vor der Umkehr erfolgt eine ehrliche Bestandesaufnahme. Nach der Bestandesaufnahme folgt zuerst die totale Hilflosigkeit. In dieser Phase wächst der Entschluß, loszulassen und sich von den alten Werten zu trennen. Die Krise führt zum Nachdenken über die eigenen leistungsorientierten Werte und zum Erkennen von brüchigen Fundamenten. Die Krise und auch der Hunger nach Sinn und Identität helfen uns dabei. Wir haben in vielen Situationen unseres Lebens Angst und empfinden oft auch Sehnsucht, die wir nicht genau definieren können. Es ist die Sehnsucht nach unserer eigentlichen Identität.

Wir erkennen im Gleichnis auch den Aspekt unserer Leistungsgesellschaft, wo die Daseinsberechtigung über die eigene Arbeit definiert werden will. So will auch der Sohn lieber als arbeitswilliger Knecht statt als Sohn zurückkehren. Der Wert des Knechtes im Gegensatz zu dem des Sohnes besteht darin, daß seine Identität und sein Sinn von der Nützlichkeit und Leistungsfähigkeit her abgeleitet werden. Der Stand der »Sohnschaft« dagegen besteht darin, daß man um seine »Kindschaft« weiß: Im Gegensatz zum Stand der »Knechtschaft« muß ich mir meine Anerkennung und Wertschätzung nicht durch Leistung erarbeiten, sondern ich bin als Sohn anerkannt, geliebt und an sich wertvoll. Dieser Stand sollte nun für uns die Basis zu unserer Leistung sein, nicht umgekehrt. Die meisten von uns leiten aber den Sinn und den Wert ihres Lebens von dem Prinzip der Nützlichkeit ab und fühlen sich ihr Leben lang als Knechte.

Wir alle sind von der Angst bestimmt, von unseren Mitmenschen nicht mehr anerkannt zu werden, es entsteht die analoge Situation wie die des einst reichen Sohnes, der buchstäblich »im Schmutz« landete. So beantwortet dieses Gleichnis die Schlüsselfrage nach dem Sinn des Lebens und weist zugleich den Weg zur Antwort: Woraus leite ich meine Identität ab, wenn ich das Fundament meiner Leistungskraft plötzlich verloren habe? Das Gleichnis endet mit dem Satz: »... dieser dein Bruder war tot und ist wieder lebendig geworden, er war verloren und ist wiedergefunden.« Obwohl er ja physisch die ganze Zeit über lebendig war, war er doch tot. Tot ist hier der Zustand, wenn der Mensch nicht im Einklang mit seiner eigentlichen Identität steht und somit ohne tiefere Beziehungen lebt, im biblischen Sinne meint dies insbesondere ohne eine Beziehung zum göttlichen Vater.

Die Identität, die wir uns selber schaffen, orientiert sich an sichtbaren und äußerlichen Kriterien. Wir stylen unserere Identität. Wir haben das Bedürfnis, in unseren Augen und in den Augen der anderen etwas Besseres zu sein: intelligenter, interessanter, erfolgreicher, tugendhafter, wohlhabender und auf alle Fälle leistungsfähiger und somit wertvoller als die anderen. Wir sind stolz auf unsere Referenzen, unsere Visitenkarte und unser goldenes Namensschild an der Tür. Wir wollen stolz sein und kämpfen für eigene Leistungen, aber wir wollen uns nicht geborgen fühlen in geschenkter Liebe. Die Folge davon ist, daß wir unseren Eigenwert von der Wertschätzung der anderen Menschen ableiten. Aus der Reaktion anderer Menschen schließen wir auf unseren eigenen Wert. Wenn die Wertschätzung der anderen aber plötzlich nicht mehr da ist, weil wir für sie nicht mehr wertvoll sind, landen wir zwangsläufig wieder im »Schweinestall«.

5.5. Sinn außerhalb des »Nützlichkeitsprinzips«

Erfahrungen, die dieses Nützlichkeitsprinzip durchbrechen, sind neben der beschriebenen »göttlichen Vaterliebe« beispielsweise Erfahrungen der Freundschaft und der Liebe zwischen Mann und Frau. Zwischen Freunden und Liebenden gelten keine unbarmherzigen Gesetze. Darum sind Freundschaften so wichtig, sie helfen uns über vieles hinweg. Ein Freund wird versuchen, mich nach einem Fehler oder Versagen aufzubauen. Ähnliches gilt für die Liebesbeziehung zwischen Mann und Frau. Wenn ich in das Gesicht dessen schaue, der mich liebt, spüre ich etwas, das ich seit meiner frühen Kindheit nicht mehr erlebt habe: Ich bin wichtig, einfach weil ich da bin. Das empfinden wir als faszinierend. Es ist ein Zustand, der uns ein latentes Bedürfnis offenbar macht, ein Wohlgefühl, das anders und tiefer ist als eine gute Zeugnisnote. Befriedigend gerade deswegen, weil es sich nicht um eine erworbene, sondern um eine geschenkte Wohltat handelt.

Dies macht wohl auch den kleinen aber feinen Unterschied zwischen Verliebtheit und Liebe aus. Ein Verliebter sagt: »Ich liebe Dich, weil Du so und so bist.« Ein Liebender aber sagt: »Ich liebe Dich, weil Du bist.« Das ist es, was meinem Leben Sinn verleiht: Es ist das Angenommensein in einer Beziehung, es ist nicht meine Leistung! Nur der kann meinem Dasein Sinn verleihen, der mir sagen kann: »Für mich bist Du unersetzbar. Was wäre ich ohne Dich!« Diese Art von Sinn kann nur eine Person vermitteln. Kein Geld, keine Idee, kein Beruf, keine Leistung kann zu mir sagen »Für mich bist Du unersetzlich. Was wäre ich ohne Dich?« Meine Nützlichkeit kann wichtig sein, meine Leistungen können mir zum beruflichen Erfolg verhelfen, aber ich werde dennoch nicht geliebt.

Es ist nicht so, daß in Freundschaft und Liebe die Leistung keine Rolle spielt. Der Unterschied besteht aber darin, daß ich in der Erwerbsgesellschaft Leistung erbringen muß, um materielles Glück und Zufriedenheit zu haben. In der Freundschaft und in der Liebe bin ich glücklich und angenommen – und deshalb bin ich fähig, Leistung zu erbringen. Ist die Leistung das Mittel, um Glück zu erwerben, dann bleibt stets die Angst, aus irgendwelchen Gründen nicht genügend leisten zu können und das Glück wieder zu verlieren. Diese Art von Leistung hat etwas Zwanghaftes an sich. Geschieht die Leistung aber als Reaktion auf erlebtes Glücklich-Sein, als Ausdruck und Frucht der inneren Freude, dann geschieht sie in Freiheit und führt in die Freiheit.

Dennoch sind Freundschaft und Liebe nur ein Wegweiser und noch nicht die endgültige Antwort auf die Frage nach dem Sinn. Allzu viele haben keinen echten Freund. Viele haben zuerst im Leben rastlos die »große Liebe« gesucht – und dann suchen sie den Rest ihrer Zeit in der »großen Liebe« das Leben – und schließlich lassen sie sich enttäuscht wieder scheiden – »weil ich diesem oder jener die besten Jahre meines Lebens geopfert habe und selbst leer ausgegangen bin.« Wären Freundschaft und Liebe die einzige Antwort auf die Sinnfrage, dann wäre es eine Antwort, die leider nicht für alle Menschen gilt. Was ist mit den vielen, die leer ausgehen? Wenn der Partner oder die Familie mir meinen Lebenssinn verleiht, was ist dann im Falle der Scheidung oder des Todes?

Und dennoch: Jede echte Freundschaft und Liebe wird eine Opferbereitschaft und Hingabe in mir wecken, die keine Kosten-Nutzen-Rechnung aufmacht und keine Leistungsanforderungen mehr stellt. Diese Elemente in der Freundschaft und Liebe, die nicht den Gesetzen der Menschenklassifizierung entsprechen, erinnern an die Erfahrungen der frühen Kindheit. Und gerade deshalb dienen sie als Wegweiser auf unserer Suche nach einem Ausweg aus der Sinnkrise.[10]

5.6. Die Suche nach dem Sinn führt in die Kindheit zurück

Und nun komme ich zu einem Gedankengang des Theologen S. Zimmer, der für mich eine Schlüsselaussage darstellt. Er weist auf Ernst Bloch hin: Ernst Bloch skizziert in seinem Buch »Prinzip Hoffnung« eine Vision: Das Ziel muß eine Gesellschaft sein, in welcher der Mensch nicht mehr nach

---

[10] Vgl. Zimmer, Siegfried (1989) Die Frage nach dem Sinn, Vortrag in der Elisabethenkirche, Basel

Tausch- und Konkurrenzgesetzen taxiert wird, in der nicht mehr seine Funktion, sondern seine Person im Vordergrund steht. Im letzten Satz seines Buches drückt Bloch aus, was seiner Überzeugung nach geschehen wird, wenn dieses Ziel erreicht ist: Dann »entsteht in der Welt etwas, das allen in die Kindheit scheint und worin noch niemand war: Heimat.« »Heimat« ist das letzte Wort seines Buches. Heimat wird zum Ziel aller Anstrengungen. Dieses Schlußwort ist ein Bekenntnis: Mehr als Heimat gibt es nicht. Sie ist es, die die Menschen in ihren politischen Programmen und Utopien suchen, bewußt oder unbewußt. Der Mensch sucht »Heimat«. »Heimat« hängt mit Kindheit zusammen. Bloch verbindet das Ziel, das vor uns liegt und »worin noch niemand war«, mit etwas, das längst hinter uns liegt und worin wir alle waren. Natürlich denkt er dabei nicht an die Rückkehr in einen kleinen Körper oder in eine kindlich-unmündige Haltung. Dennoch ist er der Meinung, daß Kindheit nicht nur hinter uns liegt, sondern auch vor uns. Er sagt mit anderen Worten: Wenn einmal unsere Ungerechtigkeiten und Schäden beseitigt sein werden, dann wird in uns ein Lebensgefühl entstehen, das uns an die Kindheit erinnert. Mehr noch: Ohne die erste Heimaterfahrung in der Kindheit könnte uns die Heimat gar nicht zum Ziel werden. Der Mensch sucht in allen Plänen und Mühen seine Kindheit oder wenigstens das verloren gegangene Lebensgefühl der Kindheit wiederzuerlangen, indem er sich selber aus eigener Kraft Mauern der Geborgenheit baut. Seine Ziele sollen ihm das unübersteigbare Lebensgefühl seiner Kindheit wieder ein Stück weit zurückvermitteln. Die erste Heimaterfahrung hat uns also nicht satt gemacht, sondern hungrig. Durch sie wußten wir, daß es so etwas Kostbares gibt, wir haben es gekostet und können diesen Geschmack nicht wieder vergessen. Wir Erwachsenen sehnen uns danach, daß es wieder so wird. Die Kindheit liegt deswegen auch vor uns, weil sie etwas Unüberbietbares hat. In einem gewissen Sinne ist das Phänomen der Kindheit wie ein Kompaß. Er deutet die Richtung an. Die Kindheit stellt von Anfang an klar, daß die dem Menschen gemäße Lebensordnung jenseits der Tausch- und Erwerbsgesellschaft liegt. Doch Bloch macht dieses Ziel zum Ergebnis unserer Anstrengungen. Muß man sich Heimat erwerben? Was wäre, wenn sich nicht nur das Ziel an der Kindheitserfahrung orientieren würde, sondern auch der Weg, auf dem wir diese Heimat finden können?[11]

---

[11] Vgl. Zimmer, Siegfried (1989) Die Frage nach dem Sinn, Vortrag in der Elisabethenkirche, Basel

In der Kindheit haben wir den Sinn unseres Lebens nicht erworben, sondern geschenkt bekommen. Könnte es mit der Heimat, die unser Ziel ist, nicht wieder so sein? Was wäre, wenn die Kindheit auch in diesem Punkt recht behielte? Heimat kann man sich nicht erwerben, sie darf nicht von unserer Anstrengung abhängen, wenn sie wirklich Heimat sein soll. Sie wird uns vor aller Anstrengung geschenkt. Sie kann nicht zum Ziel unserer Leistungen werden, sondern ist nur als Ausgangspunkt unserer Leistungen denkbar. Das aber würde uns in den Bereich des Glaubens verweisen. Der Glaube ist eine Art Heimweh nach einem Zuhause, daß wir nie kennengelent haben aber nach dem wir uns immer gesehnt haben. Sollte uns das Leben durch die Kindheitserfahrung alle an der Nase herumgeführt haben, indem es uns etwas schmecken ließ, das wir zwar nie wieder vergessen können, das aber letzten Endes doch lebensfremd und darum nie wieder erlebbar ist? Könnte die Kindheit nicht in einem noch tieferen Sinn, als Bloch es ihr zugetraut hat, Kompaß sein, nämlich Zeichen und Vorgeschmack auch darin, wie es zur Heimaterfahrung kommt?

6. Die Sinnfrage und der christliche Glaube

6.1. Kinder weisen uns den Weg

Ein Kind, das geliebt wird, leitet seinen Selbstwert nicht von seiner Leistung, sondern von seinem Status als Kind ab. Darum sind Kinder für Erwachsene so anziehend. In der Bibel werden sie immer wieder als Wegweiser für Orientierung beschrieben. Jesus stellte der antiken Erwachsenenwelt Kinder als Vorbilder hin, von denen die Erwachsenen Entscheidendes lernen könnten. Damit drehte er die in jeder Pädagogik übliche Richtung des Lehr- und Lernprozesses um:»In jener Stunde kamen die Schüler zu Jesus und sagten: ›Wer ist im Reich Gottes der Größte?‹ Da rief er ein Kind herbei und stellte es in ihre Mitte und sagte: ›Wer sich selbst so einstuft wie dieses Kind, der ist im Reich Gottes der Größte.‹«[12] Und eine der schärfsten Reaktionen, die von Jesus überliefert wird, geschah, als man Kinder von ihm fernhalten wollte:»Als Jesus das sah, da wurde er un-

---

[12] Matthäus-Evangelium, Kapitel 18, Verse 1–4

willig und sagte: ›Lasst die Kinder zu mir kommen und hindert sie nicht daran, denn gerade ihnen gehört das Reich Gottes.‹«[13] Hier war das erste Mal in der Antike von einer Wertschätzung außerhalb der Nützlichkeit die Rede. Zu dieser Erkenntnis zu gelangen und in der genannten Hinsicht »wie ein Kind zu sein« beinhaltet auch eine Lösung der Identitätskrise. Wenn wir uns selbst gegenüber nicht diese Haltung einnehmen, werden wir uns selbst als Knechte behandeln, was bedeutet, daß wir unseren eigenen Wert zuallererst von unserer Nützlichkeit her ableiten. Wir müssen aber dahin kommen, uns selbst so anzunehmen, wie es in der biblisch-antiken Quelle von den Kindern berichtet wird.

Wenn wir die Zuneigung eines anderen von unseren ansprechenden Eigenschaften und Reizen abhängig wissen, kommen uns Zweifel, ob diese Zuneigung wirklich uns gilt oder nur bestimmten Aspekten unserer Persönlichkeit. Erfahren wir nur infolge unseres positiven Verhaltens und unserer Leistung Anerkennung, dann ahnen wir, daß die Zuneigung nur so lange anhalten wird, wie wir erfolgreich bleiben und der Erwartungshaltung entsprechen. Was aber, wenn wir nicht stark, sondern hilflos, nicht attraktiv, sondern unscheinbar, nicht überdurchschnittlich, sondern nur mittelmäßig sind? Wir gewinnen unseren Lebensmut, unsere Sicherheit und unser Glück aus Beziehungen, in denen wir uns als die Person, die wir sind, angenommen wissen, d. h. bedingungslos und umfassend. Wenn wir erfahren, daß wir nicht erst durch unser Verhalten etwas erkaufen müssen, sondern für die Bezugsperson an sich wertvoll sind, dann werden wir frei davon, uns nur von unseren Leistungen her zu verstehen und uns von unseren Erfolgen abhängig zu machen.

Die Bezugsperson kann und soll übrigens auch ich selbst sein! Erlaube ich mir selbst, mich nur dann zu lieben, wenn ich etwas geleistet habe? Oder bin ich grundsätzlich in der Lage, mich selbst anzunehmen? Eine andere berühmte Aussage von Jesus – Liebe Deinen Nächsten wie Dich selbst – beinhaltet die Annahme, daß man auch positiv und bejahend zu sich selbst stehen kann.

Wenn wir erleben, daß die Liebe eines anderen nicht nur unseren »liebenswerten« Seiten sondern »uns selbst« gilt, bekommen wir den Mut, uns zunehmend auch mit unseren Schattenseiten auseinanderzusetzen und uns so zu sehen, wie wir wirklich sind. Wir müssen nicht länger fürchten, durch

---

[13] Markus-Evangelium, Kapitel 10, Vers 14

unsere Ehrlichkeit die Zuneigung anderer zu verlieren. Im Gegenteil, weil wir geachtet werden, kann es die Beziehung nur vertiefen, wenn wir dem anderen und uns selbst nicht länger etwas vormachen müssen, sondern ehrlich sein können.

Christen und Juden glauben, daß Gott uns bedingungslos liebt – samt unserer Abgründe und dunklen Seiten . Darum brauchen wir uns selbst nicht auszuweichen. Im Licht dieser Liebe kann der Schmerz der Selbsterkenntnis zugleich der Beginn unserer Heilung und Ganzwerdung sein.

6.2. Die Sinnerfahrung und Jesus von Nazareth

Wir leben in unserer marktwirtschaftlichen Leistungsgesellschaft des ausgehenden 20. Jahrhunderts eigentlich unter dem Gesetz des Nützlichkeits- und Erfolgsprimats. Wer keine Leistungen vorweisen kann, wird nicht für voll genommen, wer keinen Nutzen bringt, ist im Prinzip entbehrlich, wer keinen Erfolg hat, ist selbst schuld, daß er versagt – und unerwartet taucht nach 50 Jahren der Schatten des »unwerten Lebens« wieder auf. Das Leben der Menschen ist dadurch gekennzeichnet, daß es unter diesem »Gesetz der Knechtschaft« steht.

Bereits der jüdisch-griechische Philosoph und biblisch-christliche Apostel Paulus in der Antike und der deutsche Reformator Martin Luther im ausgehenden Mittelalter erkannten, daß der Mensch immer wieder vor verschiedensten Instanzen steht, die ein Urteil über ihn fällen und dadurch Macht über ihn gewinnen. Sie können so sein Gewissen, sein Selbstbild und sein Selbstwertgefühl beherrschen. Dies ist nun kein Problem neben vielen anderen Problemen, sondern das zentrale Problem des menschlichen Lebens überhaupt. Der Begriff »Gesetz« bezeichnet den Punkt, um den es geht. Dieses Gesetz war bereits für Paulus und auch für Martin Luther die »Verderbensmacht« und der große Schatten über unserem Leben, die Bedrückung, unter der wir alle leiden und die unsere Lebensfreude schmälert. Das Leben unter dem Gesetz – und dazu gehört auch das Gesetz der Erwerbsgesellschaft – ist ein Leben in der »Knechtschaft« und »in der Gefangenschaft« und darum eigentlich ein unmenschliches Leben.

Jesus von Nazareth sah – im Unterschied zum Philosophen Bloch – die Befreiung aus dieser »Knechtschaft« und die Lösung der Sinnfrage nicht als Ergebnis menschlicher Anstrengungen, sondern als eine Tat Gottes.

»Das Reich Gottes ist nahe herbeigekommen«[14] war der Mittelpunkt seiner Botschaft. Das »Reich Gottes« kann man nicht erwerben. Man muß es annehmen wie ein Kind, das Geschenktes dankbar annehmen kann. Jesus von Nazareth lehrte: »Wenn ihr nicht umkehrt und werdet wie die Kinder, dann könnt ihr nicht in das Reich Gottes kommen.«[15] Und »wer das Reich Gottes nicht annimmt wie ein Kind, der kann nicht hinein kommen.«[16]

In der Weise, wie Jesus seinen Mitmenschen begegnete, begann dieses Reich Gottes bereits Realität zu werden. Wie er sich den Armen, den Kranken, den Kindern, den Frauen und vielen gesellschaftlich nicht Nützlichen und Ausgestoßenen zuwandte, zeigte die Lebensqualität einer neuen gesellschaftlichen Ordnung. Seine Zuwendung durchbrach in geradezu häretischer Weise alle Kosten-Nutzen-Rechnungen entgegen den Dogmen der Leistungsgesellschaft.

Der Grund für sein Verhalten läßt sich daraus ableiten, daß Jesus eine neue Qualität einer Beziehung zu Gott gelebt hat und deshalb auch eine neue Anrede für Gott verwendet hat. Er hat Gott mit einem Ausdruck der Zärtlichkeit angeredet und seine Freunde gelehrt, ihn ebenfalls so anzureden: Er nannte Gott »Abba«. Das ist ein kindlicher Kosename für »Vater«. Jesus hat damit die Lebenserfahrung der frühen Kindheit gleichgesetzt mit der Gotteserfahrung und sie als Hinweis für die Gottesbeziehung gedeutet. Für ihn war Gott Quelle und Inbegriff von Urvertrauen, Geborgenheit, Zuwendung, Nähe, Zärtlichkeit und Verständnis. Die Kernaussage von Jesus in der biblischen Überlieferung ist somit: »Du bist nicht mehr Knecht, sondern Kind.«[17] Und gemäß Paulus gibt es letztlich nur zwei Lebensmöglichkeiten für uns Menschen: Entweder dominiert das Lebensgefühl der »Knechtschaft« oder das der »Kindschaft.«[18]

6.3. Von der Freiheit, loszulassen

Um in die genannte Haltung zu kommen, müssen wir nun lernen, davon abzulassen, unseren Lebenssinn weiterhin ausschließlich durch unsere ei-

---

14 Markus-Evangelium, Kapitel 1, Vers 15
15 Matthäus-Evangelium, Kapitel 18, Vers 3
16 Markus-Evangelium Kapitel 10, Vers 15
17 Galater-Brief, Kapitel 4, Vers 7
18 Vgl. Galater-Brief, Kapitel 3, Vers 26 bis Kapitel 4, Vers 7

genen Leistungen zu definieren. Wie anfangs erwähnt, beinhaltet die Erfahrung von Krisen und besonders von Verlust in unserem Leben auch eine große Chance. Der amerikanische Franziskanerpater Richard Rohr meint hierzu:»Alle Spiritualität ist die Lehre vom Loslassen: Wie wir unsere Sicherheit loslassen, wie wir unsere Identität und unser Selbstbild loslassen. Alle kontemplativen Lehrer führen uns in diese Richtung, und wir Kleriker müssen endlich auch den Mut haben, Euch auf einen eigenen spirituellen Weg zu schicken, und zwar mit allen Risiken. Der Weg führt in die Freiheit, und er heißt: letting go!«

Und in diesem Sinne darf ich noch eine Erfahrung aus unserer Kindheit ansprechen: die Erfahrung, daß wir uns an einem Ast festklammern und nicht mehr aus eigener Kraft vom Baum herunter klettern können. Wenn wir aber den Mut haben, loszulassen, dann kann uns der unten wartende Vater mit seinen weit ausgestreckten Armen auffangen.

Diese Erfahrung spiegelt sich auch in unserem beruflichen Verhalten äußerst positiv. Wer sich selbst als geliebt empfindet, kann auch andere lieben und wird in bezug auf seine Arbeitsethik die Sinnfrage vor die Umsatzfrage stellen. Nur dieses innere »Loslassen-Können« gibt uns schließlich die nötige Freiheit und Souveränität, damit sich auch unser Blick für andere Menschen ändern kann. Sie sind nicht mehr Platzhalter auswechselbarer Schnittpunktfunktionen, allein definiert nach dem Prinzip momentaner Nützlichkeit, sondern wir erkennen:

– Jeder Mensch stellt eine einzigartige, unverwechselbare Kombination von Stärken und Schwächen, von Talenten und Eigenheiten dar. Seine Persönlichkeit und Unverwechselbarkeit sind kein Zufallsprodukt. Mit dieser Unverwechselbarkeit korrespondiert eine einzigartige Lebensaufgabe, zu der genau jene Charaktermerkmale benötigt werden. Diese Lebensaufgabe ist der tiefere Sinn des Lebens, ihre Einlösung die persönliche Erfüllung.

– Je stärker die Vorstellung der eigenen Lebensaufgabe entwickelt und konkretisiert wird, desto mehr wird der Mensch von äußeren Turbulenzen unabhängig und kann zu der Reife gelangen, die für seine Persönlichkeit kennzeichnend wird.

7. Sinnorientierung vor Umsatzorientierung

Die hinter uns liegenden Betrachtungen haben uns einen Schlüssel zum Verständnis gegeben: Persönliche Sinnerfahrung ist eine Grundlage für die berufliche Sinnerfahrung und hat diese zur Folge. Berufliche Sinnerfahrung ist langfristig die Grundlage für wirtschaftliches Wohlergehen! Sinnorientiertes Arbeiten motiviert mich stärker als ausschließlich umsatzorientiertes Arbeiten und bringt somit schließlich auch einen größeren Erfolg mit sich – besonders wenn es um nachhaltige Entwicklungen geht. Wolfgang Mewes[19] kommt zu der Feststellung, daß für das Erreichen eines Zieles die Strategie und der Zielfindungsprozeß vorrangig sind. Erst wenn das qualitative Ziel klar ist, können quantitative Ziele festgelegt werden, indem man sie von den qualitativen Zielen ableitet.

Langfristige, strategisch ausgerichtete Lösungen werden immer vom Geistigen oder Immateriellen her entwickelt. Kurzfristige Naherfolge, die nur Umsatzsteigerung vor Augen haben, ohne einen qualitativen Nutzen für die Umgebung nachzuweisen, sind dagegen die Pflastersteine auf der Straße der Fernkatastrophe. Oder um auch noch einen bekannten Vergleich aus der militärischen Strategielehre zu zitieren: Es geht nicht darum, möglichst schnell eine einzelne Schlacht zu gewinnen, sondern einen ganzen Krieg.

Zielsetzung und Planung führen zu nichts, wenn die Ziele falsch sind. Wir müssen daher mehr Sorgfalt auf die Suche nach den optimalen Zielen verwenden. Wir müssen Wert auf sinnerfüllte Ziele im Rahmen einer ganzheitlichen Unternehmensstrategie legen, um mit unserem Einsatz ein Maximum an positiver Wirkung zu erzielen. Mit solchen Zielen, die ethischen Ansprüchen genügen müssen, setzt man große Kräfte frei.

Dies aber kann nur ein Mensch tun, der sich mit seiner persönlichen Sinnfindung auseinandergesetzt hat. Noch einmal: Die Sinnfrage ist immer die Frage »Wozu?« Sind wir als Wesen mit Entscheidungsfreiheit nicht aufgefordert, uns darüber Gedanken zu machen?

Erinnern wir uns noch einmal an die anfangs erwähnte Begegnung mit dem jungen Spitzenmanager, als ich ihn nach seinen höchsten Ziele fragte.

---

[19] Vgl. Mewes, Wolfgang (1992) Die kybernetische Managementlehre EKS, Lehrgang, hrsg. von FAZ Informationsdienste, Frankfurt am Main

Die Zeit, die uns verbleibt, ist nicht sehr lang. Wenn das anfangs erwähnte kleine Mädchen bei uns vorbeikommen und fragen wird: »Alter Mann, wozu hast Du gelebt?«

Was werden wir ihm antworten?

Literaturverzeichnis

Literatur

Affemann, Rudolf (1970) Geschlechtlichkeit und Geschlechtserziehung in der modernen Welt; Gütersloh

Avila, Theresa von (1979) Die innere Burg, herausgegeben und übersetzt von Fritz Vogelsang; Zürich

Benediktus (1983/13) Die Regel des Heiligen Benedikt; eingeleitet und übersetzt von P. Basilius Steidle OSB; Beuron

Bloch, Ernst (1979) Prinzip Hoffnung; Frankfurt a. M.

Bonhoeffer, Dietrich (1983/12) Widerstand und Ergebung; München

Bonhoeffer, Dietrich (1991/7) Brevier; München

Buber, Martin (1957) Ich und Du; Heidelberg

Buber, Martin (1949) Die Erzählungen der Chassidim; Zürich

Bultmann, Gabriel H.; Sigel, Wolfgang (1991) Stundenbuch für den Alltag – aus dem Gebetsschatz der orthodoxen Kirche; Graz

Burisch, Matthias (1994) Das Burn-Out-Syndrom, Theorien der modernen Erschöpfung; Heidelberg

Descartes, René (1960) Discours de la Méthode – Von der Methode des richtigen Vernunftgebrauches und der wissenschaftlichen Forschung, in: Lüder Gäbe, Philosophische Bibliothek, Band 261; Hamburg

Durant-Pallot, Christian (1939) Combien des enfants; Genf

Fikentscher Wolfgang (1996) Freiheit und ihr Paradox, Gräfelfing b. München

Frankl, Victor E. (1970) Der Pluralismus der Wissenschaften und das Menschliche im Menschen, in: Arthur Koestler/J.R. Smythies (Hg.): Das neue Menschenbild. Die Revolutionierung der Wissenschaften vom Leben. Ein internationales Symposium; Wien, München, Zürich

Freud, Siegmund (1974) Das Unbehagen in der Kultur, Abriß der Psychoanalyse; Frankfurt

Fukuyama, Francis (1995) Konfuzius und Marktwirtschaft; München

Goeudevert, Daniel (1990) Die Herausforderung der Zukunft; Management, Märkte, Motoren; Betrachtungen eines Querdenkers; München

Gordon, Thomas (1993/10) Managerkonferenz – Effektives Führungstraining, München

Grün, Anselm OSB (1983) Einreden – Der Umgang mit den Gedanken; Münsterschwarzbach

Grün, Anselm OSB (1986) Glauben als Umdeuten; Münsterschwarzbach

Herrhausen, Alfred (1990) Denken, Ordnen, Gestalten; Berlin

Hollstein, Walter (1989) Der Schweizer Mann; Probleme, Hoffnungen, Ängste, Wünsche; Zürich

Huntemann, Georg (1995) Biblisches Ethos im Zeitalter der Moralevolution; Neuhausen

Kant, Immanuel (1923) Kants gesammelte Schriften, hg. v. d. Königlich Preußischen Akademie der Wissenschaften; Berlin

Kempis, Thomas van (1617) Nachfolge Christi

Kirchner, Baldur (1994) Benedikt für Manager – Die geistigen Grundlagen des Führens; Wiesbaden

Lapide, Pinchas (1995/5) Ist die Bibel richtig übersetzt? Band 1; Gütersloh

Lay, Rupert (1979) Meditationstechniken für Manager – Methoden zur Persönlichkeitsentfaltung; Reinbek b. Hamburg

Lay, Rupert (1984) Ethik in der Führung; Seminar der Schweizerischen Volksbank am 29. Mai 1984; Basel

Lay, Rupert (1993) Die Macht der Moral – Unternehmenserfolg durch ethisches Management; Düsseldorf

Lewis, Michael (1991) The Money Culture; New York

Mann, Rudolf (1994) Karriere und Lebenssinn: An persönlichen Spielräumen orientieren; München

Merkle, Hans L. (1984) Bruchzonen der Vergangenheit: Gedanken über Politik und Wirtschaft; Stuttgart

Meves, Christa (1973) Ehe-Alphabet; Freiburg i. B.

Meves, Christa (1976) Unser Leben muß anders werden – Glück durch seelische Gesundheit; Freiburg i. B.

Meves, Christa (1983) Ohne Familie geht es nicht; Vellmar-Kassel

Michel-Alder, Elisabeth (1986) Männer im Glashaus – von der Macht über Geist, Geld und Güter, 12 Gespräche; Zürich

Möntmann, Hans G. (1993) Raubritter in Glaspalästen; Wien

Newton, Isaak (1984) Mathematische Grundlagen der Naturphilosophie; Hamburg.

Ogger, Günther (1995/3) Nieten in Nadelstreifen; München

Peter, Laurence J. (1990/2) Die Peter-Pyramide; Reinbek b. Hamburg

Peyrefitte, Alain (1995) La société de la confience; Paris

Rohr, Richard (1986/2) Der wilde Mann – geistliche Reden zur Männerbefreiung; München

Rohr, Richard (1987) Der nackte Gott – Plädoyers für ein Christentum aus Fleisch und Blut; München

Rohr, Richard (1990) Von der Freiheit loszulassen – letting go; München

Sartre, Jean Paul (1987) Gesammelte Werke

Schelp, Theodor (1994) Karriere und persönliche Kompetenz

Schmidt, Arthur P. (1995) Alfred Herrhausen – Vorbild mit Visionen, in: Q-magazin 4/95, S. 18

Staehelin, Balthasar (1973) Urvertrauen und zweite Wirklichkeit; Theologischer Verlag Zürich

Staehelin, Balthasar (1969) Haben und Sein; Theologischer Verlag Zürich
Staehelin, Balthasar (1985) Die psychosomatische Basistherapie; Moser Verlag
    Schlattingen
Staehelin, Balthasar (1980) Der psychosomatische Christus; Novalis Verlag
    Schaffhausen
Schumacher, E. F. (1979) Die Rückkehr zum menschlichen Maß – Alternativen
    für Wirtschaft und Technik – Small is Beautiful; Zürich
Schuhmacher, E. F. (1986) Rat für die Ratlosen – Von sinnerfüllten Leben;
    Reinbek b. Hamburg
Schweizerische Kreditanstalt SKA (1993) Leitgedanken zu unserer Personalpolitik;
    Zürich
Thompson, Bruce (o. J) Wiederherstellung der Persönlichkeit; Solingen.
Tournier, Paul (o. J.) Aus der Vereinsamung zur Gemeinschaft; Basel
Trobisch, Walter (5/1987) Der mißverstandene Mann; Kehl a. Rhein
Von Aquin, Thomas (1963) Gott und seine Schöpfung; Freiburg i. B.
Watzlawick, Paul, Weakland J. H., Fisch R. (1994) Lösungen. Zur Theorie
    und Praxis menschlichen Wandels, 1994
Weber, Max (1905) Die protestantische Ethik
Weber, Max (1978/3) Die protestantische Ethik 2 – Kritiken und Antikritiken;
    Hsg. von Johannes Winckelmann; Gütersloh
Wilkes, Malte E. (1992) Quality of Life in Management & Marketing; Hamburg
Winkler, René (Jahreszahl unbekannt, Eigendruck) Basel, Stundenbuch für Manager

*Artikel aus Managementzeitschriften
und Wirtschaftsbeilagen von Tageszeitungen*

Bieri, Sandra (1996) Wenn der Arbeitsplatz zur Psychohölle wird, in: Cash –
    Die Wirtschaftszeitung der Schweiz 21/1996; Zürich
Bürgin Hanspeter (1996, 4. Juli) Er wollte glaubwürdig bleiben; Weshalb Joe Acker-
    mann den rabiaten Umbau der CS-Gruppe nicht mittragen konnte und ausschied
    in: Tages-Anzeiger, S. 29
Clausen, Markus (1994, 21. Mai) Wie man in Wirtschaft und Staat von der
    Benediktsregel lernen kann; in: Basler Zeitung – Der Forumsgast; Basel
FAZ Informationsdient (Hsg) (1992) Die kybernetische Managementlehre EKS,
    Lehrgang; Frankfurt am Main
Gisler Markus (1996, 5. Juli) Rainer Guts Coup von oben; Weshalb Joe Ackermann
    den Umbau der CS Holding und die sozialen Folgen nicht mittragen wollte, in:
    Cash – Die Wirtschaftszeitung der Schweiz 21/1996; Zürich
Gross, Walter (1996, 20. Januar) Von den Leiden der Führungskräfte bei Erklimmen
    der Karriereleiter, in: Frankfurter Allgemeine Zeitung; Frankfurt a. M.

Hauser, Walter (1996) Abkassieren ist Chefsache, in: Cash – Die Wirtschaftszeitung der Schweiz 21/1996; Zürich

Hermani, Gabriele (1996, 23. Januar) Die Schnellen fressen die Langsamen – Nestlé-Chef Maucher fordert ethische Verantwortlichkeit, in: Blick durch die Wirtschaft; Frankfurt a. M.

Hollstein, Walter (1995) Der Alkohol und die männliche Rolle in: Basler Zeitung – Forum, 12. August 1995, S. 57; Basel

Kahr, Dorothea (1996) Mentaltraining – Der klare Kopf entsteht im Bauch; in: io Management Zeitschrift Nr. 4; S. 76–81; Zürich

Kast, Verena (1995, 24. August) Interview im Zürcher Tagesanzeiger; Zürich

Keller, Peter (1996) Die Mitarbeiterbeurteilung – modernes Führungsinstrument oder rituelle Selbsttäuschung? in: io Management Zeitschrift Nr. 3; S. 5; Zürich

Koslowski, Peter (1996, 24. April) Interview in: Zeitschrift Finanzplatz; S. 16; Bern

Löpfe, Philipp (1996, 21. Juni) Das Konzept heisst Teilen – Die Mischung von grundkonservativen Werten und echter Mitarbeiterbeteiligung hat Hewlett Packard zum Erfolg geführt; in: CASH – Wirtschaftsmagazin; S. 35; Zürich

Lutz, Christian (1995, 11. Januar) Direktor des Gottlieb Duttweiler-Institutes, Magazin Brückenbauer; Migros Schweiz; Zürich

Manager Magazin (1994) Manager in der Falle, Heft 10

Mewes, Wolfgang (1994) Die EKS-Strategie: in: Kerstin Friedrich (Hsg) Frankfurter Allgemeine Zeitung GMBH, Informationsdienste; Frankfurt a. M.

Mühlemann, Susanne (1996) Die Begehrtesten Europas; in: Bilanz Nr. 6; S. 44–48; Zürich

Mühlemann, Susanne (1996) Wie sicher ist Ihr Job? in: Bilanz Nr. 6; S. 79–84; Zürich

Regnet, Erika (1996) Wie gehen Manager mit Konflikten um? in: io Management Zeitschrift Nr. 3; S. 35–38; Zürich

Schmidt, Josef (1994) Der Umgang mit der persönlichen und unternehmerischen Freiheit; in: Schmidt Colleg News II/94, S. 15–16; Bayreuth

Siegel, Monique R. (1996) Verräterische Sprache; in: io Management Zeitschrift Nr. 4; S. 90; Zürich

Spiegel, Der, Deutsches Nachrichtenmagazin (1994, Dezember) Leitthema der Titelseite: »Die Flucht ins Spirituelle, Sehnsucht nach Sinn« Ausgabe 52/26; Hamburg

Spogat, Iris (1996) Der Königsweg zum neuen Job; in: Bilanz Nr. 6; S. 86–90; Zürich

Sulzer, Ursula (1996, 13. Februar) Karrierestreben und Fairness - verträgt sich das? in: Basler Zeitung; S. 12; Basel

Ulrich, Peter (1993, 22. November) Wirtschaftsethik ist auch in der Rezession kein Luxus, in: Tages-Anzeiger; Beilage Management; Zürich

Ulrich, Peter (1996, 27. Januar) Ideologie der totalen Marktwirtschaft; in: Tages-Anzeiger; S. 29; Zürich

Vontobel, Hans-Dieter (1996, 19. Juni) Shareholder value ein trügerischer Reiz?
    Ein Plädoyer wider die Darwinisierung der Sitten; in: Neue Zürcher Zeitung; S. 28;
    Zürich
Vontobel, Werner (1996, 2. Februar) Ohne Vertrauen stürzt die Wirtschaft ab –
    Die Rückkehr der Geschichte: Historiker korrigieren die einseitigen Theorien
    der Ökonomen, in: CASH – Wirtschaftsmagazin, S.8–9; Zürich
Weill, Claude (1996) Kühler Kopf und warmes Herz; in: Bilanz Nr. 6; S. 92–94;
    Zürich
Weltwoche, Die (1994, November) Nr.46; Zürich
With Franz, Hofmann Thomas (1996) Gegen Mobbing gibt es nur Prävention
    und Früherkennung; in: io Management Zeitschrift Nr. 3; S. 39–42; Zürich
Wolf, Axel (1994) Raus aus der Tretmühle - aber wie? in: Psychologie heute,
    Heft 9/94
Zehnder, Egon (1993, 22. November) Personalpolitik muß ganzheitlich sein, in:
    Tages-Anzeiger; Beilage Management; Zürich
Ziegler, Albert (1994) Verantwortungssouveränität; in: Schmidt Colleg News II/94,
    S. 43–45; Bayreuth
Zulliger, Jürg (1994, 13. August) Die Unternehmensethik bleibt eine Knacknuß;
    in: Basler Zeitung – Wirtschaftsbeilage; Basel
Zulliger, Jürg (1996, 31. Januar) Es ist nicht viel übrig vom Zeitgeist der Yuppies;
    in: Basler Zeitung, Wirtschaftsbeilage, S. 13; Basel

Referate, Referatsmanuskripte und andere nicht publizierte Studien

Binder, Karl-Heinz (1995) Junge Führungskräfte setzen auf Glaubwürdigkeit,
    Referat an einem Managertreffen der IVCG Internationalen Vereinigung
    Christlicher Geschäftsleute; Basel, Tonbandaufzeichnung
Binder, Karl-Heinz (1996) Karriereplanung – Junge Führungskräfte setzen auf
    Glaubwürdigkeit, in: Geschäftsmann und Christ, S. 4–17; Zürich
Czwalina, Johannes; Osswald, Richard; Walker, Andreas M. (1994, Juni) Karriere
    und Charakter; Basel
Czwalina, Johannes; Walker, Andreas M. (1994, Oktober); Wie gestaltet sich der
    Wandel in der Wirtschaft und wie stellen wir uns in der Personalentwicklung
    darauf ein; gehalten auf Einladung der Fürstlich Castell'schen Privatbank; Castell
Czwalina, Johannes; Walker, Andreas M. (1994, November); Der Mensch im
    Spannungsfeld von Arbeit und Privatleben; gehalten auf Einladung der
    Schweizerischen Bankgesellschaft; Basel
Czwalina, Johannes; Walker, Andreas M. (1994, November); Personalentwicklung –
    Führung in der Zukunft, Unternehmensethik im Jahr 2000; gehalten auf
    Einladung der Rheinisch-Westfälischen Elektrizitätswerke; Essen

Czwalina, Johannes; Walker, Andreas M. (1995, Juni); Die Sinnkrise als Herausforderung an den modernen Manager; gehalten auf Einladung der Gesellschaft
zur Beratung von Führungskräften; Riehen b. Basel

Czwalina, Johannes (1996, Februar); Führung im Strukturwandel; gehalten auf
Einladung der Basler Kantonalbank; Basel

Czwalina, Johannes (1996, März); Das Persönlichkeitsprofil der Führungskraft in
Zeiten des Umbruchs; gehalten auf Einladung des Konzernvorstandes Daimler-
Benz; Lämmerbuckel

Czwalina, Johannes (1996, März); Führung in Zeiten des Umbruchs; gehalten auf
Einladung des St. Galler Wirtschaftsmeetings; St. Gallen

Czwalina, Johannes (1996, Juni) Strukturwandel: Flexibilität, Identität, Persönlichkeit; gehalten auf Einladung der Schweizerischen Bankgesellschaft; Zürich

Doerig, Hans-Ulrich (1994) Die Anforderungen an den Manager von morgen – die
12 i des Idealprofils; Referat am 24. Internationalen Management-Symposium;
St. Gallen

Gentz, Manfred (1991, 9. Mai) Macht in Großunternehmen, Vortrag am Konzern-
Kolloquium der Daimler-Benz AG; Stuttgart

Gomez, Peter (1994) Das Profil des Managers von morgen – Anstöße für die Aus-
und Weiterbildung; Referat am 24. Internationalen Management-Symposium;
St. Gallen

Hauser, Heinz (1994) Die Anforderungen an den Manager von morgen; Referat
am 24. Internationalen Management-Symposium; St. Gallen

Maucher, Helmut (1994) Anforderungsprofil des Managers von morgen; Referat
am 24. Internationalen Management-Symposium; St. Gallen

Merkle, Hans L. (1979, Juli) Dienen und Führen, Vortrag aus Anlaß des 60.
Geburtstages von Wilfried Guth; Frankfurt am Main.

Sauder, Günter (1995, Oktober) Führen in Zeiten des Umbruchs – Das Profil des
Führenden von morgen, Referat gehalten auf Einladung der Basler Handelskammer und des World Trade Center Club of Switzerland; Basel

Sauder, Günter (1996, Juni) Führen mit Zielen – Ein Beitrag zur Entwicklung einer
Vertrauenskultur, Referat gehalten auf Einladung der Basler Handelskammer, des
Verbandes Basellandschaftlicher Unternehmen und des World Trade Center Club
of Switzerland; Basel

Wendlandt, Stefan (1996) Ethik und Werte bei Lufthansa, diverse interne Unterlagen, Verwendung mit freundlicher Erlaubnis von Herrn Wendlandt, nicht
publiziert

Zimmer, Siegfried (1989) Über die Frage nach dem Sinn, Vortrag im Oktober 1989
in der Elisabethenkirche; Basel

Wertewandel – Rechtswandel

Perspektiven auf die gefährdeten Voraussetzungen unserer Demokratie

von Wolfgang Fikentscher, Steffen Heitmann, Josef Isensee, Martin Kriele,
Nikolaus Lobkowicz, Rupert Scholz.
190 Seiten, DM 29,–, ISBN 3-930039-60-5

Obwohl sich die Verfassung nicht geändert hat, registrieren wir doch eine Verschiebung unseres Rechtsbewußtseins, weil sich Werte immer mehr verschieben. Auch die Inhalte stehender Begriffe ändern sich, und so schwindet die Akzeptanz höchstrichterlicher Entscheidungen, wobei gleichzeitig die Rechtsprechung in ein von der Politik verursachtes Vakuum hineinmanövriert wird, aber sich auch selbst hineinzieht und sich dabei übernimmt. So droht nun das Recht, Stütze des ins Schwanken geratenen Staates, selbst vieldeutig und damit schwach zu werden.

Führende Rechtsexperten beziehen in diesem Band zu zentralen Fragen unseres Staates Position. Was sie in ihren Aussagen verbindet ist nicht nur ihre Haltung zum demokratischen Rechtsstaat, sondern auch ihre Bindung an christlich-abendländische Werte.

Fauler Zauber

Schein und Wirklichkeit des Sozialstaates

von Roland Baader. 292 Seiten, DM 48,–, ISBN 3-930039-59-1

Das soziale Netz reißt und steuert in den Offenbarungseid. Die sich jagenden „Reformen" sind nur Tünche über die schwärenden Wunden falscher Systeme. Wachsende Arbeitslosigkeit, ausufernde Staatsverschuldung, steigende Kriminalität, Politikverdrossenheit und Niedergang des Standorts Deutschland – alles das sind nicht vorübergehende Auswüchse, sondern logisch-unerbittliche Folgen der deutschen Sozial-Pathologie. Die Sozialpolitik heilt nicht den gesellschaftlichen, ökonomischen und ethischen Niedergang, sondern umgekehrt: Das tabuisierte Heiligtum „Sozialstaat" führt in den finanziellen, moralischen und gesellschaftlichen Bankrott. Als ersatzreligiöser Götzenkult zerstört er sogar die christlichen Fundamente der abendländischen Zivilisation.

Roland Baader, klassisch-liberaler Nationalökonom und Erfolgsautor, seziert die Erosions-Mechanismen mit wissenschaftlicher Akribie und zeigt die beschwerlichen Wege aus den Zeitgeist-Fallen. Seine scharfsinnige Analyse ist zugleich ein überzeugendes Plädoyer für den Minimalstaat, denn: Der Maximalstaat löst keine Probleme, er ist das Problem.

Verlag Dr. Ingo Resch

Maria-Eich-Straße 77 · D-82166 Gräfelfing · Tel. 089 / 8 54 65-0 · Fax 089 / 8 54 65-11

Johannes Czwalina, Jahrgang 1952, ist in Berlin und Darmstadt aufgewachsen, studierte Archäologie in Jerusalem und Theologie in Basel. Er ist geschieden, hat wieder geheiratet und ist Vater dreier Söhne. Er hat in 15-jähriger Aufbauarbeit und Leitung einer Großstadtgemeinde innerhalb einer Landeskirche aktiv Menschen aller Schichten beraten und begleitet. Er war maßgeblich beim Aufbau verschiedener bedeutender sozialer und öffentlicher Einrichtungen beteiligt, die für viele Menschen zur Hilfe wurden. Seit 1990 arbeitet Johannes Czwalina als Berater für Unternehmen und Führungskräfte. Seit 1993 ist er als selbständiger Berater tätig. Heute setzt er sich ausschließlich mit Anliegen von Führungskräften in Wirtschaft und Politik auseinander, wo Lösungsansätze immer mehr in der persönlichen Beratung gesucht werden.

Dr. Andreas Walker, Jahrgang 1965, studierte Geographie, Geschichte und Germanistik in Basel und ist Doktor der Wirtschaftsgeographie der Universität Zürich. Er ist verheiratet und ist Vater einer Tochter. Dr. Andreas Walker ist Gewinner des „Preises Crossair und des Wirtschaftswissenschaftlichen Zentrums Basel" sowie des „Dreiländer-Wirtschaftspreises". Nach mehrjähriger Berufserfahrung als Projektkoordinator für interdisziplinäre Forschungs- und Planungsprojekte in einer Ingenieurfirma arbeitete Dr. Walker während zweier Jahre mit Johannes Czwalina zusammen im Bereich des Executive Search und Management Developments. Seit 1995 ist er Mitarbeiter einer schweizerischen Großbank. Andreas M. Walker ist Autor diverser Publikationen zu den Themen des Projektmanagements sowie zur Anwendung des vernetzten ganzheitlichen Denkens in der Praxis.